Understanding of Culture Tourism

문화관광의 이해

이정은 · 최병창 · 나상필 · 구자인

지식인

문화관광의 이해

2019년 3월 4일 초판 1쇄 인쇄
2019년 3월 8일 초판 1쇄 발행

지은이 | 이정은 · 최병창 · 나상필 · 구자인
펴낸이 | 김종욱
펴낸곳 | 지식인
등 록 | 제301-2013-134호
주 소 | 서울시 도봉구 도봉로 180길 20 투웨니퍼스트 102동 602호
전 화 | 02)2266-8606 (대)
팩 스 | 02)2266-8607
E-mail | jisikin2013@naver.com
홈페이지 | www.jisikinbook.co.kr

ISBN 979-11-88105-32-8 (93980)

값 18,000원

문화관광의 이해

Understanding of

Culture Tourism

PREFACE

관광은 우리 생활의 하나로 자리를 잡고 있다. 또한 우리 주변에 나타나고 있는 경제의 글로벌화, 개방화, 인터넷의 많은 정보와 SNS를 통한 실시간 교류로 각자 생각의 유연함도 관광 행위를 활성화하는 역할을 하는데 큰 몫을 하고 있다.

'관광'이라는 용어는 『易經』의 '觀國之光賓宇往'에서 기원하고 있으며, 이 말의 의미는 이미 알고 있듯이 문화가 관광의 필수적인 요소로서 하나의 자원에 근간을 두고 있다. 우리가 관광에 한 국가나 지역의 문화에 근거를 두고 관심을 가지고 개발한 것은 얼마 되지 않는다. 그 결과로 관광을 소재로 한 개발정책은 지역경제의 활성화, 이미지의 변화 등에 영향을 주고 있으며, 관광이 문화에 바탕을 둔 개발이기 때문에 지역사회의 혁신모델을 할 수 있는 것 중 하나로 생각하고 있다.

최근 유행하고 있는 K-pop이나 한국드라마의 영향으로 한국문화에 대한 관심이 높아지고 있다. 전통적으로 문화는 하나의 상품이며 마케팅 전략을 구사할 수 있는 또 하나의 수단이다. 이를 통해 문화를 상품으로 만들고 판매할 수 있는 문화교류에 많은 관심을 갖게 된다.

따라서 관광에서는 문화를 바탕으로 두고 있기 때문에, 관광을 통해 다른 문화에 대한 관심과 이해를 높일 뿐만 아니라 경제적으로도 많은 영향을 끼친다. 전통적으로 관광에서는 지역·토속·차별적인 문화가 관광자원이지만, 지역의 가치관·생활양식·행동양식 등도 각각의 콘텐츠로서 새로운 관광문화의 자원으로 자리를 잡고 있다.

문화가 관광과 결합되는 것은 가장 적합한 현상이며, 문화·관광·산업이 하나의 카테고리로 묶여져 성장하고 변화되고 있다. 이 같은 현상은 비단 우리나라뿐만 아니라 전 세계적으로 공통적인 현상이다. 산업혁명을 넘어 후기 산업사회인 지금, 각 나라의 경제력을 바탕으로 한 정보와 지식이 결합하여 나타나는 새로운 전략수단인 것이다.

문화관광은 지역의 문화자원을 근거에 둔 활동 체험으로 나타난 현상이기도 하지만, 꼭 하나의 현상으로 규정되기보다는 시기에 따라서 항상 역동적으로 움직이고 있다. 현재 문화관광은 과거의 전통적인 문화요소를 비롯한 현재의 다양한 문화요소가 결합되어 나타나는 하나의 대상이다. 또한 관광은 이동을 전제로 하기 때문에 방문한 지역에 직·간접적인 문화 경험을 통해 문화적 식견을 넓힐 수 있고 문화 이해와 신뢰를 구축할 수 있는 기회적 요소이다.

이 책에서는 문화관광에서 필요한 문화 이론, 스토리텔링, 문화관광 개발, 문화관광객 행동을 다루는 것은 물론 문화와 관련된 여러 가지 현상을 다루고자 했다. 더욱이 우리 생활 주변에서 흔히 볼 수 있지만 잘 다루지 않았던 근대 문화유산에 대해서 다루었으며 이와 관련된 많은 사례들을 담고자 하였다. 마지막으로, 현재 시점에서 이슈가 되고 있는 제4차 산업혁명과 문화관광 적용으로 마무리를 하고자 하였다.

문화관광이라는 부문이 광범위하여 연구자들이 마음만 급해 그에 맞는 내용들을 충분히 담지 못한 부분은 사후에 수정·보완하고자 한다. 마지막으로 이 책이 출판되기까지 자신의 일처럼 열정을 다해 자문해주신 관광학계 교수님들과, 출판계가 어려운 가운데도 흔쾌히 도와주신 지식인에 감사드린다.

저자 일동

CONTENTS

Understanding of

Culture Tourism

CHAPTER 01

문화관광의 이해

Understanding of

Culture Tourism

01 문화의 개념

1. 문화의 의미

'문화'는 고대 그리스어에 기초를 둔 라틴어 'Clutura'에서 파생되었으며 농작물의 경작이나 재배를 의미하였다. 즉 원어의 뜻에서 유추하면, 자연에 노동을 가하여 수확한다는 의미를 내포하고 있다. 시대의 흐름에 따라서 수확은 가치의 상승이나 가치의 창조로 변화했고, 결국은 예술을 창조하거나 교양이 있는 의미로 발전하였다. 이러한 문화의 의미를 동양에서는 사람을 교화시켜 풍속을 좋게 변화시킨다는 의미로, 서양에서는 무명의 지적인 면과 심리적인 측면을 의미하게 되었다. 협의의 문화 · 음악 · 미술 · 무용 · 조각 · 건축 · 연극 · 영화 등 예술적 요소를 의미하며, 이 때 예술은 가장 가치가 큰 문화, 가장 아름다운 문화를 의미한다.

일반적으로 '문화'라 했을 때 우리는 다음과 같은 단어들을 연상하게 된다. 문화인, 문화계, 문화시설, 문화생활, 문화유산, 문화영화, 대중문화, 고급문화, 한국문화, 동양문화, 서양문화에서 보듯이 문화라는 말은 좁은 의미, 넓은 의미로 다양하게 사용되고 있다. 그 모두가 동일한 개념에 기초한 복합어들도 아니다. 원래 '문화'란 숭배한다는 의미를 가진 'Cultus'라는 라틴어에서 유래한 것으로, 마음과 예를 개발하고 세련되게 한다는 뜻으로 사용되었으며, 외적 문명에 대한 내적 소산을 말한다. 이러한 수많은 정의들을 요약해 보면, 그 대부분은 총체론과 관념론 두 가지 범주로 분류할 수 있다(이주형 · 송광인 · 최영기 · 류인평, 2006).

표 1.1 문화의 개념

연구자	개 념
Eliot(1948)	하나의 생활양식
Kluckhohn(1952)	한 집단의 독특한 생활방식이며, 그 집단의 완전한 생활설계
Herskovit(1955)	환경 중에서 인간이 만든 부분
White(1959)	행위의 변화를 가져오는 원동력
Toynbee(1965)	인간과 자연, 인간과 인간, 인간과 보이지 않는 힘과의 만남 결과. 그것은 자연도 아니며 인간, 보이지 않는 힘 자체도 아님
Wissler(1983)	여러 사람들의 생활방식
Goodman(2001)	어떤 사회구성원들의 행동을 규제하는 학습된 신념, 가치, 관습의 총체
홍승직(1969)	사회 내에서 사람들이 질서 있게 상호작용하는데 필요한 가치와 규범의 총체
최병용(1996)	사회의 한 성원인 인간에 의해 획득된 갖가지 지식, 신념, 예술, 도덕, 법률, 관습 및 기타의 능력이나 관습의 복합체
이상희(1999)	인간들이 만들어낸 비자연적인 모든 것
김용옥(2004)	오늘을 살고 있는 우리들의 삶 자체

총체론에서는 문화는 한 인간집단의 생활양식 총체를 가리키는 말로 사용되며, 따라서 상이한 두 사회의 생활양식을 비교함으로써 쉽게 이해될 수 있다. 이와 같이 일반적으로 한 사회구성원들 간에 찾아볼 수 있는 관습인 행위와 그런 행위의 산물이 문화이다. 총체론적 견해에서는 구체적으로 판단될 수 있는 현상까지를 문화에 포함시키는 입장을 가지지만, 다른 한편에서는 문화를 문화의 한 부분인 주관적인 측면을 강조하여 관념적인 영역에만 한정시켜 간주하는 관념론적인 견해를 주장하기도 한다.

관념론에서는 문화를 도구 · 행동 · 제도들을 포함하지 않고, 단지 우리가 관찰할 수 있는 행동으로 이르게 하는 기준, 표준 또는 규칙을 '문화'라 부르고 있다. 예를 들어, 한국 사람들의 조상제사나 조상 자체는 한국문화가 아니지만, 그것을 가능하게 한 관념체계와 개념체계가 곧 한국문화라는 것이다. 이렇게 본다면, 관념론에 선 사람들은 총체론에서 파악한 문화의 주관적인 한 부분만을 강조하여 문화라고 부르는 것을 알 수 있다.

2. 문화의 특성

인류만이 문화를 가지며, 문화는 공통된 사회 · 경제 요인들 전체가 함께 진보해 간 역사의 결과들이고 연속적으로 통합된 조직체로, 아무도 자신이 소속된 문화로부터 자유로울 수 없다. 곧 문화는 인간만이 만들어내는 것이나, 인간은 태어나면서부터 기존 문화에 규제를 받으며 어떤 사람도 기존 문화와 단절된 상태에서는 문화가 지니는 가능성의 일부분마저도 발휘할 수 없다고 생각할 수 있다.

문화의 영향은 극히 자연스럽고 자동적이기 때문에, 그것의 개인행동에 대한 영향은 흔히 당연한 것으로 받아들여지고, 문화는 사회 내에 있는 사람들의 욕구를 충족시키기 위해 존재하나 이러한 문화의 특질들은 사회나 사상과 분위기에 따라 서서히 변화된다.

첫째, 학습성 문화는 선천적인 것이 아니다. 인간은 특정의 문화를 가지고 태어나는 것이 아니라, 학습할 능력을 가지고 태어나 어떤 특정한 사회에서 그들이 살아온 삶의 결과로서 개인에게 학습되는 것이다. 학습을 통해 문화가 축척되며, 이는 인간이 기존의 문화 내용에 계속 새로운 내용을 첨가시키는 것을 말한다. 이러한 첨가과정을 거쳐 문화는 축적되고 다양해져 간다.

둘째, 공유성 문화의 정신적인 부분이나 행위적인 부분 모두 일반적으로 동일한 문화를 유지하려는 사람들 간의 접촉을 통해 학습되고 계승된다. 이러한 사람들은 대부분 같은 문화적 개념을 가지고 있으며 비슷한 관습을 가지고 있다. 문화는 사회의 구성원 간에 공유되어 그들의 생활 및 사회를 유지시켜 주며 타 문화권과는 구별되는 특성을 가진다.

셋째, 진보성 문화는 변한다. 세대에서 세대로 이어지는 사이 사람들은 과거의 것을 받아들이면서 거기에다가 자기네 나름의 창의적인 변용을 가미하여 언제나 변하기 마련인 것이 문화이다.

넷째, 창조성 인간이 자연환경 속에 적응·생존하는 데에는 신체적으로 갖가지 약점을 지니기 때문에, 이를 극복하기 위해 문화를 만든 것으로 풀이할 수 있다. 이를 위해서 가장 핵심적인 능력은 상징하는 힘Symbolate, 즉 생각하는 힘이며 이로써 기호Symbols들을 만들어 말Language을 할 수 있었다는 점에서 다른 동물과 차이가 나는 문화의 창조자가 되었다.

결과적으로, 문화는 거의 모든 영역에 부수적인 영향을 미치고 있다. 이것은 한 사회의 문화를 구성하고 있는 부분들은 서로 밀접한 관련을 맺고 있어서 한 영역에서의 변화는 그것으로만 끝나는 것이 아니라, 다른 영역들에서의 변화를 수반하고 있음을 보여주고 있다. 문화의 거의 모든 부분들을 하나로 묶고 있는 이 무수한 상호관계들을 풀어내기는 거의 불가능에 가깝다. 그러나 그것들은 엄연히 존재하고 있고, 우리가 그것들을 연구해 내기까지에는 이해에 도달할 수 없을 것이다(원융희, 2007).

3. 문화의 다양성과 상대 문화의 이해

인간은 문화라는 메커니즘을 통해 환경과 사회에 적응하고 있기 때문에, 문화는 일종의 매개체적 기능을 가지며 다양하게 나타난다. 문화는 각 사회마다 상이하게 나타나기 때문에 문화의 다양성을 인정해야 한다. 각 사회의 문화는 그 사회의 사회·문화적 맥락에서 이해되고 상대적으로 평가되어야 한다. 인류학자들은 각 문화가 지닌 상대성을 인정하고 문화를 그 사회의 특유한 전체 맥락 속에서 이해하려고 하는 태도를 문화 상대주의Cultural Relativism라고 한다.

타 민족의 문화를 자신이 속한 문화의 척도로 평가하고 해석하려는 자 민족중심주의Ethnocentrism의 태도로는 특정 지역사회의 타 문화를 올바르게 이해하고 온전하게 해석할 수 없다. 국제화시대에 세계화시대에 살아가기 위해서 우리는 문화적 다양성을 온전하게 이해하고 더불어 살아가는 삶의 지혜를 배우고 익혀야 한다.

인류가 문화를 통해서 충족하는 기능은 다음과 같다.

첫째, 문화는 개인의 생리적 욕구 · 심리적 욕구를 충족시켜준다.

둘째, 문화는 주어진 환경과 조건에서 의 · 식 · 주와 같은 개인의 기본적 욕구를 충족시켜준다.

셋째, 문화는 사회의 유지에만 필요한 것이 아니라, 사회의 존속에도 필요불가결한 것이다. 따라서 인류는 문화를 떠나 인간세상을 살아갈 수 없고, 문화를 떠나는 순간 인간은 자연세계로 돌아가는 길목에 들어선다고 할 수 있다.

문화가 중요하듯이, 문화가 함축된 문화유산도 중요하기 때문에 우리는 문화유산을 보호하고 활용해야 한다. 특히 민족의 문화유산을 보호하고 활용하는 것은 결국 민족의 전통문화를 기반으로 문화유산을 보존하고 관리하는 것이라 할 수 있다. 우리는 한 민족의 문화재를 보존하고 관리하는 것에서 나아가 인류의 문화유산을 보호하고 활용하는 것에 관심을 기울이며 성원을 아끼지 말아야 한다. 결국 민족의 문화유산은 인류의 문화유산으로서 특정한 민족뿐만 아니라 인류 모두를 위한 삶의 양식이자 그 중의 하나이다.

음악과 제전문화(전통 헝가리인의 행군하는 채찍)

페루 안데스산맥 문화(리마축제)

그림 1.1 문화 활동의 한 부문

사례연구

방 안에서 신발을 벗고, 겨울에도 반팔! 온돌난방으로 이젠 세계가 후끈!

한겨울에도 반팔, 반바지 차림으로 집안을 활보하니, 다른 나라 누군가의 눈엔 이 광경이 너무나 놀라운 것. 바로 구들장 온돌 덕분이다. 물론 단순하게 신기해서 부러운 것만은 아니다. 보다 과학적인 이유가 있다. 바닥을 데우는 한국 고유의 온돌시스템이 공기를 데우는 에어컨디셔닝시스템보다 최대 39%까지 에너지를 절감할 수 있기 때문이다. 또 라디에이터와 달리 보일러 기계는 실내에 설치되지 않아 인테리어나 공간 활용 측면에서도 효율적이다.

'인류가 발명한 최고의 난방방식'으로 재조명받으며, 세계적인 인기를 얻고 있는 온돌. 해외에서 그 인기를 실감케 하는 '온돌한류'라는 말도 등장했다. 국제표준안으로 채택된 2008년 즈음부터 한국식 온돌이 주변 국가뿐만 아니라 유럽까지 본격적으로 확산되기 시작한 것이다. 미국 뉴욕주 이타카의 에코빌리지가 친환경적인 온돌을 사용한다는 소식이 들려왔고, 미국시장에서 온돌시스템은 연 20%까지 성장했다. 다른 서유럽들도 신축건물의 50%에 '복사냉난방'이라는 새 이름을 붙여가며 온돌시스템을 도입하고 있는 중이다. 이뿐일까. 7,500㎡ 규모의 독일 베를린 국회의사당 바닥에도, 프랑스 파리 루이비통 박물관에도 온돌이 채택됐다. 북유럽에서는 온도와 습도에 민감한 항공기격납고, 소아병원, 실내경기장에까지 도입되는 사례가 늘고 있다.

이쯤 되면 인기쟁이 온돌난방 방식이 어떻게 진화했는지도 궁금해질 것이다. 아궁이의 화기로 직접 가열하는 방식의 우리 고유의 온돌은 바닥의 온수관에 온수를 주입해 열을 올리는 간접가열 방식, 즉 현재 우리가 사용하는 보일러 온수온돌 난방으로 진화해왔다. 연탄에서 기름, 도시가스로 연료가 변화함에 따라 보일러의 기술을 발전시켜 서민들의 주머니 시장과 안전문제도 해결되었다.

참고로, 한국 보일러 역사에 가장 핵심적인 브랜드는 우리가 잘 아는 바로 그 '귀뚜라미'다. 1962년, 우리나라 최초의 집단주택인 마포아파트 건립 당시 라디에이터 방식의 연탄보일러를 공급한 것이 시초였다. 이후 '귀뚜라미보일러'는 바닥 난방을 할 수 있도록 개선하여 온수·온돌 난방시대를 열었다. 구들장 온돌에 연탄을 바로 사용할 당시 중독사고가 빈번했는데, 물을 데워 파이프로 순환하여 바닥을 데우는 연탄보일러 덕분에 사고는 획기적으로 줄었다.

기름보일러로 바뀐 뒤엔, 기름이 바닥나 공기를 제거해야 하는 어려움을 줄이고자 탱크에 기름이 완전히 떨어지기 전 기름보충 시기를 알려주는 시스템도 개발하였다. 실내온도 조절기에서 '찌리릭 찌리릭' 하고 났던 귀뚜라미 소리로 유명해져 원래 상호였던 '로케트보일러' 대신 해당 브랜드인 '귀뚜라미'로 자리 잡았다. 귀뚜라미는 이제 온돌보일러를 발전시켜 소형 보일러와 온수배관이 설치된 매트를 결합한 '온돌매트'를 수출하고 있다. 합리적인 가격에 온돌 문화를 느끼고 싶은 외국인들에게 추천을 해도 좋다.

【출처】 http://www.huffingtonpost.kr

02 문화관광의 개념과 특성

1. 문화관광의 개념

문화관광은 문화적 가치가 있는 관광 대상과 휴식오락 방식을 소비 내용으로 하고 관광객으로 하여금 더욱 풍부한 문화적 관광 체험에 참여할 수 있도록 하는 관광활동의 집합체라고 할 수 있다(김영미 · 김종은, 2011).

현대사회에서 문화관광Cultural Tourism은 관광 행동의 하나의 유형으로서 그 뜻이 매우 다양하다. 문화관광의 사전적인 의미로, "문화관광이란 유적 · 유물 · 전통공예 · 예술 등이 보존되거나 스며있는 지역 또는 사람의 풍요로웠던 과거에 초점을 두고 관광하는 행위"라고 하였다(이한용, 2008).

세계관광기구(UNWTO, 1985)는 문화관광에 대한 정의를 하면서, "문화관광은 협의로는 탐구여행, 예술문화여행, 축제 및 기타 문화행사 참여, 유적지 및 기념비 방문, 민속예술 연구기행, 성지순례 등 본질적으로 문화적 동기에 의한 인간들의 이동이고, 광의의 문화관광은 개인의 문화수준을 향상시키고 새로운 지식이나 경험, 만남을 증가시키는 등 인간의 다양한 욕구를 충족시킨다는 의미에서 인간의 모든 행동을 포함하는 것"이다. 결국 문화관광은 어떤 하나의 단순한 유형이라기보다는, 인간의 정신과 물질세계 전반을 포함하는 총체적 개념이라 할 수 있고, 문화가 기본적으로 인간이 환경에 적응하기 위해 발달시킨 가치체계나 생활양식 등 매우 광범위한 영역을 포함하는 개념이다(이한용, 2008). 그러나 현실적으로 모든 인간적 산물이 관광 대상으로 동등한 가치를 누려온 것은 아니다. 지난 수십 년 사이 관광이 대중화되면서 문화관광은 흔히 유적지와 기념물을 찾아가는 것 혹은 과거의 유물과 예술, 전통공예 등이 보전되어있는 지역을 관광하는 것으로 이행되어 왔다. 또한 드라마, 영화 등의 촬영지 방문 활동도 문화관광에 포함시키고 있다.

따라서 문화관광은 관광객이 여가시간 중에 일상의 생활권을 떠나 다시 돌아올 예정으로, 타 국가나 타 지역의 유·무형의 문화적 관광자원을 대상으로 하여 문화적 관광욕구 충족을 목적으로 하는 관광활동으로 정의할 수 있다(김종은·김상범, 2003).

2. 문화관광의 의의

관광은 이미 많은 곳에서 살펴본 것처럼, 휴식·휴양을 비롯하여 교육적인 기능까지 있다는 것은 누구나가 아는 사실이다. 그러나 본질은 문화이며 인간에게 주는 실존적인 가치는 락(樂), 쾌(快)이자 위락(爲樂)이다. 이와 같이 문화가 관광 대상의 주된 영역을 차지하고 있으며, 현재 관광객들은 문화 행동과 문화 접촉을 통해 문화적 체험이라는 차원 높은 즐거움을 추구하고 있다.

교육적인 기능을 하는 문화관광은 효과적인 측면에서 우수하다. 사람들은 일반적으로 관광을 통해 심신의 안정과 휴식과 같은 매우 기본적인 욕구를 충족시키길 원한다. 그 외에 무엇인가를 알길 바라며 관광을 통해 무엇인가를 얻기를 원한다. 이러한 것을 율리시즈 요인Ulysses Factor이라고 하며, 이 요인의 특성은 문화관광에 많이 내재되어 있다. 관광객들은 관광활동을 하면서 인류가 쌓아온 문화를 보고 지혜를 얻거나 교훈을 찾으려 한다. 또한 다른 국가에 대해 알게 되며 그들을 이해하게 되고, 더 나아가 그 나라를 보는 시각도 긍정적으로 바뀌게 되는 계기가 된다. 문화관광은 이렇듯 지적 호기심과 더불어 상상력과 흥미의 유발 및 개인적 자아발견 등 다양한 측면에서 효과가 있다. 결국 비공식적 교육이라고 일컬어지는 문화관광의 교육적인 효과는 학교 교육과는 달리 강요되지 않고 자발적이며 직접적으로 접할 수 있다.

문화관광은 문화예술을 진흥시킨다. 구체적으로 다양한 형태로 문화자원을 보호하고 강화하는 수단으로 문화관광 자원이 충분하게 활용 가능하다. 구체적으로 다양한 문화관광 자원을 개발하여 문화관광 수요를 창출하고 관광 매력을 더 강화시킨다. 증가하는 관광객들의 문화관광 수요에 대응하여 지역의 다양한 자원개발을 하는 것이 중요하다.

문화관광은 국가경제를 활성화시키는 중요한 역할을 한다. 관광객들에게 즐거움을 가지게 되는 상품개발과 소비하는 과정을 거치는 경제활동이다. 미국 등을 중심으로 한 G7국가는 물론 개발도상국들에게 있어 문화관광은 제한받지 않은 상태의 완벽하게 볼 수 있는 개방된 교역이므로, 경제활성화 수단으로 매우 중요한 역할을 하고 있다. 관광이 문화의 소비행위로 중요한 역할을 하고 있음을 인식하고 있으므로, 문화관광의 수요 흐름을 파악하고 관광매력물로서 전통유적지와 유물과 함께 무형적인 전통자원까지 홍보하고 있다.

지역문화 개발과 그에 따른 문화관광의 전개는 지방정부 재원의 증대 면에서도 중요한 역할을 하고 있다. 지역의 고유한 문화개발을 전제로 하여 문화관광은 지역주민의 문화적 주체성을 확립시키며 지역경제를 활성화시킨다. 관광객은 문화관광을 위한 지출 이외에 숙박 · 교통 · 쇼핑 등이 인근지역 등 관광에 대한 지출을 하며, 지역주민들의 소득 향상은 물론 더 나아가 지역경제를 활성화는 일자리 · 먹거리 창출에 기여하고 있다.

관광은 문화를 바탕으로 하기 때문에 관광의 영역을 확대시키는데 큰 기여를 하고 있다. 문화관광은 계절이나 공간에 대한 제한사항이 없으며, 시 · 공간을 확대시킬 수 있는 잠재력이 있다. 따라서 문화관광 개발은 이미지와 자부심을 창출시키는데 큰 역할을 한다.

3. 문화관광 자원의 유형

1) 문화관광 자원의 정의

문화관광 자원의 정의는 전통문화 자원 또는 문화재로만 인식하는 경우가 대다수이지만, 문화관광을 구성하는 자원을 보면 사회 · 문화적 요인으로 지역과 국가에 따라 서로 다른 특성을 가지고 있다. 세시풍속과 음악, 무용 외 종교, 언어, 생활양식 등을 포함한 무형적 제반현상으로 구성하는 인적 요인과, 인간의 비영리적 활동의 결과물인 각종의 문화재인 지정관광지, 유원지, 공원, 박물관, 영화관, 미술관 등의 구조물, 시설물, 음식물, 의상 등에 포괄적으로 다양하게 구성되어 있는 것을 말한다. 문화관광 자원에 대한 유형은 표 1.2와 같다.

표 1.2 문화관광 자원의 유형

유 형	개 념
유적관광	과거의 향수에 기반을 둔 경험을 토대로 둔 유 · 무형 유적을 소재한 곳
예술관광	미술, 조각, 연극, 무용, 기타 등 인간 표현을 노력의 창조적 형태를 갖는 경험
교육관광	특정분야를 가지고 있는 배움의 목적에 대해 충족과 경험 위주로 한 간접 및 직접 체험
체험관광	타 문화와의 교류를 통해 인간과 실제 접촉을 통한 타민족의 생활 체험

2) 문화관광 자원의 특성

역사와 전통을 바탕으로 한 현재 속 재발견 또는 재창조되어 지속성을 지닌 그 시대 생활의 결과를 나타내는 특성을 말한다. 즉 문화관광 자원이란, 인간에 의해서 만들어내고 지속적으로 변화되는 인위적인 특성을 가지고 있다. 인간 활동에 대해서 문화적 욕구를 가지고 있는 관광객을 주 대상으로 하기에, 역사적 · 교육적 · 체험적 효과가 크다고 볼 수 있다. 하지만 공간의 제약성이 너무 크다는 단점이 있지만, 이런 공간의 제약은 관광객이 문화관광 자원이 있는 장소에 가지 않으면 볼 수 없음을 의미하기도 하며, 관광산업에 있어서 문화에 대한 관광자원의 효용가치가 더 높다(김미애 · 안종수, 2001).

문화관광 자원의 특성을 살펴보면 다음과 같다.

첫째, 한 지역의 문화가 다른 문화와 접촉이 이루어지는 동안, 문화 혼합 현상이 가장 먼저 발생하는 것이다. 하지만 문화관광목적지는 주민들이 실생활 거주하고 있는 공간으로 있기 때문에, 문화의 원형을 잃을 수 있고 노출될 환경을 가지고 있어 본질적으로 문화의 원형에 대한 훼손이 될 위험성이 크다고 할 수 있다.

둘째, 문화의 접촉으로 문화의 상호이해와 자기문화의 우월성과 중요성을 인식하게 되는 계기를 마련해 주는 한편, 국제이해와 상호교류에 통해 긍정적인 영향을 줄 수도 있다(전고필, 1996).

문화에 대한 관광자원은 유 · 무형문화재, 기념물 그리고 민속자료 등으로 분류한다.

첫째, 민족문화에 대한 유산으로 가치가 뛰어난 자원인 유형의 문화적 소산을 가지고 있는 역사상 · 예술상 가치가 지닌 것과, 이에 준하는 고고자료를 보면 건축구조물과 전적, 서적, 고문서 등과 더불어 회화, 조각, 공예품 등을 포함한 유형문화재라고 한다.

둘째, 무형의 문화적 소산을 가진 역사상 예술성 가치가 가지고 있는 자원인 연극, 음악, 무용, 공예기술 등을 무형문화재라 한다.

셋째, 패총고분과 성터, 궁궐터와 가마터 등이 있고, 그 외 유물 포함층을 포함하고 있으며, 사적지로는 역사상, 기념물, 학술상 가치가 있는 문화적 관광자원에 포함한다. 그 외 동물은 서식지나 번식지, 도래지를, 식물로는 자생지를 포함한다.

넷째, 민속자료는 의 · 식 · 주와 생업, 그리고 신앙과 연중행사에 관한 풍속 및 관습과 이에 해당하는 의복 · 가구 · 가옥 등의 국민생활 추이를 이해할 수 있는 것을 말한다. 문화에 대한 중요성이 증가할 경우, 해당지역에 해당하는 주민 통합, 정체성 확보, 관광객과 기업에 대한 경제적 수단으로 인식되고 있는 것이다(김경호 · 고승익, 2000).

문화관광의 중요성이 증가됨으로 인해, 지역개발 수단으로서 문화관광을 활성화 방안으로 축제 및 이벤트 등을 개최하면서 주민이나 관광객의 문화적 욕구를 충족시키는 한편, 일상의 탈출로 볼 수 있는 관광의 이미를 가지고 있으며 역사와 문화를 기본으로 하기 때문에 큰 자본을 들이지 않고 지역경제의 수단으로서 장점을 갖는다고 한다(이진희, 2006). 문화적 관광자원인 유형문화재, 무형문화재, 기념물 그리고 민속자료로 구분한다.

문화관광 자원에 대한 구분은 표 1.3과 같다.

표 1.3 문화관광 자원의 분류

구 분	내 용	사 진
유형문화재	민족문화의 유산을 가진 가치가 뛰어난 자원으로 유형의 문화적 소산을 가지고 있는 역사상 · 예술상 가치가 높은 것과, 이에 준하는 고고자료로서 건축구조물로서 전적, 서적, 고문서, 회화, 조각, 공예품 등이다.	
무형문화재	무형의 문화적 소산으로 역사상 예술성 가치가 높은 자원으로서 연극, 음악, 무용, 공예기술 등이다.	
기념물	기념물로는 패총고분과 성터, 궁궐터 및 가마터, 유물 포함층 등이 있으며, 사적지로는 역사상, 기념물, 학술상 가치가 큰 것과 문화적 관광자원에 포함한다. 여기에서 동물은 서식지나 번식지, 도래지를, 식물로는 자생지를 포함한다.	
민속자료	민속자료인 의 · 식 · 주나 생업, 신앙, 연중행사 등에 관한 풍속, 관습과 이에 해당되는 의복과 가구, 가옥 등이 국민생활의 추이를 이해한다는 것이다.	

사례연구

살대 세우기

살대 세우기는 정월대보름 민간민속으로 마을의 액살을 방지하고 풍년을 기원하기 위해 매년 음력 1월 13일에 살대를 세우고, 음력 2월 15일 영둥할머니가 하늘로 올라가는 날 살대를 내리는 것으로, 다른 지역에서는 볼 수 없는 제액초복의 민간심성이 잘 표현된 독창적이고 신앙적인 민속놀이다. 살대를 세우는 방법은 해마다 마을의 중심부에 4~5미터 정도의 나무를 세우는데, 밑부분은 소나무로, 윗부분은 대나무로 결합한다. 이 나무에 스무 갈래의 굵은 새끼줄로 사방에서 고정시킨다. 살대에서 솔이라는 것을 맨다는데, 이 솔은 볏집단을 묶어 밑 부분을 잘라낸 것으로 마치 술잔을 뒤집은 모양이다. 한편, 살대 상단에는 등불을 매달아 어둠을 밝히고 '농자천하지대본'이라 쓴 깃발을 매달아 놓는다.

그리고 마을사람들이 각자 꼬아서 동여 맨 스무 갈래의 새끼줄에는 오색종이와 중간중간에 괭이, 호미와 체바퀴 짚으로 만든 솔을 달며, 주부들은 치 및 밥주걱을 매달기도 한다. 이 모든 장식물들은 농사의 풍년과 가정의 안녕을 기원하는 상징물이다. 또 특이한 것은 소나무 살대의 상부에는 나무로 오리를 깎아 각 두 개씩 북쪽을 향해 고정시키고, 화살과 활을 매어 동쪽을 향하게 하는데, 오리나 화살도 살을 막기 때문이라 한다. 이렇게 살대를 다 만들고 나면, 농장과 대방의 신분을 지닌 사람이 제사를 지낸다. 이러한 살대 세우기는 4단계로 나누어 진행된다.

우선 주민들이 힘을 합쳐 살대를 세우고 여기에서 살대제를 지내며, 다음엔 농악대의 지신밟기, 그리고 주민들의 뒷풀이와 음복례가 행해진다. 마을에서는 살대제를 지내기에 앞서 농장을 뽑는데, 농장은 마을에서 존경받는 사람으로 농군의 대표인 셈이다. 그는 대방이라는 보좌관을 대동하고 살대제를 거행하는데, 예전에는 농장이 농군들에게 영을 내려 짚신, 멍석, 삼태기를 만들어 오게 하고 살대를 세우는 날에 그것을 상품으로 주었다고 한다. 살대를 세우고 나면 제물을 차려놓고 도포에 유건을 쓴 농장이 마을사람들을 대표하여 절을 하고 축문을 읽는다. 고축을 하면서 절을 올린 후 술을 살대에 붓고 나서 주민들로 구성된 농악대가 살대 주위를 돌며 지신밟기를 한다. 이 때 주위에 참가한 사람들은 잡색으로 꾸며서 농악가락에 맞춰 춤을 추고 살대 주위를 돈다. 이 과정이 놀이로서의 즐거움을 고조시키므로 구경하던 사람들 모두가 흥겹게 춤을 춘다. 구경하던 할머니들은 어깨춤을 추고, 수줍은 새댁들은 몰래 훔쳐보면서 음식을 장만한다. 살대세우기를 볼 때 감동적인 것은 주민들 스스로가 즐거워하는 것 때문이다. 사라졌던 고유한 민속문화를 자랑스럽게 되살려냈다는 주민들의 표정이다. 여기서 포근한 고향의 느낌, 말로 설명할 수 없는 따뜻한 인정을 느낄 수 있다. 1990년에 '강원도민속예술경연대회'를 통해 재현된 이 살대 세우기는 이제 우리의 전통문화를 사랑하는 광태리 주민들에 의해 다시금 사랑받는 민속놀이로 되살아났으며, 삼척시의 자랑거리로 자리 잡았다.

【출처】 삼척시 홈페이지(http://www.samcheok.go.kr);
한국민속대백과사전(http://folkency.nfm.go.kr)

Understanding of

Culture Tourism

CHAPTER 02

스토리텔링과 문화콘텐츠

Understanding of

Culture Tourism

01 스토리텔링의 개념

1. 스토리텔링의 의미

스토리텔링Storytelling은 사전적 의미로 The Action of Telling Stories로 '이야기를 들려주는 활동, 이야기가 담화로 변하는 과정'을 뜻하며, Story-tell-ing 등의 세 요소로 구성된 단어이다. 스토리Story는 이미 과거 완료의 것인 '이야기한 것'을 의미하고, 'tell'은 구연되는 현재상황의 강조라고 말할 수 있다(Denning, 2005). 스토리텔링에서의 'tell'은 단순히 '말한다'는 의미 외에 '시각'은 물론 '촉각'이나 '후각' 같은 다른 감각들까지 포함하며, 여기에 'ing'은 상황의 공유, 그에 따른 상호작용성의 의미를 내포한다(최혜실, 2007).

스토리텔링은 문학 용어로서 이야기를 들려주는 것 혹은 구전을 말하는 것으로, 사건과 사물에 대한 물리적 속성이나 사실에 대한 보도가 아닌 사물이나 인물이 가져다주는 개인적 의미로서의 이야기를 지어서 말하는 것으로 정의되며, 이제는 소설이나 드라마, 각종 미디어의 이야기 구조가 갖는 힘을 활용하여 메시지를 전달하는 기법을 뜻한다(송정란, 2006).

스토리링의 출발점은 '이야기'다. 이야기Story란, 매우 포괄적인 개념으로 사람들끼리 서로 어울려 벌인 행동이나, 사람과 사물이 관련되어 일어난 여러 가지 사건들에 관해 자초지종을 가려 처음과 중간, 끝을 만들고, 일정한 시간의 경과를 구조화한 것이다. 이러한 이야기에는 신화, 전설, 민담 등의 설화를 비롯하여 소설, 영화, 드라마까지 시간상에 존재하는 사건을 서술한 것도 포함된다(이광원, 2008).

표 2.1 스토리의 종류

종 류	내 용
신화(Myth)	신적인 존재가 행한 신빙성이 인정되는 이야기
전설(Legend)	특별한 상황에 처한 인간에게 실제로 일어난 사건 및 행위를 전하는 이야기
민담(Folktale)	일상적인 인간의 허구적이고 세속적인 이야기

자료 : 이정은 외(2017). 『관광자원론』, 서울: 한올출판사

오경환(2002)은 공간연출에 있어서 스토리텔링은 공간에 작가의 내적 정서와 감정을 표현하는 정서적 · 감각적 접근방법이라 했으며, 그 내용은 체험과 심상의 이야기이고, 그 형식은 상황 표현과 장면 구성의 물질언어와 공감각적 심상 풍경으로 나타난다고 하였다.

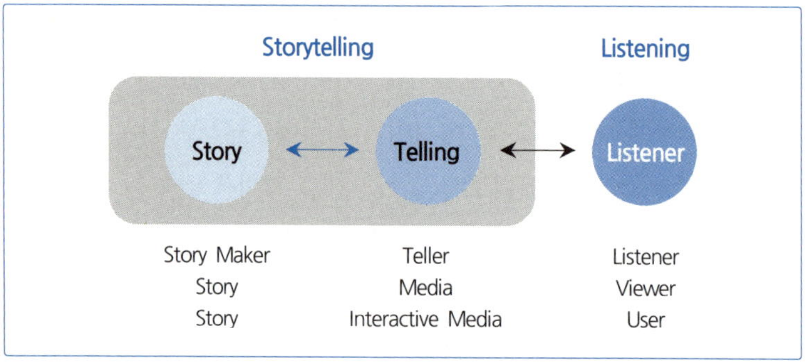

자료 : 이지현(2005). 상호작용적 이벤트공간에 관한 연구, 홍익대학교 산업미술대학원 석사학위논문

그림 2.1 인터렉티브 스토리텔링으로 전환구조

기존의 스토리텔링이 디지털매체와 결합함에 따라 또 다른 형태로 이야기를 시도하면서 한 단계 진화한 다음, 층위의 스토리텔링으로서 인터렉티브 스토리텔링은 이야기를 멀티미디어 작업으로 전환하여 보는 사람의 관심을 이끌어내고 정서적인 경험을 제공하는 능력을 가진다(안병곤, 2014).

Bell(1992)은, 좋은 이야기는 우리 각자의 익숙한 무언가를 자극할 수 있으

며, 그것은 우리 인생, 세계관, 그리고 우리 자신에 대한 새로운 무언가를 보여준다고 말한다. 스토리텔링은 이러한 이야기로서 정보를 쉽게 이해할 수 있도록 도와주며 기억에 오랫동안 남게 해 주는데, 스토리텔링은 개인이 경험한 실제에 대해 기억 · 저장 · 전이하는 지성을 자극하며 관심 · 느낌 · 공감과 같은 감성을 동시에 일깨워 흥미와 몰입을 증진할 수 있기 때문이며(허희옥, 2006), 이야기를 통해 자신의 내면을 보게 되고 자신이 경험한 것과 인지한 것을 바탕으로 이해하고 받아들이며 기억을 강화시켜주기 때문이다. 최인호(2007)는 문학의 서사성에 영향을 받아 이야기의 구성에 관심을 두며 해설이 곁들여지는 방식이 주를 이루는데, 작가와 함께 문학작품 배경지를 방문하고 설명을 듣는 형식의 여행이 대표적이며, 문화관광해설사들에 의한 관광지 해설, 홍보물이나 표지 등에 삽입된 이야기 형식의 설명문 등도 스토리텔링에 해당된다고 했으며, 스토리와 이를 기반으로 한 청취자에게 효율적으로 전달하는 과정 전체를 스토리텔링으로 보고 있다. 김수진(2007)은 시간적 연쇄에 따른 서사성을 갖는 이야기가 담화로 변화하는 과정에서 화자(話者), 청자(請者), 스토리가 상호작용을 하여 현장성이 갖는 것을 의미한다. 이때의 담화 양식은 물리적 속성이나 사실보도가 아닌 그 시점에서의 사물이나 인물이 가져다주는 개인적 의미로서의 이야기로, 창조적인 활동이라 정의하였다.

스토리텔링은 말하는 사람과 듣는 사람이 서로 주고받으며 만들어가는 이야기 형식으로, 내용면에서 객관적 사실만이 아닌 사건을 겪은 사람의 주관적 경험을 전달한다는 점에서 단순정보와 구별되며, 이는 논증 · 설명 · 묘사 같은 다른 이야기 방식과 구별된다. 서사구조에 있어 서술Narration, 진술Telling 또는 담화Discourse는 '어떻게'에 해당된다. '어떻게'는 '표현' 즉 형식을 의미한다. 이것은 내용이 전달되는 수단, 이야기 전달방식, 이야기 전달구조를 뜻한다. 또한 이것은 스토리의 진술(이야기하기, 말하기) 또는 진술들이 구조화된 집합이다. 이야기를 말하는 것으로서의 서술은 서술자와 서술, 장르 그리고 그 전달의 형식으로 이루어진다(오경환, 2002).

표 2.2 스토리, 네러티브, 스토리텔링의 차이점

스토리	네러티브	스토리텔링
구어로서 가능하고, 할머니의 옛이야기와 같은 소재에 대한 단순한 이야기방식이다.	기 · 승 · 전 · 결의 구조를 가지며 전략적이고 끝과 시작이 있다. 화자가 없는 상태에서 내용 전달이 가능하고 관습적 · 특징적인 이야기 방식이다.	상호작용성을 띠며, 정보의 복잡성과 감각의 총체성을 나타낼 수 있는 이야기방식이다.

자료 : 신지원(2009). 스토리텔링 기반으로 한 IMC 전략사례 연구, 홍익대학교 영상대학원 석사학위논문

스토리Story와 스토리텔링Storytelling은 소비자의 심리를 깊게 이해하는데 중요한 요소로서, 다음과 같은 5가지 관점에서 필요성이 대두된다. 사람들은 논쟁적이고 전형적인 것보다는 이야기식으로 생각하는 것을 선호한다. 기억으로부터 추출되어 저장되는 정보의 상당부분은 사람과 사람, 브랜드와 사람 간의 특정주제에 대한 사건 · 경험 · 결과 평가에 대해 에피소드화 되어 있다. 복원되고 보호되며 반복되는 이야기는 아리스토텔레스Aristoteles가 이야기한 것처럼 적절한 즐거움인 '카타르시스Katharsis'를 제공한다. 소비자에게 해피엔딩과 같이 전형적으로 반복되는 이야기를 다시 듣게 함으로써, 정신과 육체적으로 소비자가 전형적인 행동이나 반응을 하게 할 수 있다. 사람은 다른 사람과 이야기하거나 자신이 되뇌면서 전에 있던 사건이나 결과를 명확하게 하려고 하기 때문이다(Woodside, Sood & Miller, 2008).

제3차 산업혁명시대를 뛰어넘어 제4차 산업혁명시대는 감성을 바탕으로 상상력을 필요로 하는 이야기를 중심으로 하는 산업이 뻗어나갈 것이며, 사회 · 문화 · 경제 · 정치 · 예술 등 사회 전반에 걸쳐 넘쳐나고 있다. 스토리텔링Storytelling이란 말은 영화나 드라마에서 뿐만 아니라, 광고에서도 그 중요성이 중시되고 있다. 따라서 이제 이야기Story라고 하면 문학 작품만 떠올리던 기존의 인식에서 벗어나, 감성이 중요해진 정보사회에 맞춰 의미를 전달하는 방법을 고려해야 하며, 관광산업의 개발전략으로 활용한다.

2. 관광스토리텔링의 개념

관광스토리텔링은 관광자원이나 관광지를 이야기하기Storytelling라는 형식을 빌려 서술하는 형식 중의 하나로서, 관광지에 얽힌 이야기를 끄집어내어 관광자원화 하는 것이다. Dann(1996)은 관광분야에 있어서의 스토리텔링은 투어가이드의 설명과 해설 등이 이에 해당하며, 담론·수사·서사 표현 등은 관광의 사회·언어적 본질과 밀접한 관계가 있다고 했으며, 하시모토橋本俊哉(1998)는 시간의 흐름에 따라 관광객의 감동을 극대화시키는 관광코스를 구성하는 전략이 필요하다고 주장하였다. 그는 관광지, 관광시설, 관광 상품 등이 관광객을 유인할 수 있는 방법으로, 여러 가지의 흥미 있는 대상을 스토리로 엮어 이를 통해 관광객을 유인하는 방법인 모노가타리物語; シリーズ법을 제시하였다. 실제로, 역사적인 이야기 무대를 시대에 따라 방문하는 관광코스가 여행상품으로 판매되고 있고, 화가의 작품을 창작연대에 따라 전시해 놓은 미술관도 다수가 있음이 그 증거이다.

Saarinen(2004)은 "관광지란 지역에 관한 담론과 개발된 담론에 의해 만들어지는 물리적·상징적 경관에 의해 구성된 실체"라고 하였다. 대부분 관광분야의 스토리텔링Storytelling을 논함에 있어 문화관광 해설을 많이 떠올리지만, 관광스토리텔링의 개념은 일반적으로 해설의 개념보다는 넓은 개념이며, 관광지를 둘러싼 스토리를 중심으로 관광지와 관광개발자, 관광객들이 공동으로 만들어가는 의미체계로써 관광지와 관광객들 간의 상호작용이 존재한다. 한국관광공사(2005)는, 관광객의 체험과 추억의 관리를 통해 관광객, 관광지, 지역주민이 공동의 감성체계를 만들어가는 것이 관광스토리텔링이며, 미디어 혹은 관광기업과 관광객과의 관계뿐만 아니라 관광지 방문 중에서 나타날 수 있는 관광지와 관광자원 간의 스토리텔링까지 확대하여 제시하였다.

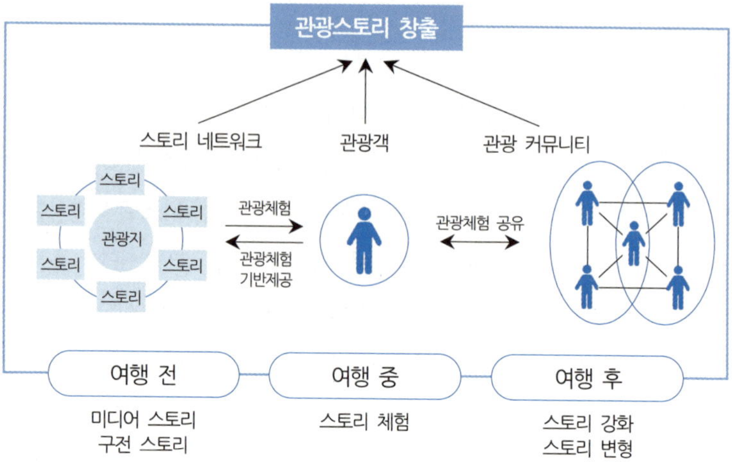

자료 : 한국관광공사(2008). 관광스토리텔링, 그 빛을 발하다

그림 2.2 관광스토리텔링의 개념

관광지의 스토리는 각각 별개인 듯 보이는 개별적인 스토리들이 하나의 감성으로 엮인 모자이크와 같으며, 관광객들의 체험이 이루어지는 접점들이 모여 하나의 스토리가 만들어진다. 즉 관광지로 출발하기 전부터 가졌던 관광지에 대한 상상, 관광지에서 직접 겪는 체험, 현실로 복귀하여 회상하는 것 등이 종합적으로 어우러진 것이다(한국관광공사, 2008). 관광스토리텔링은 관광객의 유치 및 재방문을 유도시키기 위해 문화 원형 소스를 관광지에 스토리텔링Storytelling 기법을 활용하여 적용시키는 것이라고 할 수 있다(김태영, 2008).

스토리텔링은 마케팅 분야에서 주로 활용되어 왔으며, 장소마케팅, 커뮤니케이션 등이 여기에 해당된다(최인호, 2008). 김희연(2009)은 "관광스토리텔링을 관광지라는 무형의 소비재를 판매하기 위해 관광객의 흥미와 교감을 일으켜 보다 효과적으로 판매하기 위한 일련의 과정이며, 관광객은 관광지에 대한 정보와 흥미를 얻을 수 있는 공간"이라고 하였다. 이처럼 공동의 스토리를 만들어가는 과정 속에서 관광지의 스토리를 일정한 순서에 의해 구성함으로써 관광객들로 하여금 몰입과 카타르시스를 체험하게 하는 기능적 요소도 동시에 가지고 있는 것이 관광스토리텔링이다.

종합적으로 생각하면 관광스토리텔링이란, 관광지를 둘러싼 관광지가 가지고 있는 스토리와 이를 경험하고 그러한 체험들이 공유되면서 관광지, 관광객, 지역주민이 함께 만들어가는 의미체계로서 새로운 스토리 추구의 과정이다. 관광지에 얽힌 이야기를 끄집어내어 관광자원화 하기 위해 관광지와 관련된 민담, 설화 등의 언어적 서사장르뿐만 아니라, 현대사회의 새로운 커뮤니케이션 수단인 영화, 드라마 등 관광지와 관련된 비언어적 수단까지 포함한 광의의 의미로 정의할 수 있다.

02 관광스토리텔링의 구성과 사례

1. 관광스토리텔링의 형태

김태영(2008)은 관광스토리텔링의 형태를 크게 두 가지로 구분하였다.

첫째, 관광지에 문화 원형자원을 바로 적용할 수 있도록 스토리텔링 기법을 활용하는 것이다. 둘째, 문화 원형이 스토리텔링 기법을 통해 문화 콘텐츠로 재탄생되어 소비자에게 전달된 후 자연스럽게 문화 콘텐츠를 인식하게 됨으로써, 특정 장소가 관광지가 되고 이를 좀 더 체계가 있는 관광지로 변화시키기 위해 다시 스토리텔링 기법을 활용하는 것이라고 하였다.

이정표(2008)는 "스토리텔링을 관광자원의 스토리텔링, 관광객 경험 스토리텔링, 창조적 스토리텔링으로 구분하였는데, 관광자원의 스토리텔링에는 관광지의 신화 · 전설 · 민담 · 문학 등이 이에 속하며, 관광객의 경험에 따른 스토리

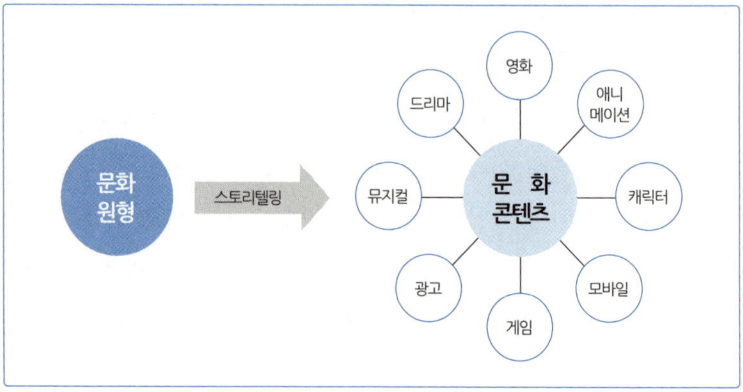

자료 : 김태영(2008). 경남지역 관광스토리텔링 활성화 방안, 경남발전연구원

그림 2.3 관광스토리텔링의 적용

텔링은 관광객이 경험했던 취향과 감성들이 상호작용으로 인해 완결성을 가지고 있는 이야기 구조가 네트워크에 의해 확산된다."고 하였다. Wang(2004)도 "관광객은 단순히 미디어에 순응하지 않으며 자신들만의 담론을 만들어냄으로써 관광지에 대한 새로운 담론을 활성화시킨다."고 하였다. 두 담론은 경쟁하기도 하고, 보완하기도 하면서 관광지에 대한 특정한 의미를 만들어낸다.

다양한 소비자가 스토리에 자신의 경험을 덧붙여 구전의 효과로 더욱더 강렬한 콘텐츠가 된다. 또한 대중의 상상력 결과로서 관광지는 대중의 기호에 투영된 것으로써 일상 속 대중문화 콘텐츠 및 그 외 많은 정보를 통해 장소 표현이 대중의 상상력을 통해서 벗어나 관광지, 관광시설, 관광프로그램 등에 스토리를 부여하여 관광객으로 하여금 흥미를 불러일으키게 하는 것으로 인식되어 왔다. 영상을 중심으로 한류관광을 이용한 스토리텔링은 관광지와 관광객이 정보와 체험을 공유하면서 하나의 공동스토리를 만들어나가는 과정이다(이광원, 2008).

김희연(2009)은 "수요자 측면의 사례로 구전스토리텔링, 관광정보스토리텔링, 온라인 커뮤니티스토리텔링은 관광객 경험스토리텔링으로 구분되어진다."고 할 수 있다. 블로그나 미니홈피를 통한 개인적 커뮤니티 조성활동, 동호회 등의 커뮤니티 등은 관광지에 대한 관광객의 생각과 정보를 제공한다. 또한 이정표(2008)가 구분한 창조적 스토리텔링은 문화자원과 관광적 매력성이 없는 자원에 창조적인 스토리텔링을 부합하여 매력성 있는 관광자원으로 부활시키는 것으로, 영화촬영지나 드라마로 새로운 창조적인 이야기를 개발함으로써 새로운 생명력을 불어넣은 관광자원으로 재탄생되는 것을 예로 들 수 있다.

이후석 · 이승곤 · 오민재(2005)는 "드라마촬영지 관광객의 관광동기와 인지적 이미지는 관광동기 요인의 관광매력, 드라마 회상, 몰입, 매력성, 쾌적성과 접근성, 신기성과의 영향관계가 있으며, 드라마촬영 관광지에서의 관광객의 동기와 정서적 이미지, 인지적 이미지 간의 유의적인 상관관계"를 밝혔다.

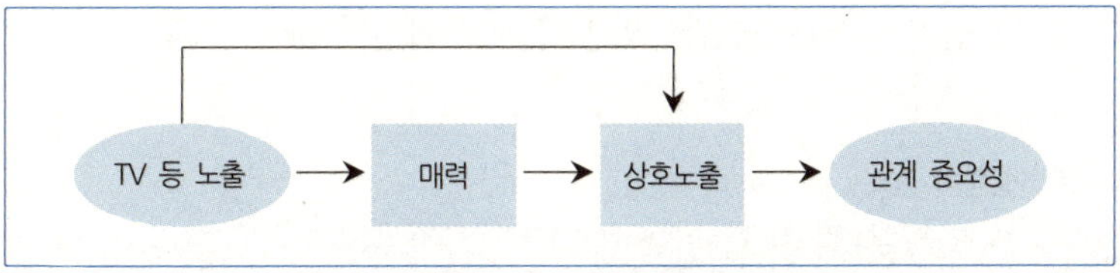

자료 : Rubin & McHugh(1987). Development of parasocial interaction relationships, Journal of Broadcasting & Electronic Media, 31, 279-292.

그림 2.4 호감에서 관계 중요성으로의 매개된 경로

영상스토리텔링은 TV, 영화와 같은 영상매체를 통해서 보이는 장소를 잠재 관광객에게 관광지에 대한 긍정적인 기대를 형성하여 관광지로 그들을 유인하게 한다. 관광객이 관광활동을 함에 있어 관광지 스토리텔링은 관광자원이라는 매력물에 이야기로 의미를 부여하고 해설 · TV · 팸플릿 등 중간매체를 통해 이야기를 전달함으로써 호기심과 매력을 유발시켜 적극적인 관광활동을 이루어낼 수 있는데, 이러한 자극이 가미됨으로써 관광지의 매력성은 더 확대될 수 있으며 관계의 중요성을 인식한다. 또한 관광스토리텔링은 관광객들에게 보다 풍요롭고 즐거운 경험을 위한 인식 · 이해 · 감상 능력을 갖게끔 도와준다.

스토리는 다양한 매체를 통해 받아들여지고 변형되어 이해되어진다. 결과적으로, 디지털시대의 특성과 맞물려 서사적인 이야기는 시대에 맞게끔 변모하고 있으며, 라디오 · TV · 인터넷의 발전까지 많은 매체를 통해 단순한 정보보다는 사건을 겪은 사람들의 경험을 통해 한 번 걸러진 담화, 즉 스토리를 더욱 원하게 되었다(고욱 외, 2003; 최혜실, 2004).

관광체험 과정은 다양한 종류의 미디어를 통해 새로운 스토리텔링이 형성되는데, 인쇄(소설, 기행문, 브로슈어, 신문 등), 청각(음악, 구전, 강연, 라디오 등), 시각(사진, 엽서, 그림 등), 인쇄+시각(브로슈어, 가이드북, 팸플릿, 지도 등), 청각+시각(영화, TV, 비디오, 공연 등), 인쇄+청각+시각(인터넷, 여행사, 관광안내소 등)이 포함된다(최인호, 2007). 관광객은 관광지를 직접적으로 체험하지 않고서도 각종 관광지에 대한 정보, 여행 프로그램, 다큐멘터리, 브로슈어, 가이드북, 광고 등을 통해서도 관광활동이 이루어진다(Urry, 1995).

표 2.3 스토리텔링의 형태

구 분	전	중	후
인쇄	여행서적, 기행문, 소설, 시, 연극, 대본, 학술논문, 브로슈어, 광고전단, 신문		
청각	음악, 구전, 강연, 안내원, 해설자, 라디오방송		
시각	사진, 엽서, 그림, VR, 비디오, 홀로그램		
시각+청각	기행문, 브로슈어, 가이드북, 팸플릿, 지도, 포스터, 표지판, 요리책		
청각+시각	영화, TV, 비디오, 공연, 전시회, 민속극		
시각+청각+시각	인터넷, 여행사, 관광안내소		
초점	관광지에 대한 동경심 조성	감동곡선을 활용한 체험 공간 조성 및 서비스 제공	관광지에 대한 노스텔지어로 확대 발전

자료 : 이광원(2008). 『관광자원론』, 서울: 기문사

구전Word-of Mouth에서 스토리텔링은 본인의 관광지에 대한 이미지를 타인에게 표출하는 행위로, 수신자는 관광지에 대한 새로운 이미지를 창출할 수 있는 기회를 마련하며, 지속적인 전달 행위는 각기 다른 스토리를 만들어낼 수 있다. 관광스토리텔링의 형태와 전달의 매개로는 관광가이드, 표지판, 축제, 공연, 재

현 프로그램, 시청각 해설, 멀티미디어 쇼, 조명과 음향효과를 이용한 전시, 인터넷이 있으며, 관광장소 및 지역을 여행하며 관광가이드나 문화해설사 등을 통해 이야기를 듣거나, 지역민들의 삶을 그대로 체험하거나, 공연을 관람하고 전설이나 사실에 관한 이야기를 경험하는 등의 활동을 포함하고 있다.

관광가이드가 관광객 각각의 특성과 기대수준에 맞추어 설화나 관광지에 얽힌 이야기에 대해 해설해 준다면, 관광지에 생명을 불어넣는 효과가 있을 것이다. 스토리텔링은 가장 효과적이면서 관광객과의 사이에 친밀감을 형성할 수 있다는 장점이 있다. 또한 정보를 제공한다는 측면에서 영상스토리텔링은 영화 · TV드라마 속의 이야기를 전달하고, 영화 속의 주제 · 이야기 · 캐릭터 · 배경 등을 직접체험을 통해 그대로 전달된다. 영상스토리텔링 관광지에서는 '체험'을 통한 직접적 정보전달이 가능하며, 영화 · 애니메이션 · 게임 · 연극 · 드라마 등 문화콘텐츠 산업이라 불릴 수 있는 대부분의 문화콘텐츠는 간접의 체험을 통해 정보를 전달받게 된다(염유희, 2006).

Butler(1990)는 "TV나 영화와 같은 영상매체를 통해서 보여지는 장소는 잠재관광객에게 관광지에 대한 긍정적인 기대를 형성하여 관광지로 그들을 실제로 유인하는 경향"이 있으며, Evans(1997)는 "TV와 영화와 같은 영상매체를 통해 관광지의 매력이 알려지면서 관광수요를 유발시킨다."고 하였다. Prentice & Cunnell (1997)은 "스토리텔링을 메시지 전달 내용이나 매력물에 대해 인지적 경험을 촉진하는 활동"이라고 정의하면서, 관광객이 방문하는 장소 및 물건에 대해 인식능력, 감상능력, 지식 습득능력, 이해능력을 증대하도록 도와줄 수 있다고 하였다. 관광객들은 글을 읽는 것보다 시청각 프로그램을 통해 제시되는 정보에 더 몰입하기 마련이다. TV나 영화 등 매스미디어가 중심을 이루는 것은 영상 속에 담긴 관광지의 풍경이 이야기로 연결되어 사람들의 기억 속에 남아있기 때문이다. 웹사이트를 통한 온라인 스토리텔링On-line Storytelling은, 넓게 보면 디지털 스토리텔링Digital Storytelling의 범주에 포함된다. 디지털 스토리텔링은 스토리를 다양한 매체, 즉 디지털영상, 텍스트, 음성, 사운드, 음악, 비디오, 애니메이션을 통해 서로 공유하는 과정을 의미한다. 결국 디지털 스토리텔링은 스토리를 멀티미디어 작업으로 전환함으로써 사람의 감성을 자극하여 관심을 유발하고 정서적인 경험을 제공하는 역할을 한다(황성윤, 2003).

Gretzel(2006)은 "온라인 관광마케팅에 스토리텔링의 도입이 가능하다."고 했으며, 온라인상에서 주목을 받고 있는 소비자 창출형 미디어Consumer-generated Media로서 사용자평가 및 리뷰User Rating & Review, 웹페이지 및 공간Web Pages / Spaces, 위키스Wikis, 블로그Blogs, 팟캐스트Pod Cast, 포토포스팅Photo Postings, 비디오Video, 태크Tag 등의 사례를 제시하면서, 관광객의 체험스토리가 이러한 미디어를 통해 의미를 얻어 새롭게 재현된다고 하였다. 디지털 콘텐츠는 소비자에게 전달되는 방식에 따라 서술, 묘사, 체험으로 구분이 가능하다.

한국관광공사의 국내여행안내 홈페이지인 대한민국 구석구석 캠페인(www.gusukgusuk.co.kr)은 인터넷 상에서 온라인 커뮤니티를 통해 문학작품, 영화, 추억 속의 관광지를 이야기를 통해 의미를 부여하고, 주변 관광지와 교통정보 등을 제공함으로써 문화·사회적 현상을 대변할 수 있는 자료를 제공하기도 한다. 정보에 대한 접속의 용이성 때문에 더욱 많은 사람들이 이용하고 있고,

그림 2.5 한국관광공사 구석구석 캠페인

장소에 대한 관광객의 생각에 대한 꾸미지 않고 살아있는 이미지를 제공하고 있는 것이다.

결국, 관광스토리텔링을 관광지에 얽힌 이야기를 끄집어내어 관광자원화를 하는데 중요한 역할을 한다. 관광자원 스토리의 탄생 배경이 특정 장소와 일치될 때 그 관광지의 고유성은 유일한 것이 되며, 문학작품 · 영화 · 드라마 · 음악 · 구전 등을 통해 계속해서 주변의 여러 관광자원들과 연계되어 새로운 스토리를 만들어내면서 문화해설이나 관광가이드, 블로그 등의 소셜네트워크Social Network를 통해 상호작용이 이루어진다.

표 2.4 스토리텔링과 전달매체

구 분	여행 전	여행 중	여행 후
인쇄	여행서적, 기행문, 소설, 시, 연극, 대본, 학술논문, 브로슈어, 광고전단, 신문		
청각	음악, 구전, 강연, 안내원, 해설자, 라디오방송		
시각	사진, 엽서, 그림, VR, 비디오, 홀로그램		
인쇄+청각	기행문, 브로슈어, 가이드북, 팸플릿, 지도, 포스터, 표지판, 요리책		
청각+시각	영화, TV, 비디오, 공연, 전시회, 민속극		
시각+청각+시각	인터넷, 여행사, 관광안내소		
기준	관광지에 대한 동경심 조성	감동곡선을 활용한 체험공간 조성 및 서비스 제공	관광지에 대한 노스텔지어로 확대 발전

2. 관광스토리텔링의 구성요소와 모델

1) 관광스토리텔링의 구성

Riley & VanDoren(1992)은 "신비로운 분위기와 아름다운 자연환경은 유인요소이며 관광객의 호기심, 신기성, 심미성, 상징성에 대한 경험적인 욕구는 관광의 동기유발이 된다."고 하였다. 영화와 문학이 관광지에 미치는 영향에 대한 연구를 선두로, 문학과 영화에 노출된 관광지에 대한 연구는 계속 진행되고 있으며, 2008년에는 Monash & LaTrobe대학에서 소설과 영화를 포함한 미디어와 영상이 관광목적지에 어떠한 영향을 미치는지에 대한 3가지 테마로 학술연구가 진행되었는데, 소설 · 영화 · TV시리즈는 관광객들을 목적지에 대한 매력을 줄 수 있다고 하였다. 그들은 관광지 보기를 기대하고 그들이 경험하면서 만족하는 것으로 나타났다(Ryan, Yanning, Huimin, & Song, 2009).

Höök & Karlgren(1991)은 "스톡홀름Stockholm이라는 도시를 사이트로 정하고, 그 지역을 처음 방문하는 관광객의 루트 묘사를 조사하고 연구했는데, 관광객의 기억을 촉진시키기 위해 중요한 빌딩이나 랜드마크Landmark에 짧은 스토리를 덧붙였더니, 관광객이 위치를 이해하고 기억하는데 큰 도움을 주었다."는 결과가 나왔다. 스토리텔링은 환경에 대한 적응력을 높여주고 정보를 쉽게 습득할 수 있도록 도와준다는 것으로 설명할 수 있으며, 관광스토리텔링의 정보성 및 이해 용이성을 강조할 수 있다.

Moscardo(1996)는 "관광객을 통제하고 상호 교류할 수 있는 해설 내용을 포함하여 신기성, 충돌, 놀이가 내재되어 있고 주제가 있는 이야기의 개발을 통해 흥미가 유발되며 교육적 동기가 이루어져 관광만족도가 높아진다."고 하였다. 또한 마인드플니스모델Mindfulness Model을 이용하여 관광객의 관광지에 대한 인식상태에 대한 관심 모형을 제시하였다. Tilden(1997)은 "관광해설을 포함한 스토리텔링은 방문지 환경에 대한 관광객의 경험을 축적해 주는 교육적 활동이고 환경에 대한 정보전달성, 전달된 정보의 의미를 해석하여 이해를 증진시켜줌으로써 관심과 흥미를 유발시킨다."고 하였다. 따라서 사실적인 정보의 전달에 주력하기보다는 매체와 직접 경험을 통해 이야기 내용이 특성별로 다양하게 관광지 관련성을 보유하며, 관광지 사실의 부분보다는 전체적 내용과 해설 대상별로 접근방식이 필요하다고 지적하였다. 이를 통해 관광스토리텔링의 교육성, 정보성, 이해용이성을 강조하였다.

박지수 · 박승호(2006)는 "엔터테인먼트 로봇의 스토리텔링을 통해 사용자가 얼마나 친밀한 감정교류를 이루고 있는지, 얼마나 친밀한 관계를 형성하고 있는지를 연구한 결과 기쁨, 감정과 사랑, 탐색 등 사용자와 감정 교류를 통해 친밀감을 느끼는 것"을 밝혔다. 이는 관광지와의 친밀성의 선행변수로서 설명되어지고 있다. 송고운(2006)은 "스토리텔링의 유용성이 브랜드 정교화를 통한 장기적 브랜드 성장에 영향을 미친다고 보았으며, 스토리텔링을 스토리 인지, 스토리 지속성, 스토리 표현으로 측정하여 브랜드 이미지 정교화가 브랜드 미래가치에 미치는 영향은 스토리평가에 의해 조절된다."고 하였다. 김연화(2007)는 "웹이 다른 매체에 비해 정신적 이미지 환기를 유발하는 영향력 정도가 크기 때문에, 스토리텔링 기법의 개발에 있어 관광웹사이트의 스토리텔링 중요성"을 강조하였다. 온라인 마케팅전략의 관점에서 웹사이트는 고객들이 제품을 시연해보고 구매하는 것과 비슷한 경험을 갖게 하는 쌍방향의 특성을 가지고 있기 때문에, 관광지의 이미지 형성은 관광지 사진, 장면 등을 통해 동일한 인식을 갖게 되므로, 관광객의 강한 태도를 만들 수 있는 설득력 있는 웹사이트 디자인을 만드는 것이 중요하다고 제시하였다.

김민철 · 양승훈(2008)은 '스토리텔링 기법을 이용한 잠수함 관광 활성화 방안'에서, 제주를 중심으로 한 4개 잠수함 관광회사와 외국의 관광회사 4개의 웹사이트 분석을 통해 스토리텔링이 효과적이기 위해서 필요한 메시지, 갈등, 캐릭터, 플롯 면에서 어떻게 구현되었는지를 분석하였다. 그 결과 웹사이트 상에서의 스토리텔링은 무형화 된 관광 상품을 시뮬레이션을 통해 유형화시킬 수 있으며, 관광스토리텔링은 인지도 고양과 함께 관광 경험을 설득력 있게 전달할 수 있는 잠재력을 가지기 때문에, 웹사이트의 플롯 구성인 이야기를 통해 잠재 관광객의 감성을 사로잡아야 실제 관광객으로 이끌어낼 수 있다고 하였다.

이세리(2008)는 "전라북도 내 로케이션 촬영지의 관광자원 활성화 미비현상의 원인을 찾고, 대중문화 콘텐츠와 접목된 경쟁력을 갖춘 관광지 활성방안 모색을 위한 스토리텔링화 방법"을 제안했다. 스토리텔링을 통해 방문자들로 하여금 장소에 의미와 추억을 남겨두고 재방문의 연결고리를 형성할 수 있다고 하였다. 전라북도 내 관광자원화가 가능한 촬영지와 지역 내 경쟁력 있는 콘텐츠들을 접목함으로써 다양한 형태의 스토리텔링은 경쟁력 자원으로서의 가치성을 찾을 수 있으며, 지역의 특색 있는 자원의 개발을 위해 스토리텔링화 작업이 최우선적으로 고려되어야 한다고 시사하였다.

최인호(2008)는 "체계적이고 짜임새 있는 스토리텔링 프로그램은 관광객들이 산과 해변의 멋진 풍경을 체험하는 것보다 관광객 개개인이 의미를 찾을 수 있는 체험을 제공할 수 있다. 대중문화 콘텐츠를 활용한 관광지 스토리텔링은 지역의 관광자원을 발전시키고 알릴 수 있는 견인차 역할을 할 수 있다."고 하였다. 관광지 스토리텔링에 대한 탐색적 연구로, 관광스토리텔링에 관한 개념화와 대중문화 콘텐츠를 활용한 관광지 스토리텔링 활성화 방안을 모색하였다.

2) 관광스토리텔링의 모델

(1) 스토리 발굴

스토리 발굴 과정은 관광지가 가진 자산을 발굴하는 과정으로서 스토리는 어떻게 존재하며 어떻게 찾을 것인가에 관한 것이 중요하며, 많은 연구자, 기업, 중앙정부를 비롯한 지방정부에서도 많은 관심을 가지고 있다.

① 스토리 목록 작성

스토리의 종류는 크게 문화 스토리, 자연 스토리, 산업 스토리, 장소 · 시설 스토리 등으로 구분이 가능하다. 스토리텔링은 상징성이 매우 강한 문화 스토리는 신화 · 전설 · 민담 등 세 가지로 구성된다. 신화(神話)는 신(神) 존재가 행한 신성성이 인정되는 이야기이고, 전설(傳說)은 특별한 상황에 처한 인간에게 실제로 일어난 사건이나 행위를 하는 이야기이며, 민담(民譚)은 일상인 인간의 허구이며 세속인 이야기를 의미한다. 그러나 스토리텔링의 전통적인 한 장르 중 하나인 신화의 개념이 퇴조하고, 조작된 신화나 유사 신화가 다양하게 등장하여 재미를 더하게 되었다.

표 2.5 스토리의 대상

구 분	내 용
문화 스토리	신화, 전설, 민담, 인물, 언어, 축제 · 의식, 민속 · 풍속, 건축, 조각, 회화, 활자, 도자기, 테마마을 등
자연 스토리	동 · 식물, 보호구역, 산악 평지자원, 수변 해양자원, 경승지 등
산업 스토리	산업시설, 전통시장, 쇼핑몰, 공장, 장소 · 시설 스토리 등
장소 · 시설 스토리	공원, 휴게시설, 스포츠 · 체육시설, 숙박시설, 식음시설, 쇼핑 시설, 교통시설, 유원 · 휴양 · 수련시설, 안내소, 안내표지, 화장실, 휴게소 등

② 스토리 찾기

나열된 스토리의 목록 중 관광목적지가 추구하는 목표에 부합하는 스토리를 골라내어 활용방법을 모색하는 것으로서 가시성이 뛰어난 경관이나 지형, 해당 관광지에서만 할 수 있는 활동, 다른 관광지에서는 보기 어려운 상징성 등이 포함된다. 스토리는 기존에 관광지가 가지고 있는 스토리를 그대로 활용하는 것이 일반이며, 변형을 하는 것이 오히려 해(害)가 될 수도 있다. 문화콘텐츠를 통해 관광지가 알려진 경우 적극적으로 활용할 수도 있고, 특별히 내세울 만한 스토리가 없는 경우에는 새롭게 도입하거나 창조할 수도 있다.

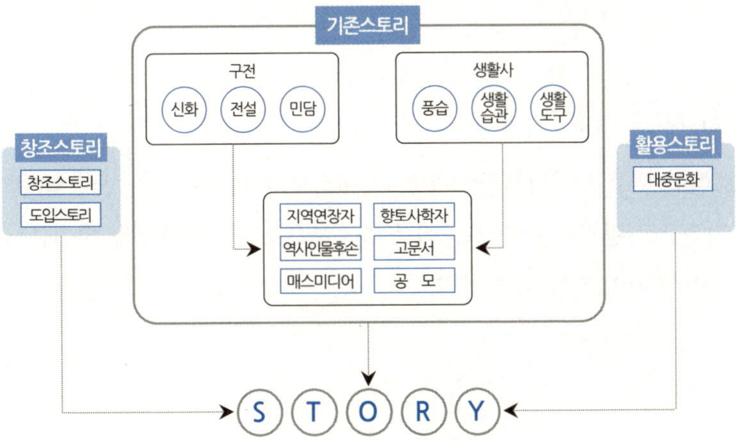

자료 : 한국관광공사(2008). 관광스토리텔링, 그 빛을 발하다.

그림 2.6 스토리 찾기 개념도

③ 테마 발굴

테마는 관광목적지를 가장 강하게 표시하는 기호체계로서 관광객들의 감성을 자극하여 관광지를 이해하거나 기억하게 만드는 역할을 하며, 테마가 정해져야만 스토리를 체험할 수 있는 다양한 방안이 강구된다. 테마는 일반적으로 시간의 흐름, 세부 주제, 관광지의 일상 등에 대한 것들로 구성된다.

(2) 스토리 체험

스토리 체험에 있어서 중요한 것은 스토리 발굴을 통해 정해진 테마를 일관성 있게 구체적 실체를 통해 관광객에게 제공해야 한다는 사실이며, 크게 관광객의 체험환경 조성과 정보환경 조성 등으로 구성된다.

① 체험환경 조성

체험환경에는 축제 등을 통해 사람들이 직접적으로 참여할 수 있는 환경을 조성하는 것과, 관광객들이 관광지를 방문하기에 인식하고 있던 스토리를 확인할 수 있는 구체 실체를 제공하는 것이며, 구체적 실체와 관련하여 랜드마크Landmark 역할을 하는 건축물, 구조물, 공간 등의 상징 공간을 구축하는 것이 중요하다.

② 정보환경 조성

정보환경은 주로 관광객들이 얻는 안내정보와 관련된 것으로서 활동과정을 통해 지속으로 관광지 관련 스토리를 제공함으로써 관광객들로 하여금 장소에 대한 일관된 이미지를 갖게 한다.

표 2.6 스토리 체험의 유형

구 분	내 용	예 시
체험환경	관광객들의 직접 참여를 통한 체험	축제, 이벤트
	상징공간 구축, 플롯에 의한 공간구성	랜드마크, 여행루트
정보환경	안내정보 채널의 표준화와 다양화를 통한 스토리의 간접 체험	안내소, 지도, 홍보물, 표지, 관광지정보, 안내화, 안내원, 게임, 만화, 방송 등

(3) 스토리의 공유

스토리의 공유는 관광지가 만들어낸 스토리Host-created Stories와 관광지가 만들어낸 스토리Guest-created Stories 간의 활발한 교류를 통해 공동의 스토리를 만들어내는 과정이다.

① 마케팅 조직

지방정부를 포함한 마케팅 조직에서 커뮤니티를 조직하여 활성화하는 방식으로서, 온라인을 통해 커뮤니티를 만들 수 있는 공간을 제공하거나 설문조사를 통해 의견을 청취하는 방식이 일반이다. 그러나 최근에는 지역주민이나 관광객들을 리포터로 활용하여 정보를 공유하는 운영방식을 지향하는 사례가 증가하고 있다.

② 지역단체

가장 흔한 방식은 지역의 단체가 중심이 되어 자신들의 지역을 알리는 홍보물을 제작하거나 홍보 웹사이트나 블로그, 앱App을 운영하는 것이며, 지역의 일상생활을 기록한 웹사이트를 개발하여 정보 공유가 활발해지는 경우도 있다.

③ 관광객

특정한 관광지를 방문한 체험을 바탕으로 생겨난 장소를 공유하는 커뮤니티로서, 이들의 활동은 주로 온라인상에서 이루어지며 주요 포털사이트에서 제공하는 블로그Blog 등을 비롯한 페이스북Face Book, 카카오스토리를 이용하여 자신의 활동이나 정보를 이용하는 특징을 보인다.

④ 지역주민

지역주민들이 자발적으로 참여하여 자신들의 체험을 바탕으로 한 지식을 공유함으로써 지역발전의 기반을 구축하게 된다. 지역주민의 자발적으로 나타난 관련 커뮤니티가 대표이며, 자체역량을 강화하기 위한 여러 가지 활동 등이 나타나고 있다.

3. 관광스토리텔링의 사례

관광에서 스토리는 다양한 방법, 표 2.7과 같이 영화, 드라마, 대중가요, 문학작품을 통해 만들어지고 널리 홍보되며, 관광지의 가치와 매력이 새로운 이야기Story 구성을 통해 알려지는Telling 과정에서 관광객의 관심과 체험을 이끌어내고 개별적 체험을 하게 된다. 특히, 국내에서는 영상을 통한 관광스토리텔링을 통해 해외관광객을 유치하여 많은 부가가치를 창출하고 있다.

표 2.7 관광스토리텔링 성공사례

구 분	성공사례
영상 관광스토리텔링	• 모래시계(정동진) • 편지(아침고요수목원) • 쉬리(제주도) • 겨울연가(춘천 남이섬, 용평, 외도) • 올인(제주 섭지코지) • 대장금(담양, 양주) • 반지의 제왕(뉴질랜드 주요지역) • 해리포터(Alnwick Castle)
대중음악 관광스토리텔링	• 멤피스(엘비스 프레슬리 저택 Graceland 소재) • I left my heart in San Francisco(샌프란시스코) • California Dream(캘리포니아)

구 분	성공사례
문학 관광스토리텔링	• 태백산맥(전남 보성, 벌교) • 남한산성(남한산성) • 토지(하동, 진주) • 로미오와 줄리엣(이탈리아 베로나) • 봇짱의 도시 마츠야마(일본)
문화유산 관광스토리텔링	• 땀 흘리는 표충비 • 밀양 얼음골 • 무봉사 태극나비 • 만어사 어산불영경석(경남 밀양)

스토리텔링의 대표적인 사례[1]는 다음과 같다.

1) 산타마을 '로바니에미'

핀란드의 도시는 남단의 항구도시인 헬싱키를 빼면 제대로 알려져 있지 않은 도시들이 많다. 특히 핀란드는 나무, 자일리톨, 노키아를 떠올리게 된다. 하지만 인구 6만의 작은 도시 바로 북쪽 라플란드의 관문도시 '로바니에미(Rovaniemi)'는 전 세계인에게 '산타클로스 마을'로 잘 알려져 있다.

핀란드 북부의 한 오지마을. 전 세계 어린이들은 이 곳에 진짜 산타가 산다고 믿는다. 이 마을은 역사적으로 산타와는 아무런 연관이 없다. 북극 어딘가에 산타가 살고 있다는 소문의 한 자락을 잡고 산타 마을을 일구어냈다.

역사적으로 산타클로스는 4세기 터키지역의 성인이었던 상투스 니콜라우스에서 유래되었다. 하지만 이와는 전혀 상관없는 이 지역이 스토리텔링을 통해 매년 100만 명이 넘는 관광객이 다녀간다.

원래 이 지역은 제2차 세계대전 당시 독일군의 공격으로 폐허가 되었던 곳

1 http://www.sjbnews.com/blog2/userArticleView.html?idxno=283083의 내용을 수정함

인데, 마을의 재건을 위해 '산타클로스는 북쪽 어딘가에 산다'라는 사람들의 작은 믿음을 마을의 이야기로 전하여 1950년대 북극센터를 지었다. 1980년대부터 산타복장을 한 화가들이 관광객들에게 초상화를 그려주면서 산타마을의 브랜드 작업이 본격화되기 시작했다. 세계 각지에서 주소 없이 '산타클로스 할아버지에게To Canta Claus'라고 편지를 쓰면, 그 편지는 우표가 없어도 로바니에미의 산타마을로 배달된다. 보내온 편지는 산타우체국에서 아이들에게 일일이 각 나라의 언어로 답신을 해준다. 또한 이 마을 산타의 집무실과 우체국, 순록이 끄는 썰매, 산타파크에 이르기까지 마을 전체가 동화책이 되어 '산타'를 스토리텔링하고 있다.

2) 로미오와 줄리엣의 이탈리아 '베로나'

이탈리아 베로나는 셰익스피어의 비극 중 하나인 '로미오와 줄리엣'의 배경이 된 도시다. 베로나는 관광대국 이탈리아에서 로마, 베네치아, 피렌체에 이어 4대 관광도시로 손꼽힌다. 한 해 600~700만 명의 관광객이 찾아온다.

베로나가 '사랑의 도시'로 알려진 것은 셰익스피어의 소설인 '로미오와 줄리엣'으로 인한 것이다. 베로나 시는 줄리엣의 집에서 결혼을 하는 프로그램을 만들어 5개월 만에 80만 명의 관광객을 모을 수 있었다. '베로나에서 나와 결혼해 주세요.'라는 이름의 이벤트는 낭만적인 사랑을 꿈꾸는 세계인들을 베로나로 끌어들였다. 베로나의 유명 축구선수가 줄리엣의 집에서 결혼식을 하도록 해주고, 이를 전 세계에 알렸다. 이 프로젝트는 5개월 만에 이탈리아뿐만 아니라 미국, 페루, 홍콩, 호주 등 전 세계 80만 명을 불러 모아 대성공을 거두었다. 또한 이탈리아가 낳은 세계적인 음악가 베르디와 푸치니의 오페라도 관광객을 모으는데 일조하였다. 해마다 여름이면 오페라 페스티벌이 열려, 야외 오페라하우스인 '아레나 디 베로나'가 성황을 이룬다. 베로나는 오페라 도시로 알려져 있다. 바로 세계에서 3번째로 큰 원형극장인 '아레나'가 있기 때문이다.

1913년 베드리 탄생 100주년을 기념해 '오페라 아이다'가 초연된 이후, 로마 시대 때 검투장으로 사용되던 '아레나'는 오페라공연장으로 명성을 얻었다. 현재는 셰익스피어 연극제와 오페라 축제의 공연장으로 이용되고 있고, 10년 전부터는 오페라 극장뿐만 아니라 대중음악과 록 콘서트 등 다양한 목적으로 활용하고 있다. 고전에만 집착하지 않고 새로운 문화적 트렌드를 과감하게 받아들여 접목시킨 결과다.

3) 분단의 역사를 승화시킨 슬로베니아 '노바고리차'

노바고리차(Nova Gorica)란 도시는, 한국과 정서적 유사점을 가지고 있다. 우리는 나라가 남북으로 분단된 곳이라면, 노바고리차는 마을이 이탈리아와 슬로베니아로 분단된 아픈 역사를 간직하고 있다. 제1차 세계대전 당시 독일의 점령지였던 이곳은 이후 독일이 패전하자, 이탈리아의 지배를 받게 된다. 이후 제2차 세계대전에서 이탈리아가 패전하자, 도시 대부분이 유고슬라비아연방에 편입되게 된다.

노바고리차는 제2차 세계대전 당시 강대국의 이권다툼 속에 도시의 중간을 가로지르는 국경선이 정해졌고 철조망이 설치되었다. 대부분의 상권이 지금의 이탈리아 지역인 구도심에 속해 있다 보니, 슬로베니아 주민들의 불편함은 극에 달했다. 이동이 자유로웠던 한 마을 사람들이 한순간에 국경선을 사이에 두고 분단된 것이다. 분단국가인 우리나라에서도 보기 드문 경우이다.

이런 분단의 아픔 역사를 그대로 간직하고 있는 '고리스카 박물원'이 도심에 자리 잡고 있다. '고리스카 박물원'에는 노바고리차의 아픈 역사를 간직한 유물로 가득하다. 노바고리차를 점령했던 독일군과 이탈리아, 옛 소련과 미국 군인들의 제복이 그대로 전시되어 있으며, 유고슬라비아 연방시절 사회주의 상징인 별 모양 조형물도 그대로 간직하고 있다. 특히 당시 주민들이 분단의 부당함을 알리기 위해 벌였던 '빗자루행진'을 왜곡한 당시 이탈리아 우익신문의 'Hanno Invaso Gorrizza(고리차가 습격당하다)'란 기사도 전시해 놓아 언론의 선동이 역사에 어떤 영향을 끼치는지를 기록하고 있다.

그 박물원 앞에는 슬로베니아가 유고슬라비아연방으로부터 독립하면서 국경선을 가로지르던 철조망을 제거하고 광장을 조성해 놓았다. 이 광장에는 57과 15라는 숫자가 조각되어 있는데, 이는 당시 국경선을 가로지르던 철벽 숫자를 의미한다. 바로 이 광장에서 슬로베니아가 유럽연합EU에 가입하는 조인식을 개최하여 '새로운 유럽' 시대가 열린 것을 상징했다. 지금은 화합을 상징하는 도시로 이미지메이킹이 되어, 연중 이탈리아를 비롯하여 유럽 인근국가에서 이곳을 찾는 이들이 크게 증가하고 있다.

2005년 3월 개원한 박물원은 현재까지 각국의 언론인 등 3만여 명의 관광객들이 다녀갔으며, 전쟁의 교훈과 분단의 아픔을 상징하는 대표적인 명소로 자리 잡았다.

4) 브랜드 스토리텔링 – 오리온 '초코파이'

1974년 4월 지름 7cm의 작고 둥근 초콜릿과자가 세상에 첫선을 보였다. 오늘날 그 과자는 국내시장을 넘어 해외 60여 개국에서 한국의 대표과자 브랜드로 명성을 날리고 있다. 그 과자의 이름은 '초코파이'다.

제과업체 오리온의 최대 히트작이자 간판 브랜드인 초코파이는, 남녀노소 누구나 즐기기에 '국민과자'라고 부를 만하다. 초코파이가 사랑을 받는 첫 번째 비결은 무엇보다 맛과 품질이다. 초코파이는 특유의 부드럽고 촉촉한 식감을 내기 위해 특수한 제조공정을 통해 만들어진다.

초코파이의 또 다른 성공비결로 한국인 고유의 정서인 '정(情)'을 내세운 이른바 '정 마케팅'도 빼놓을 수 없다. 우리나라 사람이면 누구나 공감할 수 있는 '정'을 브랜드 정체성으로 설정하여 소비자들에게 꾸준히 어필한 것이 큰 효과를 얻었다는 설명이다.

오리온은 1989년부터 '정(情)'을 핵심 콘셉트로 삼은 초코파이 광고 캠페인을 전개했다. '이사 가는 날', '삼촌 군대 가는 날', '할머니 댁 방문', '집배원 아저씨' 편 등의 연작광고를 통해, 초코파이는 현대인들이 잊기 쉬운 가족과 이웃 간의 정을 일깨우는 매개체 역할을 톡톡히 했다.

지상파 TV 광고로는 최초로 무려 2분짜리 '초코파이 정' 캠페인 광고를 내보내기도 했다. 이 2분짜리 광고는 오리온 초코파이가 한국은 물론 전 세계 60여 개국에서 국경과 문화를 초월하여 사랑받고 있다는 내용을 감동적인 스토리와 영상에 담아 전달하고 있다.

사례연구

안동시 전통문화콘텐츠박물관

경북 안동의 전통문화콘텐츠박물관은 국내 최초의 유물 없는 박물관이자, 디지털박물관이다. 전시 콘텐츠는 4D 영상인 '고창전투'를 비롯하여 '클릭 옛소리', '기상유물 체험전', '사이버 안동읍성' 등 안동의 전통문화와 관련된 테마를 애니메이션·게임·가상현실 등을 구성하여 체험할 수 있도록 되어 있다. 관람객들은 박물관 내 전시 테마별로 마련된 영상자료의 관람과 더불어 디지털미디어 기기를 조작하면서 안동의 전통문화를 이해하고, 또한 이곳에서 얻는 정보를 바탕으로 안동의 문화관광지를 직접 여행하는 일정을 작성할 수 있다. 또한 관람객들은 스스로 UCC를 제작하거나 자신이 체험한 내용을 이메일로 전송받을 수도 있다.

전통문화콘텐츠박물관은 시간, 공간, 생각을 넘나드는 디지털 체험을 통해 사용자가 보고·듣고·만지고·배우게 하는 에듀테인먼트박물관이다. 사용자는 체험을 통해 과거와 현재를 자유롭게 이동하고 바라볼 수 있으며, 퀴즈와 게임을 통해 역사와 문화를 풀어가고 완성하면서 새로운 이야기를 만드는 새로운 박물관의 모델을 제시하였다.

【출처】 김창수(2015). 인천시 스토리텔링 자원 및 활용현황과 활성화방안 연구, 인천발전연구원

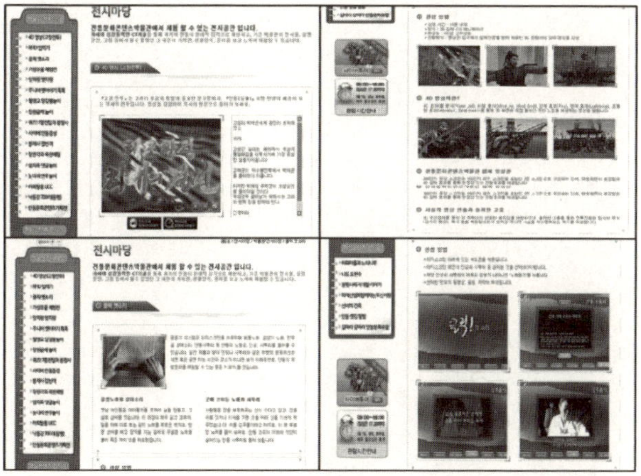

Understanding of

Culture Tourism

CHAPTER 03

문화관광 커뮤니케이션

Understanding of

Culture Tourism

01 문화관광 커뮤니케이션 및 적용

1. 문화관광 커뮤니케이션의 이해

전통적으로 문화 분야에서 문화제국주의적 종속모델은 미국적 커뮤니케이션적 이해관계로 종속국의 문화적 아이덴티티가 파괴된다는 것이다. 문화제국주의적 입장은 미디어상품을 수입할 경우 전통적 라이프스타일 가치도 함께 받아들여야 한다. 그러나 문화적 가치를 기준으로 만든 문화상품만을 무분별하게 받아들일 경우 전통적인 문화적 의미가 파괴된다. 따라서 실체적인 물질수입이 그 사회가 지닌 문화적 의미도 수입해야 된다(Mattelart et al, 1984). 그러나 이 같은 논리는 프랑스문화의 미국화에 관련된 문화제국주의의 논리에서 자주 나타나고 있다.

이와 관련된 예로써 프랑스 미테랑 대통령François Maurice Adrien Marie Mitterrand은 "모든 나라는 자기 자신의 이미지를 만드는 권리를 가질 수 있다."고 주장하며, 그 자신을 표현하는 수단을 던진 사회는 곧 노예화된 사회Enslavd Socity가 될 것이라고 하였다. 미국도, 일본도 모두 자기나라의 상징적 대표와 집합적인 이미지화로서 영상물을 지지하고 있다. 매스미디어는 현재 의미의 가장 활동적인 생산자Active Creator of Meaning이며 강한 문화적 정체성으로 집합성이라는 정치적 목적을 가진다.

1970년대 문화적 제국주의론의 논의는 이러한 제3세계로의 문화적 불균형을 기반으로 하고 있다. 맥브라이드위원회의 '커뮤니케이션 문제에 대한 연구보고서'가 개발도상국과 선진국 간의 커뮤니케이션 차이에 대한 관심을 부각시키는 것도 물론 개발도상국의 수동적 위치로 변화를 촉구하는 메시지다. 1993년 북유럽 협정NAFTA이 체결되었을 때도 멕시코의 아이덴티티를 걱정했다. GATT의 시청각 협정은 문화제국주의를 강화하는 것이었다.

국제화의 관념 그리고 국제화의 개념이 상호간 이념과 상호간 의중을 암시한다는 인식, 즉 제국주의와는 다르다는 생각에 의해 대체되기 시작했다. 맥브라이드 레포트 이후 세계 커뮤니케이션 흐름은 변화하기 시작했다. 라틴아메리카에서 이른바 텔레노벨라가 뿌리 깊은 문화제국주의 논리를 대체시키기 시작한 것이다.

2. 문화관광 커뮤니케이션의 적용

텔레노벨라Telenovela는 1980년대 중반 이후 남미국가를 중심으로 미국 중심세계 시장에서 남미국가가 프로그램을 수출국으로 전환한 사례이다. 따라서 한류는 문화적 지역화라는 측면으로 볼 때, 초국가적 흐름 속에서 나타난 새로운 문화콘텐츠의 성공으로 나타난 현상으로 생각한다면 남미의 텔레노벨라와 비교될 수 있다. 텔레노벨라는 브라질, 아르헨티나, 멕시코, 베네수엘라를 비롯한 남미 각국에서 만들어진 연속극을 의미하며, 가난한 집안 출신의 여자주인공이 사랑을 통해 신분상승을 이룬다는 통속적 주제가 대부분이다. 일일연속극 형태의 소프오페라Soft Opera의 하나로서 멜로드라마의 성격이 강하다. 대부분 150~300편에 이르는 장편시리즈로, 미국과 인접한 남미국가에서 미국으로 프로그램을 수출하여 미국 내 사용하는 스페인어를 대상으로 하는 채널에 집중해서 방영되었다.

텔레노벨라는 프랑스의 연재소설과 미국 연속극, 브라질 식민지 및 독립 이후시대의 문학정통 영향을 크게 받았다. 텔레노벨라는 남미국가에서 1970년대부터 인기를 얻기 시작했으며, 1990년대 들어서는 전 세계 128개국에 수출됨으로써 가장 많은 국가에 방송되는 인기 있는 장르로 성장했다. 이러한 텔레노벨라가 국제문화 교류화의 새로운 관념으로 상호의존성Inter-dependency의 계기를 가져왔다.

이 같은 결과로 볼 때 관광, 한류 등의 분야에도 적용이 가능하다. 관광 등은 지역문화를 대외적으로 알림으로써 동시에 한국문화의 글로벌화를 통해 자신의 문화 아이덴티티를 넓혀가는 양자의 역할을 동시에 수행하고 있다.

한류가 아시아 전역에 퍼지면서 한국의 문화적 열등성 - 수입국으로부터 문화의 우월성 - 수출국으로서의 자국문화를 보는 관점이 변화하고 있는 것이다. 우리가 한류라는 말을 더 자주 언급하는 것을 확인할 수가 있는데, 우리 문화와 세계 문화를 바라볼 때 단순히 우등국, 열등국의 관점을 넘어 상호의존성을 언급했다는 점에서 한국에서도 한류도 남미에서의 텔레노벨라의 문화적 위상이 가져온 파급효과와 비슷한 성격을 띤다고 할 수 있다. 한류 논의로부터 문화에서의 접근 시각도 한 단계 발전할 수 있고, 또한 문화산업에서의 정책적 접근에 대한 새로운 시각도 존재한다. 이 영화에서 보듯이 스크린쿼터 정책과 블록부킹Block Booking의 예방을 문화다양성이란 차원의 새로운 시각에서 연계시킬 수 있는 계기를 제공하고 있다.

02 다른 문화와의 접촉과 융합

1. 타 문화와 관계

문화제국주의적 양극화 관점을 벗어나면서 이러한 텔레노벨라와 같은 한류를 잘 지지해주는 이론적 틀인 문화의 세계화가 진척되면서, 상호의존적 문화의 모습을 구체적으로 반영하는 이론이 등장하였다. Golding & Murdock(1991)의 문화제국주의, 문화종속이론, Hamelink(1983)의 문화균질화Cultural Synchronization에서 찾아볼 수가 있다.

문화균질화는 하나의 특정한 지배적 문화패턴이다. 문화시스템들에 유입 또는 침범하거나 다른 문화시스템들이 특정지배적 문화시스템을 수용하여 수용 · 동화 · 흡수 등에 질적 내용이 유사성을 띠어가는 과정이다. Hanelink는 문화제국주의를 과거 식민지 종주국들이 우월한 지위를 유지하기 위한 의식적인 전략이다. 대표되는 부정적인 관점에서는 선진국과 후진국 사이에 문화교류가 결국 전체문화의 지배 - 종속의 관계가 형성되지 않는다. 그러나 텔레노벨라 이후에는 문화종속이나 문화제국주의보다 문화의 세계화, 즉 문화세계화에 대한 논의가 더욱 활발하게 진행된다. 인터넷, 위성방송, 케이블 등 정보 및 커뮤니케이션 테크놀로지의 급속한 발전으로 교류에 있어 부정적이든, 긍정적이든 상호 결과물로서 나타나고 있다. 세계화의 영역으로서 이해되어야 하며 정치 · 경제의 세계화Glottalization에 이어 대중문화Global Mass Culture도 이제 다른 세계화의 대상이 되었으며, 따라서 현대의 문화산업도 문화의 세계화로서 인식되고 있다.

공중파방송, 종합편성채널, 케이블방송, 위성방송 등 지역에 구애 없이 전 세계, 전 지역의 어떠한 문화와도 접근이 가능하다. 문화의 세계화 관점으로부터 문화 유입에 따른 공존과 충돌을 구체적으로 보여주는 의미 있는 이론으로서 '문화적 할인론'과 '고구마덩굴론'이 있다.

2. 문화적 할인효과

Antola & Roger(1984)는 남미시장과 미국의 스페인권 수용자에게 큰 호응을 얻은 텔레노벨라의 사례를 통해 같은 조건이라면 기업의 기업이 외국기업보다 문화상품 생산과 분배에 유리하다는 결론이 있다.

이후 텔레노벨라에 대한 연구에서 수용자가 위치한 지역의 언어 · 인종 · 문화적 특성이 비교적 잘 맞는 지역의 텔레비전프로그램이 외국의 영상물보다 더욱더 선호된다는 사실도 밝히고 있다(송경희, 2002). 물론 이것은 한류에서도 그대로 적용이 가능하다. 프로그램에 〈사랑이 뭐길래〉부터 〈겨울연가〉까지 중국과 일본 등 동북아 유교문화권을 중심으로 선호되고 있는 것이다. 문화

상품들은 일반적으로 그것이 제작된 국가의 생활과 가치에 바탕을 두고 있기 때문에 그 문화권을 벗어나 다른 문화권으로 넘어가면 그 문화상품을 받아들이는 수용자들이 스타일이나 가치관 또는 행동양식 등을 통일하기가 어렵다. 결국 수입된 영상물 등 이용가치나 소구력은 줄게 마련이다.

나라마다 그 문화적 차이가 존재하고 있기 때문에, 시청자들이 자국 프로그램을 보다 더 선호하는 현상을 우리는 '문화적 할인효과'라고 부른다(Hoskins & Mirus, 1983). 영상물은 특정한 계층보다는 타깃계층이 넓어 제작국가의 문화가 자연스럽게 스며들기 때문에, 그 문화상품과 동일하거나 유사한 문화권에서 보다 높은 소구력을 가질 수 있다. 문화적으로 가까운 프로그램을 선호하게 만드는 '문화적 근접Cultural Proximity' 혹은 '문화적 유사성'이라고 한다.

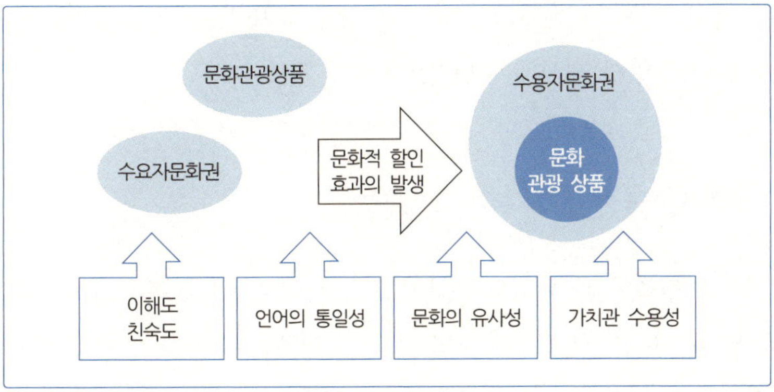

자료 : 김민규 · 유성호(2005). 세계화시대의 문화공존과 충돌, 한국사회학회 심포지엄 논문집

그림 3.1 문화적 효과 모델

Libes & Katz(1986)는 수용자들은 자신의 문화권이 가진 중심적인 가치를 구심점을 삼아 모든 드라마를 해독하는 경향을 밝혀냈다. 연구결과 수용자들은 드라마의 다양한 내용 가운데 자신들의 가치와 부합되는 점들이 중요하게 여겨지고, 또 그 가치에 따라서 등장인물을 평가하게 된다. 중요한 사실은 문화

적 할인효과는 언어적 장벽이나 위치적 차이의 문제보다 문화적 배경의 차이가 소구력 차이를 낳게 만드는 요인이다. 영어英語 인구가 상대적으로 많은 홍콩, 인도, 필리핀 등지에서 서구의 프로그램보다는 지역의 텔레비전 드리마가 선호되고 있는데, 아시아인은 자신의 삶과 근접하고 아시아적인 규범과 감수성을 보여주는 프로그램을 선호하는 결과를 보여주고 있다(유세경 · 이경숙, 2001).

문화적 할인효과는 텔레비전 드라마를 필두로 한 영상문화 상품의 소구력이 바로 유사 형식, 동시대적 가치 등 수용자들이 문화적인 동질성을 바탕으로 결정됨을 알 수 있다. 유교적인 가치관을 나누고 이해도와 친숙도가 상대적으로 높은 드라마라는 장르적 특징과, 라이프스타일의 유사성 등을 바탕으로 한국 드라마 인기가 동아시아에 불게 되었다. 그러나 같은 동아시아 내에서도 일본 및 대만 등의 드라마 인기보다도 더 큰 반향을 불러일으키는 것이 어떠한 이유인지를 설득력 있게 제시해야 한다.

3. 고구마덩굴 현상과 문화적 저항

두 문화가 접촉한 후 새로운 문화적 요소와 종래의 문화적 요소가 부적합한 경우의 변화는 다음 중 하나에 해당된다. 첫 번째는, 새로운 문화적 요소가 종래의 문화요소에 맞춰 가는 경우이다. 두 번째는, 종래의 문화요소가 새로운 문화요소에 맞춰 가는 경우이다. 그러나 실제 문화의 접촉과 변화에서는 첫 번째와 두 번째가 합쳐진 경우, 새로운 문화요소와 종래의 문화요소가 변화함으로서 서로의 적합도를 높여가는 경우이다. 제1차 선택을 통과한 문화요소가 일단 수용자 측 문화 속에 받아들여져 영향력을 발휘하면서 종래의 문화요소에 의해 생활하던 사람들은 생업을 빼앗긴 것처럼 느끼고, 새 문화요소에 대해 적대감을 나타내고 배척하는 모습이 나타난다. 이 같은 저항이 문화의 선택과 수용 후의 저항이며 이를 '문화적 저항'이라고 한다. 결국 문화 접촉과 변화과정

초반의 반응인 거절 및 침묵과 다르며, 일단 문화가 수용 후 내부에서 발생하는 저항의 반응이다.

히라노 겐이치로平野健一郎(2007)는 고구마덩굴 현상으로 문화적 접촉 현상을 표현하였다. 문화적 접촉 현상은 아론드Arond가 1975년 '역사의 교훈' 중 넝쿨식 현상이란 개념을 들어 문명의 해후접촉邂逅接觸, Encounter 시 문화를 받는 측의 반응을 설명하기 위해 예를 들었다. 토인비Toynbee의 저작 중에서 고구마덩굴이라고 표현하지는 않았지만, 『국제문화론』에서 히라노 겐이치로는 줄기가 뻗어나가면서 점차 다른 물건이나 땅바닥으로 퍼져나가는 고구마덩굴에서 착안하여 이를 '고구마덩굴' 현상이라고 불렀다. 즉 시간이 지남에 따라 자꾸 엉키게 되면서 늘어나는 문화의 전파를 예로써 설명하였다.

결국 문화의 접촉과 변화 과정 중 제1차 선택 후 주변에 존재하고 있는 기존 문화요소의 잔재들이 중심부에 새로 선택된 문화요소에 맞춰 변화해가야만 그 후 문화 양상을 설명하고 있는 개념이다. 제1차 선택 후 단계는 선택된 새로운 문화가 이제 주변의 문화까지 차례차례 전염되는 고구마덩굴 현상으로 보이게 되며, 그로써 새로운 세 번째 단계로 이행된다. 세 번째 단계는 바로 수용자 측 문화가 당초 예정 한도나 유압시의 의도된 양을 넘어 기존의 모든 문화요소들이 잇달아 고구마덩굴처럼 변화하는 단계이다. 역사의 교훈에서 토인비Arnold Joseph Toynbee는 다른 지역의 문명으로부터 어떤 요소로 받아들일 때 좋아하는 것만 선택하는 것은 어렵다. 모든 문화는 각각 하나의 유기체적 전체이기에 어떠한 요소가 도입되면 차례차례 고구마덩굴 현상을 일으키기 때문이다. 이 같은 특징은 문화의 시스템 때문이다. 문화요소 간은 본래부터 기능적 관련성이 강하게 존재하고 있고, 특정부분에 대한 외래요소가 유입되면 실제적으로 외래문화요소가 한 부분의 유입요소에서 끝나는 것이 아니라, 연쇄적으로 도입이 진행되어 기존의 문화요소를 차례차례 변화해 나가는 것이다.

고구마덩굴 현상은 문화의 접촉과 변화를 겪으며 새로운 문화요소를 받는 쪽의 사람에게 부정적인 효과로서 인지된다. 이는 문화의 평형 회복적인 성격 때문으로, 즉 고구마덩굴 현상의 부정적인 환류로서 다시 원래의 평형상태에 되돌아가려는 반응으로 이해할 수 있다. 즉 외래의 이물을 배제하고 기존의 동일성을 잃지 않으려는 움직임이 나타나고 있다. 히라노 겐이치로平野健一郎는 장기이식 수술의 신체거부 반응에 비유해서 고구마덩굴 현상에 의한 문화적 저항반응을 설명한다. 특정한 부분에 대해서는 새로운 문화로 대체하고자 하나, 문화 수용자들은 대부분이 그 외 주변은 그대로 두고 싶어 한다.

고구마덩굴 현상의 개념을 문화의 접촉 현상과 변화 과정에 적용해서 설명하면, 하나의 외래문화요소의 수용으로 인한 부분에서 전제로 문화요소들이 차츰 외래문화요소를 받아들일 수 없게 되는 현상도 포함한다. 히라노 겐이치로는 문화 접촉과 변화의 환경 속에서 외래의 새로운 문화요소를 수용하지 않을 수 없는 사회에서 고구마덩굴 현상 효과에 공포가 표면화된다고 할 수 있다. 즉 외래문화요소를 일단 받아들였을 때 앞으로 계속 멈출 수 없이 외래문화요소를 받아들여야 하는 것은 아닐까라는 불안이다. 외래문화요소의 선택적 수용으로 인해 애초에 변화를 주고자 했던 공포가 일반적으로 문화 접촉과 변화에 반대하는 국수주의적 주장과 연결하게 된다. 여기서 국수주의는 문화의 접촉과 변화의 과정에서 통상적으로 발생하는 저항이다. 즉 국수주의가 왜 문화 접변과 변화의 고구마덩굴 효과를 의식하기 때문이다. 그러므로 국수주의의 반응은 문화의 접촉과 변화의 메커니즘에서 시작한 반응이다.

한류현상이 정점에 있는 2017년 말 기준으로 본다면, 특정 문화요소의 유입 이후 문화상품이나 관광활동 등 2차적인 문화전염과 3차적 문화전염을 거쳐 전반적인 문화요소로 변화할 수 있다. 이 과정에서 고구마덩굴과 같은 효과가 나타나는 데는 앞서 나타난 수용자 측은 특정계층의 문화적 저항이나 반발, 문화거부 등의 현상이 나타날 수 있다.

예를 들어, 중국의 경우 한류의 이와 같은 효과에 있어서 하나의 저항적인 반응양상이 나타났다. 이준웅(2003)은 중국인의 한국인 대인접촉은 한국 문화상품 이용과 같은 결과로 나타나지 않았다는 것이다. 북경의 경우, 한국인과의 접촉이 많을수록 오히려 한국드라마에 대한 부정적이고 또한 한국에 대한 이해와 동경도 부정적으로 형성되는 것으로 나타났다. 즉 북경시민들은 한국인을 만날수록 전반적인 한국에 대한 부정적인 인식을 가지고 있는 것이다. 이 결과는 중국인의 한국드라마 시청이나 음반 소유 등의 한국문화 상품의 이용이 무조건 긍정적인 효과를 유발한다는 일반적인 주장과는 대비된다.

이렇게 한류효과가 복잡한 형태로 나타나는 것은 앞서 우리가 언급한 문화가 수용된 후 내부적인 반발 반응인 문화적 저항의 한 형태이다. 중국인의 한국 대중문화 이용 형태를 판단하면, 이준웅은 〈가을동화〉, 〈별은 내 가슴에〉와 같은 한국드라마를 조사대상자의 60% 이상이 본 적이 있고, 〈이브의 모든 것〉, 〈모델〉, 〈겨울연가〉 등의 접근율도 40%에 달하는 것으로, 한국음반 또한 일인당 평균 2~3개씩 구입한다고 발표했다.

그러나 중국인의 한국문화 상품 이용에는 성별 차이와 연령 차이, 그리고 인구적인 특징에 따라 그 영향력이 다르게 나타나고 있다. 한국 드라마는 여성층, 한국 음악은 저 연령층에 강한 영향력은 발휘하며 이러한 계층상의 차이, 즉 자국문화 내부의 계층구조가 한국문화에 대한 내부적 반발과 문화적 저항을 낳는 배경이다(정윤경, 2003).

4. 문화적 할인효과론과 고구마덩굴로의 문화적 다양성

문화적 할인효과론과 고구마덩굴론으로부터 문화 세계화시대의 문화적 다양성의 정당성도 도출된다. 문화적 할인론은 서로 다른 문화 콘텐츠이지만, 같은 지역의 사람들끼리 더 풍성하게 문화를 향유함으로써 역사와 전통을 공유하는 인근 주권국가 간의 문화교류의 활발함을 촉진시킨다는 기반을 안고 있다. 역사적으로 문화적으로부터 교육 발생이 동시에 병행하여 나타난다. 이를 바탕으로 생각해 본다면 근 · 인접국가 간에 문화적 공동체 형성에 유리하며, 유사한 문화는 많은 국가의 사례에서도 나타나고 있다.

고구마덩굴론도 문화적 할인과 상통한다. 왜냐하면, 하나의 부분문화가 전체문화로 확대하면서 그것을 용이하게 만드는 기반이 문화적 전통의 공공소유이기 때문이다. 따라서 고구마덩굴론은 그런 문화적 근접성 하에 동시에 문화유입 시 특정 계층이나 부류 및 특정 장르에 치우칠 수 있으며, 이것이 한 국가 내 외래문화 향유층과 비향유층 사이의 계층 간 갈등을 가져올 수 있다는 사실도 보여주고 있다. 고구마덩굴론이 다른 한편으로 동일국가 내에서 새로운 하위문화들이 외래문화와의 교류 하에 지속적으로 다양화될 수 있음을 보여주는 중요한 함의를 담고 있다. 한 국가 내의 새로운 문화집단의 형성으로 동일국가 내에서 다양한 문화공동체의 형성에 기여할 수 있는 문화 유입을 보여준다.

03 관광기업과 세계문화 권력

기업이 다른 국가에 진출하여 글로벌경영을 함에 있어 기존 경영과의 차이점은 진출하는 국가의 경제 환경, 정치 환경, 문화 환경, 사회 환경, 금융 환경 등 다양한 환경을 고려해야 한다. 세계적으로 유명한 글로벌기업에서는 브랜드 가치를 활용하여 전 세계적으로 최대한 많은 지역에 진출하는 것이 규모의 경제적인 측면이나, 시장에서 경쟁기업과의 치열한 경쟁에서 경쟁우위를 확보하는데 도움이 된다.

글로벌시장에서 이러한 서비스기업의 브랜드 가치를 극대화하기 위해서는 다른 여러 요인도 작용하지만, 지역별 혹은 국가별로 차이가 있는 고유한 문화를 이해하고 이에 적절한 전략을 구사하는 것이 중요하다. 글로벌 경영 환경에서 이렇게 문화적 차이를 발견하려는 연구는 꾸준히 진행되어왔으며, Hofstede (1991)가 글로벌 환경 내에서 각국의 문화적 실증 연구로 제시한 점을 본다면 중요한 연구 중 하나이다.

Hofstede는 네덜란드의 심리학자로, 다국적 기업인 IBM에 근무하는 종사원을 대상으로 태도와 가치관에 대한 자료를 수집하여 문화적인 차이를 실증적으로 분석하였다. IBM의 40여 개국의 10만여 명에 달하는 직원들의 성향을 분석한 결과, 문화적인 차이에서 네 가지 차원이 있다는 점을 발견하였다. 물론 Hofstede의 연구가 정보화 · 세계화 등으로 나타나고 있는 경영 환경에서 매우 오래 전에 이루어진 연구뿐만 아니라 세계적인 기업을 대상으로 연구되어있지 않았다는 한계점이 있음에도 불구하고, 서비스기업이 특정한 지역이나 국가에 진출하거나 마케팅활동을 수행함으로써 다양한 관점에서 도움이 된다.

Hofstede는 네 가지 차원으로 분류하였다.

첫째, 권력거리Power Distance로서 사회 내에서는 부와 권력이 불평등하게 배분되어 있다거나 혹은 편중되어 있을 경우, 이를 어느 정도로 수용할 것인가를 나타낸다. 권력거리가 큰 문화는 권력과 불평등, 부의 불균등성이 점차 확대되는 추세를 보이고, 권력거리가 낮은 문화의 사회에서는 사람들이 이러한 격차를 줄이려고 노력하는 성향을 보인다.

둘째, 개인주의가 집단주의적 성향Individualism vs Collectivism의 차원으로 사람들이 얼마나 개인주의적이거나 집단주의적인 성향을 보이는 것을 의미한다. 개인주의적인 사회에서는 개인들 간의 연계가 느슨하여 개인 간의 관계가 밀접하게 연계되어 있다.

셋째, 불확실성의 회피Uncertainty Accordance는 사람들이 모호한 상황이나 불확실성을 용인하는 정도를 나타낸다. 불확실성의 회피 성향이 높은 문화에 있는 사람들은 직업의 안전성, 직급의 승진패턴에 대해 상당히 높은 가치를 부여하면서 관리자들이 아주 분명한 지시를 내려줄 것이라고 믿는다. 반면, 불확실성 회피성향이 낮은 문화에서는 변화에 두려워하지 않으며 위험을 극복하려는 성향이 높게 나타난다.

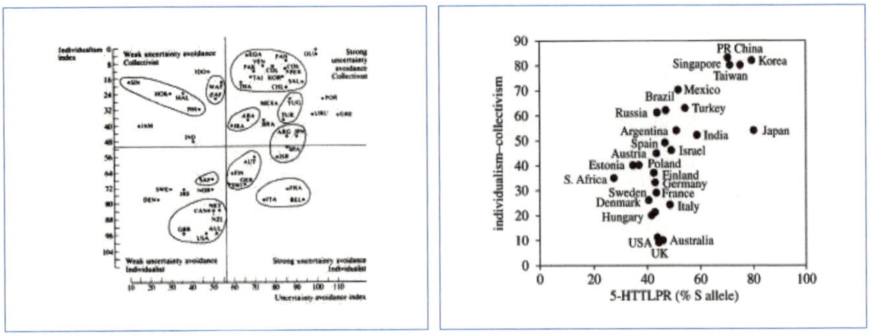

자료 : 차재호 · 나은영 역(1995). 『세계의 문화와 조직』, 서울: 학지사

그림 3.2 Hofstede의 권력거리

남성다움과 여성다움은 성性의 역할을 나타낸다. 남성 중심적인 문화에서는 남 · 여 간의 역할 분담이 이루어져 성취감이나 자기주장, 불리적인 성공에 대해 강한 선호를 나타낸다. 반면, 여성 중심적인 문화에서는 관계유지를 중요시하거나 구성원에 대해 배려해 주는 성향, 삶의 질을 강조하는 면이 강하게 나타난다. 따라서 여성주의적 성향이 강한 문화권에서는 남성주의적 성향이 강한 문화권과는 달리 복지와 화목에 더 가치를 둔다. 결국 Hofsteede는 이와 같은 4개의 측면에서 보면, 각국의 문화가 어떠한 성격을 가지고 있는지 0에서 100 사이를 점수화하였다.

결국 국가 간 문화를 비교하여 나타난 결과는, 세계 50여 개국 간 문화 비교를 통해 문화 차이와 구조를 밝히는 것은 물론 개인과 집단 간의 관계, 남 · 여 각각의 사회적 역할을 규명하는데 큰 역할을 했다고 볼 수 있다. 따라서 문화관광이 관광객에게 영향을 주는 것은 상호간의 경제력도 중요한 역할을 하고 있지만, 관광목적지에서 지역주민의 대중문화, 개성 등으로 나타난 무형적인 형태도 또 하나의 역할을 하고 있다.

사례연구

다문화사회의 문화갈등 어떻게 풀까? 우리사회에서 겪고 있는 다문화갈등의 현주소!

다문화갈등이란, 서로 다른 문화들이 같이 공존할 수밖에 없는 상황에서 발생하는 문제를 의미하는데, 우리사회는 오랫동안 '동일한 언어와 문화, 혈통을 가진 민족으로서 공동체 의식으로 정체성을 유지·발전시켜 온 단일민족'이라는 자긍심을 가지고 있다. 그러나 급변하는 국제사회의 흐름 속에 세계화로 인한 활발한 인구이동으로 세계 곳곳의 다양한 문화가 유입되는 시대로 바뀌었다. 우리도 다양한 문화 배경을 가진 다민족들이 증가하여 외국인 200만 명 시대에 살고 있다. 특히 국제결혼을 통한 이민자가 증가하면서 다문화를 구성하는 가족이 늘고 있다.

다문화가족 구성원은 서로 언어와 음식, 생활방식의 차이로 문화갈등을 겪는 것은 오히려 자연스러운 현상으로, 그래서 다문화가정이 점점 늘어나고 있다. 다문화가정이란 서로 다른 인종·문화를 가진 사람의 결혼으로 한 가족 내에 다양한 문화가 공존하는 가정을 말한다.

우리사회의 다문화가정은 '도시'로 '가족단위의 이주'가 주로 이루어지는 서구와는 다르게 나타나고 있다. '농촌'으로 '결혼 이민자'가 유입되어 다문화사회로 나아가는 경우가 많다. 따라서 이들의 적응을 돕는 프로그램과 이들에게 필요한 복지정책이 필요하다는 지적이다.

일례로, 우리나라로 시집을 온 외국인 신부는 지금까지 살아온 생활방식의 차이로 한국생활에 적응이 어려운 게 사실이다. 가령 젓가락으로 밥을 먹는 것과 조상에게 제사를 지내는 것, 목욕탕 사용과 쓰레기 분리수거를 하는 방법, 앉아서 생활하는 방식 등 모든 것들이 낯설어 문화적 충격이 크다고 볼 수 있다. 그래서 정부에서는 문화적 충격을 해소하기 위한 정책을 통해 다문화에 대한 지원사업을 실시하고 있다. 하지만 이런 정책으로는 부족하다는 지적이 다문화사회의 시민단체 지적이다.

인구분포 예상을 보면, 우리사회는 2050년까지 다문화가정의 인구가 계속 증가하여 2050년에는 전체인구의 5%, 즉 국민 20명 중 1명을 차지할 것으로 전망되고 있다. 또한 한국인의 출산 감소와 맞물려 2050년에는 영·유아기 아동의 24.7%, 초등학생의 15.3%가 다문화가정의 자녀들로 구성된다는 예측결과가 나왔다. 인구감소의 위기를 앞둔 우리나라에 다문화가정이 고령화와 저출산 등의 문제를 완화시킬 것이라는 분석이다.

특히 다문화가정의 증가로 고령화 현상이 다소 둔화될 것으로도 예측되었다. 이는 현재 다문화가족의 많은 비중을 차지하는 결혼 이민자가 젊은 세대이며 출산율이 비교적 높기 때문이다. 이를 위해 다문화가정을 대상으로 지속적이고 다양한 프로그램을 지원하는 제도적 뒷받침이 필요하다.

이주민 갈등 통합사례, 호주에서 배운다!

다문화주의 유형으로 분류되고 있는 대표적인 국가인 호주의 이민자 통합정책은, 노동력 부족과 저출산 등으로 인해 이민자 수용이 급증하고 있는 우리나라에게 많은 시사점을 준다. 호주의 빅토리아다문화위원회(이하 빅토리아위원회) 사례를 보고, 다문화사회로 접어들고 있는 우리사회에 어떤 시사점이 있는가를 살펴볼 필요가 있다.

호주의 빅토리아위원회는 다양한 공동체의 참여를 보장하고 다문화와 관련한 실질적인 쟁점을 발굴, 조사, 자문 기능을 하는 것으로 알려졌다. 일반적으로 다른 국가나 지역의 다문화 관련 위원회는 행정 관료나 기관의 대표 등으로 구성되어 자문 역할만을 하는데 반해, 빅토리아위원회는 이를 배제하고 공동체를 대표하는 위원 1인을 포함하여 다문화 관련 업무를 수행하는 사람을 위원으로 선출한다. 또한 18~24세 사이의 청년 위원을 반드시 포함시킨다. 이는 미래세대에게 다문화의 환경을 이해시키는 효과를 얻게 된다. 또 이 위원회는 여러 공동체의 목소리를 듣고 소통한다는 점이다. 빅토리아위원회는 문화적·언어적으로 다양한 사람들이 지역공동체에서 겪고 있는 고충에 대해 직접 소통하고 적절한 대책을 마련하기 위해 지역별·연령별·주제별로 다양한 유형의 포럼을 주기적으로 개최하고 있다. 특히 2015년에는 언어적·문화적·종교적으로 현재보다 더 다양한 미래사회를 살아갈 청년들의 고충을 이해하고 해결 방안을 모색하기 위해 청년들과의 의사소통에 초점을 두고, 다문화 청년포럼을 개최하기도 했다.

한편, 이 위원회는 다문화정책 수립에 적절한 자문을 제공하고 여러 공동체의 목소리를 정책에 반영하면서 공동체와 정부 사이의 가교역할을 수행한다. 정부의 각 부처는 빅토리아 「다문화정책법」에 따라 매년 다문화와 관련하여 수립한 정책의 내용과 정부부처에서 제공한 다문화 관련 서비스 내용을 위원회에 보고하고 있다.

정부 부처는 이외에도 다문화주의에 대한 '통합적 접근방식'에 따라 특정한 정책의 도입 또는 법안의 마련 등에 다문화위원회의 의견을 상시적으로 요청하고 있다. 한마디로 상향식 행정을 펴고 있는 셈이다. 다문화 관련 정책은 단순히 이주민 지원정책이 아니라, 다양성이 존중되고 인권이 보장된 사회를 건설하기 위한 기본적인 정책으로 이해되어야 한다는 것이다.

이처럼 다문화 인구가 늘어나는 우리사회도 다문화주의 관점에서 자문을 제공하고 주민 요구를 정책에 반영함으로써 실질적인 가교역할을 하는 빅토리아위원회의 사례처럼, 정부와 지자체, 지역 주민과의 서로 간 정보교환을 바탕으로 상호존중의 의식이 상존해야 한다는 점에 주목해야 할 것으로 보인다. 그래서 그들의 문화를 최대한 수용할 수 있도록 해야 한다.

다문화사회는 다양한 문화와 인종집단이 공존하는 사회이기 때문에, 예전에 볼 수 없었던 문제와 갈등이 생길 수 있다. 가장 일반적으로 나타나는 문제는 다수문화 집단과 소수문화 집단 간의 대립과 갈등이 표면화되는 것이다. 특히, 다수집단이 다양한 소수집단에 자신의 문화를 강요하거나, 소수집단 구성원의 인권을 존중하지 않으므로 해서 갈등은 더욱 심각해진다.

그 밖에도 수많은 외국인이나 결혼 이민자가 국내에 유입됨에 따라 외국인 관련 범죄가 증가하거나, 결혼 이민자 가정이 부적응을 겪는 문제 등이 발생할 수 있다. 이러한 문제에 대처하기 위해서는 의식적·제도적 차원에서 다문화주의를 정착하기 위한 노력이 필요하다. 의식적 차원에서는 다양한 문화집단의 차이를 인정하고 서로의 문화를 이해하는 태도를 정착시켜야 한다. 특히, 소수집단의 문화를 단지 인정하는 수준을 넘어 충분한 문화적 교감과 소통을 통해 그들의 문화를 진정으로 이해하려는 자세를 가져야 한다. 제도적 차원에서는 외국인의 문화를 이해하고 권리를 보장하기 위한 법적 장치나 프로그램을 마련해야 한다.

외국인 근로자의 근로환경을 개선하기 위해 인권을 보호하고 고용상의 불이익을 최소화 하는 법 제도를 시행해야 한다. 그리고 결혼 이민자의 국내 정착을 돕기 위해 임신, 출산, 교육, 생계 등을 지원하는 제도적 방안을 마련해야 한다. 나아가 외국인과의 문화적 차이를 인정하고 존중하도록 돕는 다양한 교육프로그램을 시행해야 한다. 이를 통해 외국인과 결혼 이민자의 인권을 보장하는 동시에 그들의 문화를 최대한 수용할 수 있도록 해야 한다.

【출처】 헤럴드저널, 2017년 9월 1일자 기사

Understanding of

Culture Tourism

CHAPTER 04

문화관광 개발의 이해

Understanding of

Culture Tourism

01 문화관광 개발의 개념과 유형

1. 문화관광 개발의 개념

문화관광 상품의 개념을 고찰하기 전에 관광 상품에 대한 정의를 살펴보면, 관광 상품에 대해서는 학자들 간에 다양한 개념들을 제시하고 있는데 UNWTO (2001)는 "관광 상품은 관광지, 숙박시설, 교통수단, 서비스와 매력의 결합 공급물Tourist Attractions, Accommodation, Means of Transport, Supplementary Services and Attractions 이다. 그러나 관광객의 욕구만족을 전제하고, 장소적 이동을 통해 다양한 관광 욕구 충족을 추구하는 것이다(한국관광공사, 1979)."라고 정의하고, Medick & Middleton(1973)은 "관광 상품은 관광객이 집을 떠난 후 다시 돌아온 시간까지의 경험과 관계되는 것으로서 관광지 매력과 시설 그리고 관광지에의 접근성과 같은 3가지 구성요소의 결합물"이라고 정의하고 있으며, 이와 같은 개념은 Wahab(1976)와 Schmoll(1977) 등에 의해 확산되었다고 볼 수 있다(Middleton, 1996).

Sasnser, Olsen & Wyckoff(1978)는 "관광 상품은 유 · 무형적 특성인 재화와 서비스로 구성되며, 이들은 실체적 상품과 물리적 편익이 제공되는 서비스와 심리적 편익이 제공되는 서비스의 결합이다(Holloway & Alston, 1992)."라고 정의하고 있으며, 한국관광공사는 "광의의 관광 상품으로 관광업계가 생산하는 재화와 서비스이고, 협의의 관광 상품은 여행 상품과 관광에 연관되는 일체의 서비스이며, 또한 관광 사업자는 관광자원을 바탕으로 판매"할 것을 전제로 이를 상품화한 것이다.

따라서 종합하여 관광 상품에 대한 개념적 성격을 살펴보면, "관광 상품은 관광객의 욕구를 충족시켜주는 유 · 무형의 경제 재화와 서비스로, 곧 관광기업에서 생산하여 판매 가능한 일체의 재화와 서비스의 결합물"로서 정의한다. 또한 개발이란 일반적으로 창조적인 과정과 의도적인 변화로서 주어진 현상에 대한 인간의 지혜와 노력, 자본을 투입하여 보다 나은 현상을 창조해 가는 과정이다.

개발의 개념을 관광자원 측면에서 살펴보면, 이장춘(2000)은 "인간의 관광동기를 충족시킬 수 있는 문화자원으로서 보존 · 보호하지 않으면 가치가 상실되거나 소멸할 성질을 내포하고 있는 자원에 인간의 지혜와 노력과 자본을 투입하여 보다 나은 현상인 문화관광 자원을 창조하는 과정"이라고 말할 수 있다. 즉 관광의 대상이 되는 문화 자원을 관광객에게 관람하거나 참여 · 구입하게 할 목적으로 기획하여 관광 상품으로 개발한 것을 문화관광 상품이라 할 수 있다.

이런 관점에서 볼 때, "문화관광 상품은 문화관광 자원을 주된 속성으로 하여 관광객의 관광욕구가 충족될 수 있도록 각종 시설, 서비스 등을 판매하는 유 · 무형의 서비스상품"이라고 할 수 있으며(이광원, 1988), 또한 관광동기를 부여하고 관광의 대상이 되는 인류활동의 산물로서 문화적인 가치를 지닌 모든 것을 상품화한 것이라고 정의할 수 있다.

2. 문화관광 개발의 유형

문화관광 자원의 상품개발을 통해 관광객에게 민족문화의 전통과 역사의 현장을 관광목적지화 하고 있다. 조상의 얼과 정신을 체득하여 민족적 자긍심을 고취시키고 민족자원의 적극적인 발굴 · 보존과 활성화를 기대할 수 있다. 그러므로 문화관광 상품 개발은 관광지의 성격과 기능, 관광객의 형태와 요구를 고려하여 목적별 코스 상품을 개발해야 하며, 지역의 역사성 · 향토성을 고려하여 관광객의 관광욕구를 충족시킬 수 있는 특화관광 상품 개발에 노력을 기울이고, 고유한 민속행사를 활성화시켜 매력 있는 문화관광 자원으로 전환하여 전통문화의 계승과 관광사업의 발전을 도모해야 한다. 또한 민예품 · 토산품 등 지역특산물 중 상품의 가치가 있고 개발이 가능한 품목을 선정하여 고급화 · 다양화 하여 관광객의 기호에 적합하도록 한다는데 그 기본 방향을 두고 추진해야 한다. 이러한 문화관광 상품은 문화관광 자원의 성격에 따라 다음 표 4.1과 같이 구분하여 분류할 수 있다.

첫째, 문화관광 상품은 인위적이라는 것이다. 경승이나 풍치는 만들어질 수 없는 것이나, 문화관광 상품은 인간에 의해 만들어지고 변화되는 것이 대부분이다.

둘째, 문화관광 상품은 문화적 욕구를 가진 관광객이 대상이므로, 타 관광형태보다는 역사적 · 교육적 · 체험적 효과가 강하다는 것이다.

셋째, 문화관광 상품은 전통적인 경승관광에 비해 체재기간이 길고 그 내용에 있어서도 다양하다는 것이다. 타 국가를 방문하여 민속마을 등에 체재하며 그들의 생활을 특정민족의 예술과 문화, 생활을 여러 방면에서 관광하는 것이 가능하다.

넷째, 문화관광 상품은 경승관광 상품에 비해 이동성 · 가변성이 있다는 것이다. 경승관광 상품은 그 자리에 가야만 볼 수 있지만, 문화관광 상품은 박물관이나 전시관, 공연장에서도 구입이 가능하다.

다섯째, 문화관광 상품은 특별한 축제나 제천의식을 제외하면 계절적인 제한 없이 문화관광객이 원하면 언제든지 구매가 가능하다.

표 4.1 문화관광 상품의 분류

구 분	내 용
장소적 관광 상품	역사 · 문화유적지, 박물관, 전시관, 공연장, 전통민속마을, 문화관, 문화관광코스
행사적 관광 상품	민속축제, 민속놀이, 전람회, 이벤트 등
기념적 관광 상품	민예품, 토산품, 공예품 등 기념품

자료 : 이광원(1988). 「관광자원론」, 서울: 기문사

02 문화관광 개발의 효과

1. 문화관광 개발의 효과

관광산업이 지역경제에 미치는 효과를 먼저 생각해 보면 고용, 소득, 생산부문에서 투자의 승수효과와 생산력 제고효과를 기대할 수 있다. 즉 관광산업은 고용기회의 창출, 소득증대, 자본유입, 지역생산력 증대 등을 수반할 수 있다. 그리고 관광산업은 스포츠, 레저산업, 리조트산업, 컨벤션산업, 쇼핑, 생활문화산업 등 많은 관련 산업을 포함하거나 필요로 한다. 이러한 산업들은 노동집약형이며 지역 환원율이 높은 산업들이기 때문에, 지역경제의 활성화에 기여할 수 있는 것이다. 이러한 경제효과에 대한 간접 파급효과로서 지역경제의 자극, 환경개선, 문화창조의 효과를 들 수 있다. 관광산업의 투자가 계기가 되어 이벤트 등의 관련 산업이 육성되고 관련 소비를 유발하는 등 지역경제를 자극할 수 있다. 그리고 도시 미화와 관련한 도시경관 창출과 도시 재개발의 촉진 등 지역 환경 개선에 주요한 역할을 할 수 있다. 시민 문화수준의 향상, 지역 간 · 국제 간의 문화교류를 촉진시키는 등의 지역문화 창조에도 기여할 수 있다. 다른 관광산업의 개발효과는 대개 경제적 · 사회적인 면에서만 효과를 기대할 수 있는데 반해, 관광 개발은 문화적 · 환경적인 면에 이르기까지 더욱 광범위한 효과를 기대할 수 있다. 게다가 생산업과 제조업의 투자가 지속적인데 비해, 관광 투자는 비교적 일시적이면서 부가가치가 크기 때문에 지역개발의 수단으로 더욱 효과적인 방법이 되고 있다(김성기, 1997).

문화관광 개발의 효과는 문화적으로는 전통문화의 개발과 보존, 문화적 자부심의 함양 등의 효과가 있다. 사회적으로는 축제 참여를 통한 주민 연대감의 강화, 주민 단합에 의한 지역 정체성의 구축 등의 효과가 기대된다. 경제적으로는 관광수입 및 특산물의 생산과 판매를 통한 소득증대 및 지역 하부구조의 발전효과, 지역 내 취업 기회의 확대에 의한 지역 일자리 창출과 이농인구의 방지효과, 그리고 지역 내의 소득증대와 고용창출로 인한 지역경제의 활성화 효과가 기대된다. 이외에도 무공해 산업으로서 지역의 환경을 심하게 훼손시키지 않고 전개할 수 있다는 환경적 이점도 있다.

Gunn(1988)과 Hall(1992)은 이벤트를 개최함으로써 파생되는 다양한 경제적 · 사회적 편익은 신규자금의 유입자선금과 장학금의 조성가능 지역 내 기업의 활성화 3섹터 사업의 활성화, 지역민의 자긍심 고양, 지역이미지 향상의 매력이 있는 관광지로서 방문객 유치도시, 환경미화지역 발전 등이 있다.

따라서 연구자들의 논의를 종합하면, 문화관광 상품은 종교 · 예술 · 풍습 · 의례 · 축제 · 놀이 · 역사 등 이러한 문화요소들을 상업화한 것들로 향토특산물 · 공예품 · 상징물 · 사적 등 유형화 된 상품과, 무형문화재 · 축제 · 민속놀이 등 무형화 된 상품으로 나누어 볼 수 있다. 문화관광 상품의 개발을 통해서 한 지역이 얻게 될 효과는 다음 표 4.2와 같다.

표 4.2 문화관광 개발의 효과

구 분	효 과
문화적	• 전통문화의 개발과 보존 • 문화적 자부심의 함양
사회적	• 주민연대감 강화 • 지역정체성 구축
경제적	• 지역특산물 개발로 지역산업 육성 및 소득증대 • 관광 상품의 개발로 관광수입 증대와 지역 하부구조의 발전 • 지방 중소기업의 견실한 발전으로 지역일군 양성과 이농인구의 방지 • 지역 내 기업 간 교류로 지역경제의 활성화

자료 : 임종원 · 박철(1995). 지역문화상품개발을 위한 지방중소기업의 마케팅전략에 관한 연구, 중소기업연구, 17(2), 223-251.

2. 경제발전과 문화관광 개발의 상관성

대부분 지자체들이 지역 개발사업을 추진하고 있으며, 장기계획에 따라 실행되는 것으로 나타나고 있다. 지역 개발사업이 일시적인 사업이 아닌 장기적 전략사업으로 자리 잡고 있고, 지역 문화·관광 개발에 상당한 영향을 주고 있는 것으로 발표되고 있다. 이들 개발사업을 분석해 보면, 축제 운영을 제외하면 대부분 물리적 시설 위주로 진행되고 있는 것을 알 수 있다. 이 때 물리적 시설 위주의 계획은 기반시설 정비, 관광자원 개발에서 전통, 역사자원 발굴 및 정비, 문화 예술시설 조성, 도·농 교류 사업, 경관정비 사업 등으로 변화하고 있는 것으로 나타났다. 즉 지역개발 사업은 생활공간을 편리하게 하고 기존에 없었던 관광자원을 개발하고자 하는 목적에서 지역의 전통 문화자원의 보전 및 정비, 지역주민의 여가생활을 지원하는 문화, 예술시설 조성, 주변 환경정비 등으로 방향성을 보여주고 있다(윤주, 2007).

지역개발사업이 단순히 지역주민의 복지향상 목적뿐만 아니라 관광객에게 더 많은 편의성과 매력성을 제공하여 이를 지역경제 활성화와 연계시키고자 하는 부가적 목적을 가진다고 할 수 있다. 문화와 관광 관련 지역 개발사업의 가장 큰 문제점으로는 지역주민 참여 부족 등으로 대부분의 사업이 물리적 계획 위주로 진행되고 있어 예산확보가 어렵고, 지역주민의 수요가 고려되지 않고 진행되어 주민참여 실적이 낮은 것으로 나타났다. 또한 문화와 관광 관련 지역 개발사업은 대부분 지역이미지 개선, 지역 문화관광 자원의 보전이나 복원, 지역의 경관 개선과 같은 사회·문화적 영향이 큰 것으로 예측되고 있고, 지역주민의 소득 증대나 관광객 증대와 같은 경제적 영향에 대해서도 상관성이 크다고 할 수 있다.

주목할 만한 것은 문화와 관광관련 지역 개발사업이 관광객 증가나 지역의 이미지를 개선하고 향상시키는데 밀접한 영향이 있을 것으로 예측하고 있어, 이들 사업이 지역주민의 복지향상에 국한된 것이 아니라 관광객을 통한 소득

향상과 밀접하게 연계되기를 기대하고 있다. 따라서 향후 지역 개발사업은 지역주민과 관광객을 대상으로 단순히 기반시설을 도입하고 축제를 개최하는 수준의 사업이 아니라, 지역 전체의 경관을 향상시키고 다양하고 차별화된 이미지를 구축하는데 중요한 수단으로 활용되도록 하는 것이 바람직하다.

특히 지역의 산업, 기업, 교육, 행정 등 주요핵심 분야에서 중추적인 역할을 하는 인력들의 이동이 지역산업에 영향을 미치기 시작하면서 각 지역들은 이들을 유치하기 위한 다양한 전략들을 수립해야 한다. 이러한 개념에서 출발하는 것이 문화도시, 창조도시 정책으로서 기존도시의 문화예술 자원을 극대화하거나 전통예술 자원을 지역산업으로 유도, 문화시설 또는 프로그램을 도입하는 형태로 나타나고 있다.

문화관광은 타 산업과 다른 지역의 아름다운 자연환경이나 전통문화를 대상으로 하여 성립될 수 있기 때문에, 지역의 독특성을 지키면서 보다 살기 좋은 곳으로 전환하는 역할을 하고 있다(윤주, 2007). 지역관광개발은 개발의 공간 단위를 지역 관광지로부터 개별 관광지에 이르기까지 각각 상호작용하는 관광지역 조건과 관광자원 조건, 그리고 각각의 사회 · 문화적, 경제적, 환경적 조건의 수용력 범위 내에서 이루어지는 개발 사업이라고 할 수 있다.

관광개발은 지역사회의 특성에 맞추어야 하며, 경제적 영향, 사회 · 문화적 영향, 환경적 영향 등을 고려하여 그 지역에 적합한 형태로 개발되어야 한다. 관광개발이 지역발전에 미치는 효과를 살펴보면, 개발효과의 주변 확산, 소득의 증대 및 승수효과, 고용창출, 지역주민의 자산 가치상승, 건축, 제조업의 발전 촉진, 유휴자본의 동원, 부의 분배효과 등 긍정적인 측면이 있는 반면, 인플레이션, 계절적 실업, 산업부문별 불균형, 경제구조의 취약성, 관광수입의 역외누출 등 부정적 측면이 공존하고 있다. 따라서 지역의 관광자원 개발은 관광시장 및 관광지역의 목적에 부합하는 개발 유형과 사회 · 문화적, 경제적, 환경적으로 추구하는 목적에 일치하는 개발 계획의 수립 및 시행이 매우 중요하다(이재섭 · 김장하, 2000).

3. 문화관광 개발의 특성

상대적으로 낮은 재정자립도, 인구감소와 노령화, 지역경제의 낙후, 지역산업의 불균형 등으로 침체된 각 지역은 이러한 지역문제를 해결하기 위해 다양한 지역발전 청사진을 제시하고 있다. 그러나 필요한 재원과 인력을 확보하기 어려운 지자체의 현실과 기존 공단유치 등으로 인한 환경오염을 경험한 많은 지역을 포함한 쾌적한 환경을 가지고 있는 지역에서도 많은 관심을 가지고 있다.

각 지자체들이 관광개발에 우선적으로 다투어 나서고 있지만, 개발 재원의 부족, 전문가의 부족과 개발 및 운영관리상의 노하우 부족 등으로 시작부터 난관에 부딪치고 있는 것이 현실이다. 관광개발은 만병통치약이 될 수 없으며, 접근방식이 잘못될 경우 환경파괴, 지방재정 악화, 사회적 비용만 증가시키는 사례도 없지 않다(문화체육관광부, 2001). 무엇보다도 관광의 의미와 특성을 제대로 인식하지 않으면 안 된다. 관광은 즐거움을 추구하는 문화 행위이자 고도의 서비스를 통해 관광객을 만족시키는 서비스 활동이다.

첫째, 단순한 제조상품의 교환이 아니라, 사람과 문화의 교류로서 사람 산업People Industry으로 불리기도 한다(손대현, 1995).

둘째, 다양한 요소와 현상이 조화를 이루어야 가능한 시스템 산업System Industry이다.

셋째, 지역 전체가 관광 대상이며 관광 상품인 토털 산업Total Industry이다. 따라서 관광 개발은 어렵고, 복잡하고, 장기적으로 많은 투자가 필요한 사업이다. 친절하고 창의적인 인재육성과 당사자Stakeholder 간의 협력이 핵심 성공요인이다.

하드웨어 중심적인 관광개발의 한계를 인식하고 지속가능한 관광개발의 패러다임에서 지역사회가 주체가 되는 새로운 관광개발의 모델을 찾아야 할 시점이다. 문화관광 개발은 문화자원을 단순히 문화유적지를 관광하거나 문화를 소재로 한 관광이 아니라 새로운 관광문화를 창출해나가야 하는 것이다(임재해, 1999).

문화유산Cultural Heritage을 중심으로 한 문화관광 콘셉트는 관광객의 가장 높은 관광동기로 작용하며, 이를 위한 문화마케팅 등이 새로이 각광받고 있다. 문화관광 개발의 방향은 지역의 문화적 잠재력을 발견하고 지역주민 스스로 그 가치를 알고 즐기도록 하는 것이다. 또한 관광의 가장 중요한 속성인 체험을 통해 몰입할 수 있도록 상품화 하는 것이며, 이때 다양성과 차별화의 원칙을 유지하는 것이 관건이다(함석종, 2000).

4. 문화관광 개발의 문제점 및 개선점

우리나라는 도시화 과정에서 많이 탈색되기는 했지만, 아직까지 지방 중소도시나 농어촌 지역사회에서는 농경문화적 특성으로 인해 문화전통이 잘 계승되고 있어 지역문화는 비교적 잘 발달되었다고 할 수 있다. 다만, 안타까운 일은 지역문화는 대단히 잘 발달되어 있는데도 판매할 생각조차 하지 않았고, 또 잘 정제된 지역문화를 외부에 알리거나 판매할 수 있도록 디자인하거나 포장하는 기술이 없었던 것이다. 다행히 이제 우리나라도 본격적인 지방자치제가 실시되고 있고, 이에 따라 지역의 모든 문제는 지역주민과 자치단체 스스로 결정하고 책임을 져야 하는 상황에 이르렀다. 사실 지방자치제도는 정치적 의미 외에도 행정 · 치안 교육자치와 함께 문화자치도 아울러 내포한다. 이러한 상황에서 일부 앞서가는 지자체는 발빠르게 지역문화를 육성하기 위해 어설픈 솜씨나마 지역문화를 찾고, 정리하고, 포장하기 시작한 것이다(문화체육관광부, 2000).

지자체 단위에서 적극적으로 문화관광을 통한 지역개발을 추구하기 위해서는 해결되어야 할 몇 가지 기본적인 문제점과 개선점이 있는데, 다음과 같다.

첫째, 하드웨어 중심의 획일적 관광 개발로, 지자체 관광지 개발은 1980년대의 대규모 리조트 또는 획일적인 국민관광지 개발 방식에 머물고 있으며, 지역의 고유한 자원의 효율적 활용이 미흡하다.

둘째, 관광단지, 호텔 등 시설 위주의 하드웨어 개발에 집중하여 이벤트, 관광 상품 등 소프트웨어 경쟁력은 상대적으로 낮은 실정이다.

셋째, 중앙중심적 정책 수립으로 중앙 집중을 초래하고, 지역의 특성 및 실정에 맞는 지역문화관광 육성정책 미흡, 국제수준의 지역문화관광 기반 확충 노력 미흡과 공무원, 지역전문가 등 지역문화관광 전문인력 확보 부족 및 재정력 부족으로 투자능력이 미흡하다.

넷째, 지역의 문화관광 산업을 독립적인 분야로 인식하여 지역의 다른 주요 산업과 연계한 시너지효과 창출이 미흡하므로, 문화관광 산업과 지역 대표산업 및 전략산업 등을 하나의 시스템으로 구성하여 전체 부가가치의 상승창출이 없는 실정이다.

다섯째, 지역자립, 주민자치의 개념이 취약하여 기존의 관광개발 정책은 중앙의 논리, 개발사업자의 수익논리와 관광객 우선 원칙으로 지역의 주체성과 자립화 개념이 미흡하고 개발계획 수립과 추진과정에서 지역주민의 참여가 배제되어 외부자본이 유입되고 개발이익이 외지로 유출되고 있다.

여섯째, 지역 중심의 지속가능한 환경과 문화를 지역에 맞게끔 특성화하여야 하며, 지속가능한 문화관광 개발을 위해서는 선택과 집중을 통한 개발효과를 극대화해야 한다.

일곱째, 조화로운 관광소프트 경쟁력을 강화하여 시너지효과를 제고하며, 지역산업과 연계 차원에서 지역 내 1, 2차산업에 관광이라는 3차산업적 요소를 융합한 고부가가치화로 지역경제의 자립화를 도모해야 한다.

여덟째, 한국의 세계적인 정보화 능력을 문화관광에 연계하여 문화관광 수요자와 공급자를 연계시켜주는 종합 관광정보체계를 구축하고, 지역의 특색 있는 프로그램을 중심으로 해외 홍보마케팅을 활성화하여 해외관광객 유치활동을 강화시킨다.

아홉째, 산학협력, 벤치마킹 등을 통한 지자체의 혁신능력을 향상하고, 아이디어 창출 및 기획 · 경영 능력을 갖춘 참신한 지역 리더십을 육성할 수 있는 지역의 자립적 사업기획 및 경영능력 강화가 요구된다.

5. 문화관광 개발의 기대효과

문화관광 개발을 추진함에 있어서의 기대효과는 다음과 같다.

첫째, 관광산업 발달에 따른 지역과 국가경제의 활성화로서 지역주민의 고용증대에 따른 지역주민의 소득증대, 지역관광 관련 산업의 수입을 증가시키고 경제가 순환하면서 국가 전체에 영향을 미치며, 각종 시설이나 사회 간접자본이 투여되어 국가와 지역경제 전반에 기여할 수 있다.

둘째, 지역사회 문화발전 도모로서 지역주민의 입장에서는 문화유산 소재지의 지역주민들의 정체성을 확보시켜주며 국민의 자긍심과 문화의식을 고취시켜주는 역할을 하여 지방문화가 활성화 될 수 있는 사회적인 환경 정립이 가능하고, 관광객의 입장에서는 타 지역의 문화유산에 대한 객관적 비교와 평가능력을 부여하며, 문화 전반에 대한 이해와 가치에 대한 인식을 증진시킨다. 현재 문화관광에서 추구하는 문화유산과 현대문명의 조화를 통한 인간성의 회복을 추구하게 하는 세계적 문화관광지로서의 재탄생을 기대할 수 있다.

결국 지역에서의 문화관광 개발은 개성적이고 매력 있는 거리를 창조하고, 새로운 주민과 기업을 환영하는 무드를 표현하는 것, 즉 개성적이고 매력이 넘치는 거리를 조성하는 것이다.

사례연구

문화관광 개발로 나타난 문제점에 대해 한 번 생각해 보자.

"관광객 때문에 살 수가 없다!" 북촌 주민들 주말시위 시작, 동네 떠나는 사람들도 늘어
유럽 도시들도 관광객 몸살! 관광세 징수, 숙박업소 제한 등 '오버투어리즘'에 정책적 대응
방문제한, 동선분산 등 모색 "주민 참여한 대응책 찾고, 관광의 '공공성' 고민할 때!"

네덜란드 암스테르담, 스페인 바르셀로나, 이탈리아 베네치아…. 많은 이들이 동경하는 유럽의 여러 관광지들은 '숙박세' 명목으로 여행객에게 돈을 받는다. "관광객 때문에 삶이 파괴되고 있다."는 주민들의 시위도 이어지고 있다. 남의 나라만의 일이 아니다. 서울 한복판에서도 같은 현상이 벌어지고 있다. 무슨 까닭일까?

"여러분, 제발 도와주세요! 관광객 때문에 살 수가 없습니다. 제발 오지 말아주세요."
"Please support us not coming to our village. We're suffering from tourists."

지난 22일 서울 종로구 북촌로11길의 이른바 '가회동 골목길'의 한 한옥대문 앞. 흰종이 위에 매직으로 눌러쓴 손글씨가 절절해 보인다. 같은 내용을 한글과 영어로 써서 붙여놓았다. 그 위에는 "조용히 해주세요!"를 영어 · 중국어 · 일어 · 한국어로 인쇄한 포스터가 붙어있다. 한 외국인이 손글씨로 적은 문구를 읽으며 살짝 웃었다.

'부처님오신날'인 지난 22일 서울 종로구 북촌로11길 '가회동 골목길'에 중국인 단체관광객이 들어차 있다. 골목길과 대문 곳곳에 '주민들이 거주하는 곳이니, 조용히 해 달라!'는 안내판이 붙어있다. 대부분 관광객들은 문구에 신경을 쓰지 않았다. 아무것도 붙어있지 않은 '깔끔한' 대문을 찾아 사진 찍기에 바빴다. 대문 쪽으로 난 계단에 올라 문고리를 살짝 들어 올린 채 포즈를 잡는 이들은 주로 중국에서 온 단체관광객이었다. 공휴일인 '부처님오신날(5월 22일)'이어서인지 한국인들도 많았다. "아무래도 중국 사람들이 성조(소리의 높낮이)가 있어서 많이 시끄럽지." 가회동 골목길 오르막 끝에서 과일을 파는 某씨가 말했지만, 시끄럽기로 따지면 중국인이나 한국인이나 마찬가지였다.

중국인관광객 두세 팀이 몰려들자, 3미터 남짓 좁은 골목길이 가득 찼다. 누군가의 웃음소리가 커지자, 한 중국인관광객이 "쉿" 하며 손가락을 입으로 가져갔다. 조금은 신경이 쓰이는 눈치였다. 하지만 그들의 웅성거림만으로도 골목길이 들썩거렸다. 관광객이 안고 있는 갓난아이의 카랑한 울음소리가 골목길 담을 넘어 퍼졌다.

한옥이 몰려 있는 서울 북촌에서 매일같이 벌어지는 풍경이다. 주말이나 공휴일엔 더 많은 사람들이 몰려왔다 몰려간다. 방음시설도 없고 담장도 낮은 단층짜리 한옥에 살며 매일같이 이런 상황에 맞닥뜨리는 삶은 어떨까? 서울 한복판 북촌 주민들이 결국 "사람답게 살고 싶다!"며 거리로 나섰다.

'북촌한옥마을운영회'는 지난달 28일부터 주말마다 마을 입구에서 집회를 열고 있다. 몰려드는 관광객들로 인해 사생활을 침해받고 있다며 서울시와 종로구에 대책마련을 요구했다. 마을 곳곳에는 '서울시는 주인, 북촌 주민은 노예', '새벽부터 오는 관광객, 주민은 쉬고 싶다'고 적힌 펼침막이 걸렸다. 관광객들이 가장 많이 찾는 북촌로11길을 걷다보면 이들 펼침막과 함께 '거주지역이니 조용히 해 달라!'는 안내판과 계속 마주치게 된다.

주민들은 관광객이 몰려드는 시간대엔 좀처럼 대문을 열거나 집 밖으로 나오는 일이 없다. 문을 열면 관광객들이 집 안을 들여다보거나 불쑥 집 안으로 들어오는 일이 잦기 때문이다.

우연히 마당 안팎을 청소하느라 대문 밖으로 나온 주민 이某(46) 씨와 마주쳤다. 그는 "아침 8시부터 사람들이 몰려드는데, 시끄럽고 지저분해지기도 해서 어지간해선 대문을 열어 놓거나 밖으로 나오지 않는다."며 "몰려든 관광객 때문에 동네를 떠나는 주민들도 늘어나 곳곳에 빈집이 많다."고 말했다. 이곳에서 40년을 살았다는 이씨는 "예전엔 20분에 한두 명 지나갈까 말까 하는 조용한 골목이었다."고 덧붙였다. 그의 말이 끝난 직후부터 20분 동안 이씨의 집 앞으로 지나가는 여행객을 헤아려봤다. 점심시간대인 낮 12시 15분부터 20분 동안 250명 이상이 이씨의 집 앞을 지나쳤다.

"새벽이고 밤낮이고 할 것 없이 골목에서 떠들고 돌아다니니까 밤에 잠을 못자요."
"사진 찍는다고 대문 문고리를 잡았다가 놓으면, 그 소리가 그렇게 크게 들려요."
"아침에 대문 열고 나가면, 단체손님들이 우르르 들어와요. 집 구경한다고 들어오는 거죠."
"주말에는 쓰레기 천지예요. 커피 마시고 컵은 그냥 버리고 가요."

"주거지역이라 묶어놓고 관광객은 받고, 그렇다고 해서 주민들에게 전혀 혜택이 있는 것도 아니고…."

"지구단위 계획, 이것 때문에 주민들이 살기 어려운 동네, 희망이 없는 동네로 몰락하고 있어요. 개인의 재산상 권리를 박탈당하고 있어요."

"예전엔 공방도 있고 주민들이 갈 만한 음식점도 있었는데, 카페 같은 걸로 다 바뀌었어요. 주민들을 위한 공간은 없고, 다 외국인들을 위한 걸로요."

한양대학교 대학원 안지현 씨가 쓴 박사학위논문 '관광 젠트리피케이션 현상에 대한 질적 시스템 다이내믹스 분석 : 북촌 일대를 중심으로'에서 담긴 북촌 주민들의 목소리다.

'동네를 떠나는 사람들이 늘고 있다'는 주민 이씨의 말은 수치로도 증명된다. 국가통계포털을 보면, '한옥관광'을 위해 사람들이 몰리는 서울 종로구 삼청동과 가회동의 올해 4월 기준 주민등록 인구는 7,369명(삼청동 2,866명+가회동 4,503명)으로, 2011년(8,970명) 에 비해 17.8% 줄었다. 같은 기간 종로구의 인구 감소율 8.3%의 두 배에 이른다.

더구나 서울 종로구 삼청동, 가회동, 계동, 안국동 등을 포함한 북촌 일대는 한옥보존 등을 위해 2010년 1월 '지구단위계획' 구역으로 결정되었다. 지구단위계획에 포함되면 관련법에 따라 용도변경 등이 허용되지 않는다. 한옥을 헐고 복층 빌라를 짓거나 상업시설로 바꾸는 게 불가능하다는 뜻이다. 주민들 입장에서는 관광객에게 시달리면서도 자기 집도 마음대로 개조할 수 없게 된 셈이다. 현재 서울시는 북촌 지구단위계획의 재정비를 추진 중이다.

가우디성당이 보이는 스페인 바르셀로나 구엘공원 돌담에 '관광객 : 당신의 호화로운 여행은 곧 내 일상의 고통'이라는 그라피티가 적혀 있다.

'투어리스티피케이션'(주거지가 관광지화해 거주민이 떠나는 현상), '오버투어리즘'(수용 범위를 초과한 관광객이 몰려 주민들의 삶을 침범하는 현상) 등으로 지칭되는 이런 현상은 서울 북촌만의 얘기가 아니다. 서울 종로구 이화동의 벽화마을이나 서울 종로구 서촌, 서울 영등포구 문래동 예술촌 등이 조금씩 차이는 있지만, 북촌과 비슷한 과정을 겪었거나 겪는 중이다. 원희룡 제주도지사 후보가 폭행을 당하는 등 최근 제2공항 건설과 관련하여 갈등이 고조된 제주도의 사정도 크게 다르지 않다. 관광객 증가로 주거환경이 나빠지고 지역의 정체성 상실, 지나친 상업화, 임대료 상승 현상 등이 발생하면서 주민이 밀려나거나 떠나는 일들이 반복되고 있다.

유럽 등 외국의 관광도시들도 밀려드는 관광객으로 몸살을 앓고 있긴 마찬가지다. 중국을 중심으로 개발도상국의 소득이 높아지면서 전 세계 관광객의 수 역시 크게 늘고 있기 때문이다. 관광지식정보시스템 자료를 보면, 세계 여행객의 수는 2008년 약 9억 3천만 명에서 2017년 약 13억 2천만 명으로 증가했다. 연간 2,000만 명이 방문하는 이탈리아 베네치아에선 2010년대 초반부터 대형 크루즈의 정박을 반대하는 시위가 벌어지고 있다. 지난해 7월 스페인 바르셀로나에선 복면을 쓴 남성 4명이 정차한 2층 관광버스에 들이닥쳐 타이어에 구멍을 내고 유리창에 '관광업이 이웃을 죽인다'고 쓴 뒤 도망을 쳤다. 관광객들이 자주 이용하는 공공자전거 타이어를 터뜨리는 영상이 공개되기도 했다. 지자체에서 세금으로 구입한 공공자전거를 관광객이 선점해 타고 다니면서, 주민들 입장에서는 도로도 복잡해지고 자전거 주차공간도 빼앗겼기 때문이다.

〈로이터〉, 〈텔레그래프〉에서 지난 16일 네덜란드 수도 암스테르담 시정부 구성을 협상 중인 녹색좌파당 등 4개 당 연합이 오버투어리즘을 막기 위해 '도시균형정책'을 발표했다고 보도했다. 이 정책에는 시 중심가에서 에어비앤비의 영업제한, 유람선의 시 중심가 정박금지, '맥주 바이크'(맥주를 마시면서 시내를 구경하는 이동식 바) 단속, 여행세 인상 등이 포함되어 있다. 올해 1,800만 명의 관광객 유입이 예상되는 암스테르담은 관광객을 대상으로 하는 주택 단기대여서비스가 성행하면서 주택난이 발생하고 있다. 이베트 호프만 녹색좌파당 대변인은 "몰려든 관광객들 때문에 에어비앤비와 불법 호텔이 성행하면서 암스테르담 시민들은 그들의 이웃을 잃어버렸다. 암스테르담은 시민들이 살기 좋은 도시가 되어야 한다."고 말했다.

연간 3,000만 명 이상의 관광객으로 고심하던 스페인 바르셀로나 역시 2015년부터 공무원, 학계, 지역주민 등으로 구성된 관광위원회를 꾸려 문제를 풀어가고 있다. 바르셀로나 시는 관광버스의 도심지 진입제한, 신규 숙박업소의 지역별 차별허가, 숙박업소를 통한 관광세 징수 등의 정책을 펼치고 있다.

"관광지로 개발되면 주민들은 행복할까?"
북촌 주민들의 불편을 파악한 서울시와 종로구도 대안을 마련하는 중이다. 관광객의 방문시간을 제한하는 방법이 우선 검토되고 있다. 예를 들어, 야간시간대인 저녁 8시부터 다음날 아침 8시까지 방문 자제를 권고하는 방식이다. 강제 제한은 법적인 근거가 있어야 하기 때문에 시행하기 어렵지만, 여행사의 협조를 구하거나 캠페인을 통한 방식은 당장 시행이 가능하다. 종로구 관계자는 "실태조사를 통해 자료를 수집하는 중이다. 방문객을 조절하는 여러 방법을 검토 중"이라고 말했다.

북촌을 여행하는 관광객들의 동선을 분산시키는 방법도 대안이 될 수 있다. 나효우 착한여행 대표는 "북촌로11길에 집중된 관광객들을 다른 루트로 돌리는 방법을 찾아야 한다. 바르셀로나는 '이곳보다 더 좋은 곳이 있다'는 개념으로 새로운 여행지를 소개해 관광객의 쏠림 현상을 막고 있다."고 말했다. 나 대표는 "현재 중국인 단체관광객 대부분은 한국 현지인 가이드 없이 버스가 관광객들을 풀어놓고 '몇 시까지 어디로 모여라'는 식이다. 현지인 가이드가 안내하면 동선이 더 다양해지고 특정지역으로 관광객이 쏠리는 현상을 막을 수 있다."고 제안했다. 관광객들을 대상으로 관광세를 받는 방안에 대해서는 "지역 환원을 전제로 검토해 볼 만하다."는 의견과 "아직 우리나라의 관광수지 적자가 심한 만큼 시기상조"라는 의견이 엇갈린다.

대안의 '내용' 못지않게 대안을 찾아가는 '과정'의 중요성도 강조된다. 북촌의 경우에도 주민들 각자가 처한 상황이 다르고 이들의 이해관계 또한 다양하다. 종로구청 의뢰로 북촌의 투어리스티피케이션 실태조사를 벌인 한양대 이훈 교수는 "아무래도 상업지역 주민들은 관광객에 더 긍정적이고 주거지역 주민들은 부정적이다. 하지만 주거지역 주민들 뜻도 '(관광객이)오지 말라'는 게 아니라 '거주민을 고려한 방문을 해달라'는 것"이라고 말했다. 이 교수는 "주민협의체와 서울시, 종로구청 등이 결합해 정답을 만들어가는 과정이 중요하다. 결정은 결국 주민들이 하게 해야 한다."고 강조했다.

주민들이 배제된 관광정책을 되돌아봐야 한다는 목소리가 자연스럽게 뒤따른다. 공정여행 네트워크 이매진피스 임영신 대표는 "제주 2공항 반대집회에 나온 할머니들이 묻는다. '관광지로 개발되면 주민들이 행복해지냐'고. 시민들을 '민원인'으로만 보지 말고 관광을 통해 시민들의 삶이 어떻게 나아질 수 있을지를 고민해야 한다."고 말했다. 임 대표는 "관광수지, 성장률 등 숫자로만 관광정책을 결정하지 말고 공공성의 관점에서도 바라봐야 할 때"라고 강조했다.

【출처】 한겨레신문, 2018년 5월 26일자 기사

CHAPTER 05

문화관광객 행동

Understanding of

Culture Tourism

01 문화관광객 행동개념

1. 인간행동의 개념

관광은 인간의 본성과 많은 관련성이 있으며, 사람에 의존한다. 즉 사람에 의해 운영되고, 사람을 위해서 운영된다. 산업에서의 성공은 직접적이거나 간접적으로 상호간 연관된 사람들에게 의존한다. 관광목적지에서의 지역주민, 관광사업장의 경영자, 종사원, 투자자, 마케터 등이 활동하는 모든 사람들이 포함된다. 관광은 인간의 다양한 개성, 기술, 능력을 자본화한다. 인간의 존재를 이해하는 것은 관광산업을 위해서는 필수적이다.

관광객의 행동은 다양하고 복잡하다. 관광객의 행동에 대해 무엇 때문에 행동하는지에 대해 파악하는 것은 어렵다. 관광객들의 행동과 세계관은 자신들의 배경, 라이프스타일, 필요에 의해서 결정된다. 일반적으로 관광행동에 대해 이해하지 못한 채 다른 사람들의 관광행동에 대해 이해할 필요가 있다. 무엇 때문에 관광활동을 하고 어떠한 재미와 즐거움을 원하며, 관광지에서 관광활동에 의한 소비성향에 대해 파악하려고 한다. 관광객들의 인구통계적인 특성과 소비성향인 관광객들이 성별, 연령, 출신지역 및 관광목적 등의 파악을 통해 관광산업의 소재와 방향을 결정하는 요인이 된다. 인간행동의 개념은 인간이 존재하고 행동하는 방식이다. 사람들이 일하고, 놀고, 환경에 반응하는 방법, 그들의 기능과 책임을 수행하는 방법과 그들의 일상생활을 영위하는 방법을 파악할 필요가 있다.

다음과 같은 원인으로 인간행동을 유발하게 된다.

• 마음	• 신체	• 정신

인식은 지식을 얻고, 인식과 아는 것이 절차를 이해하는 것이다. 암호화하고, 저장하고, 진행하고, 그리고 환경으로부터 정보를 얻어온다. 여러 가지 의미로 가능한데, 『웹스터사전』에서는 가장 넓은 의미에서 아는 것을 의미한다. 특히 인식이나 아이디어로부터 지식이 얻어지는 지성적인 절차이다. 그리고 인식은 일반적으로 사상 혹은 행동과 직·간접적인 관계가 있다고 할 수 있다.

감정은 센티멘트Sentiment전략, 욕구, 감정의 결과이다. 개인의 마음속에 일어날 수 있는 사랑, 공포, 미움, 성가심 등이 포함된다. 감정은 또한 인식, 정보 혹은 지식의 정서적인 해석도 포함된다. 감정은 또 인식, 정보 혹은 지식의 정서적인 해석도 가능하다. 감정은 사람, 사물, 아이디어에 대한 사람의 긍정적 혹은 부정적인 인식 혹은 이와 같은 말에 관련이 있다. 의욕은 지식에 대한 관련성을 말하고 행동에 변화를 두며 '왜?'라는 질문과 관련성이 깊다.

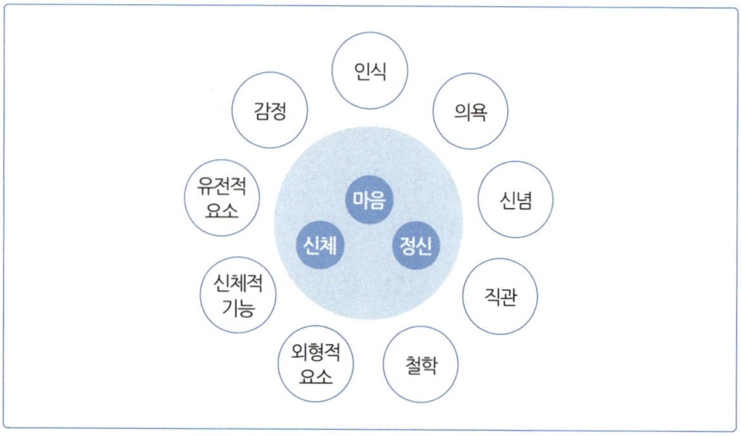

그림 5.1 인간행동에 영향을 주는 요소

의욕은 의지와 행동에 대한 개인적인 동기부여에 관련이 깊다. 인간행동은 의욕을 이해하지 않고서는 설명이 되지 않으며 지식, 인식, 정서, 감정이 인간행동이나 의욕에 어떻게 영향을 미치는지 파악해야 한다. 또한 마음의 발전과 기능은 신체적이고 영혼적인 요소에 영향을 받는다. 신체는 생물학적이거나 유전적 요소, 신체적 기능, 외형적인 요소에 대표된다. 마음은 신체로부터 정보를 받으며 신체에 다시 정보를 보낸다. 그리고 마음은 신체를 통해서 행동에 영향을 미친다. 몇몇은 정신과 두뇌가 서로 연결된다고 주장하는 반면, 다른 사람들은 마음과 두뇌는 분리된다고 하였다. 마음은 영적이거나 혹은 초육체적인 신체에만 제한이 되지 않는다. 인간은 마음의 기능에 영향을 미치지, 영혼 혹은 정신을 가지고 있어 신체가 죽고 나서도 그 영혼은 그대로 존재하게 된다.

정신적 요소는 종교적인 신념, 직관, 개인적인 경험, 철학과 관련이 있다. 정신의 성장발달과 사람들이 배우고, 생각하고, 느끼고 추론하여 결정을 내리는 데 있어서 아주 중요하다. 영혼적인 요소는 인간행동에 대해 중요한 역할을 한다. 실제로 영성은 누가 왜 그들이 사람인지, 그리고 그들이 어디로 가는지에 대해 규정해야 한다. 인간의 자아실현을 위한 행동으로 관광활동은 산업화 이후에서는 필수적이라 생각하고 있다.

관광활동은 이미 설명한 것처럼 5가지로 설명할 수 있다.

- 인식 : 지식을 얻고 정보를 배우며 저장하고 획득하는 것
- 감정 : 느낌, 인식 그리고 생각을 발전
- 인식 : 선택하거나 개인적인 동기부여나 의지에 관련
- 정신 : 내적인 행동
- 행동 : 명시적인 행동

2. 환경적인 요소

인간행동은 인간 발전에 중요한 역할을 하는 환경적 요소에 영향을 받고, 또한 인간행동은 그 자체에 의해서 영향을 받는다. 인간 존재에 영향을 주는 다

양한 환경은 개인의 수준에 따라 다양하며 확인할 수 있다.

첫째, Macro라고 불리는 개인의 행동과 발전에 영향을 미친다.

둘째, Meso라고 불리는데 사회기관, 직관그룹, 교통이나 오락, 건강기구와 같은 활동에 관계되는 산업의 중간적인 영향이다.

셋째, Macro라고 불리는데 경제, 정치, 문화, 사회체제를 포함한다.

넷째, Supra라고 불리는데 개인적 행동에 큰 영향을 미치는데, 이는 국제정세 및 세계적인 변화까지 수행한다.

수프라Supra와 매크로Macro 환경은 더 넓은 환경을 나타낸다. 매소와 마이크로는 더 가까운 환경을 나타낸다. 문화환경으로 볼 수 있는 수프라Supra, 매크로Macro, 매소Meso, 마이크로Macro는 환경으로서 인간행동에 영향을 주는 방법이 다르고 인간행동이 그들에게 영향을 주는 방법이 다르다. 가족, 사회기구, 국가경제, 국제관계, 국제적이고 경제적인 글로벌 발전에 영향을 준다. 인간행동은 지역주민들과 공동체와 관련 단체, 산업, 정치, 사회생활에 사회생활 등에 영향을 준다. 이는 상호간의 영향 관계에 영향을 미친다.

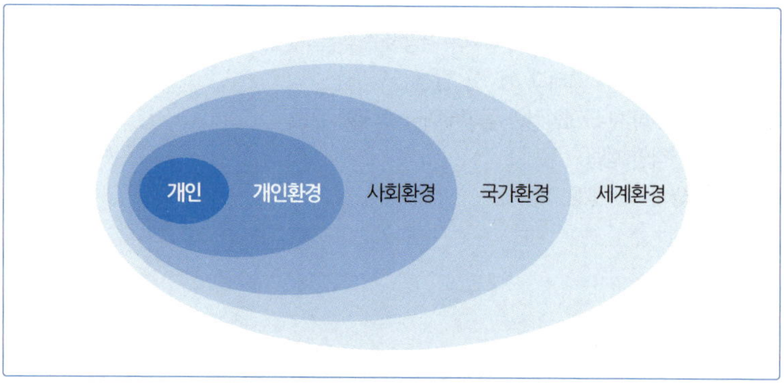

그림 5.2 인간행동에 영향을 미치는 환경

02 문화관광객 행동이론

1. 관광객 행동이론

관광객 행동에 영향을 미치는 가장 중요한 요소는 동기이다. 동기는 행동을 활성화시키고 에너지를 주며 방향을 바꾸고 개인에게 주어진 목표를 위한 행동으로 이끌어준다. 내적 동기부여 자료는 신체, 육체, 영혼, 정신으로 분류된다.

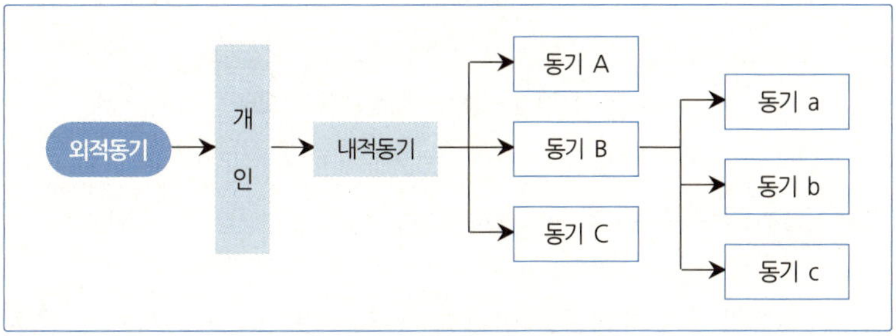

그림 5.3 동기의 분류요소

1) 원인 – 동기 – 행동 – 목표이론

원인 - 동기 - 행동 - 목표이론에서 인간행동은 3개의 중요한 특성을 가지고 있다.

- 행동은 원인이 있어야 한다.
- 행동은 지도되는 것이어야 한다.
- 행동은 동기부여가 된다.

원인, 동기 그리고 목표는 개인에 따라 다르다. 사람이 특정한 행동에 참여할 이유가 있는데, 그 사람이 특정한 목표를 획득하게 되는 동기부여를 하거나 지도하는 필요 혹은 원동력을 발휘하는데 큰 역할을 한다.

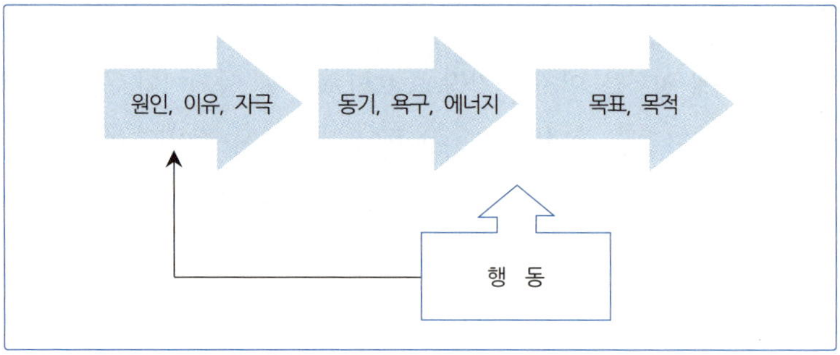

그림 5.4 원인 – 동기 – 행동 – 목표 모델

2) 매슬로우의 욕구단계Maslow's Hierarchy of Needs

Maslow(1955)의 욕구단계설은 인간의 행동은 인간이 만족시키고 싶은 욕구에 의존한다. 모든 인간은 다섯 단계의 욕구를 가지고 있다. 각각의 단계별로

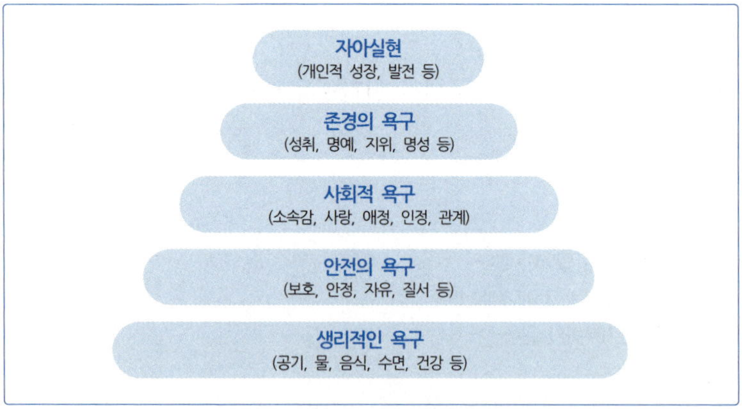

그림 5.5 Maslow의 욕구 5단계설

의 특징은 다음과 같다. 생리적 욕구(공기, 물, 음식, 편안함, 쓰레기 제거, 온도, 수면 등), 안전의 욕구(보호, 질서, 안정성, 육체적인 위험, 공포), 사회적인 욕구(사랑, 가족, 명성, 인정), 존경의 욕구(성취, 경쟁, 인정, 동의, 명성, 명예), 자아실현(개인적인 발전, 성장, 자아실현) 등이 있다.

다른 측면으로 생각하면 Maslow의 다섯 단계는 부족욕구와 성장욕구로 나누어 할 수 있다. 부족욕구는 개인이 더 높은 수준의 욕구로 가기 전에 만족되어야 한다. 부족욕구가 감지되면 개인은 성장욕구를 찾아 상승하게 된다. Maslow의 욕구 5단계 초기 모델에 있어서 오직 하나의 성장, 즉 자아실현만 있었다. 자아실현에 의해서 동기부여 된 개인은 개인적인 발전, 성장, 도전과 새로운 경험을 찾는다. 그 후 Maslow의 수정된 모델에 있어서 자아실현을 분화시켜 일반적인 자아실현 욕구의 두 단계 낮은 수준의 성장욕구를 구분했다. 처음의 두 단계 낮은 수준의 욕구는 인지적 욕구와 심미적인 욕구이다.

자아실현의 욕구보다 더 높은 욕구는 초월욕구이다. 초월욕구는 한 개인의 욕구라기보다는 전 세계인이 추구를 원하는 욕구이다. 초월의 욕구는 자아이상의 뭔가에 연결되고 싶은 욕구에 포함될 수 있다. 다른 사람들을 위해 봉사하거나 혹은 사회적인 이슈 등에 대한 차별반대, 사회정의, 환경보전과 보호,

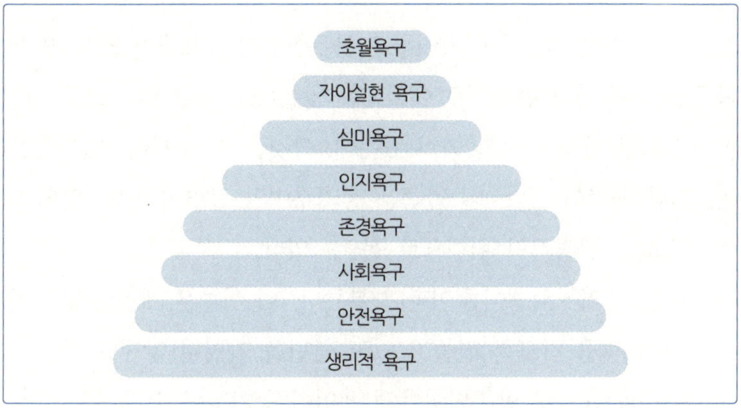

그림 5.6 Maslow의 수정욕구 8단계설

윤리종교, 평화, 문화예술 감상 등을 포함한다. 이러한 욕구를 충족시키기 위해서 많은 사람들이 외적인 변화를 도모하기보다는 내적인 성숙을 위해 여행을 한다고 볼 수 있다.

외적인 요인이 아닌 정신적인 요인으로 볼 수 있는 전 우주의 초월성, 죽음 이후의 삶 등을 통해서 타인과 함께 할 수 있는 치유治癒, 힐링 등을 위한 지역으로 관광목적지를 선택하기도 한다. 따라서 인간의 욕구 중에서 가장 높은 단계의 욕구를 구분하기 위해서는 여러 연구자들의 동기이론을 파악하는 것도 중요하나 그 이전에 Maslow의 동기이론을 배경지식으로 이해할 필요가 있다.

3) 앨더퍼 ERP모델Alderfer of ERG Model

Alderfer(1972)는 낮은 수준의 욕구는 높은 수준의 욕구가 동기화되면서 완전에는 완전히 충족될 필요가 없다고 한다. 개인이 높은 수준의 욕구를 만족시키지 못하면 그 개인은 퇴행해서 낮은 수준의 욕구가 동기부여의 주요한 결정을 할 수 있게 한다.

4) 2요인이론Hertzberg of Two Factor Theory

Hertzberg(1962)는 인간행동의 이론은 근무환경에 관계되어 있다. 인간의 욕구를 채우는 것이 항상 만족으로 이끌지는 않는다고 주장했다. 모든 직업에서 근무환경에는 두 가지 중요한 면이 있는데, 그것은 일 자체에 대한 측면과 일(과업)에 대한 맥락이 있다. 일 만족은 동기부여와 관련이 크며, 일의 맥락은 위생적인 요소인 환경적인 위생으로 볼 수 있다.

Hertzberg는 '동기 - 위생이론'이라고 부른다. 이 이론은 개인의 낮은 수준의 욕구위생요소는 노력을 하도록 만들지 않고 불만을 가지지 않게만 한다는 것이다. 높은 수준의 욕구가 만족되어야만 개인이 동기부여 된다.

5) 기대이론Vroom of Expectancy Theory

Vroom(1964)은 동기부여를 가지기 위해서는 3가지의 동기가 부여되어야 한다.

• 기대감	• 수단성	• 유의성

따라서 목표를 기대하거나 성취할 수 있다 하였고, 자신의 행동과 목표의 획득 사이에 관련성을 보면 개인은 행동에 참여하게 동기부여를 하게 되는 것이다. 그러나 이러한 동기부여 중 하나라도 존재하지 않으면 동기부여가 되지 않는다.

6) 인지적 불화이론Theory of Cognitive Dissonance

인지적 부조화이론은 인지의 부조화 상태로써 태도변화의 동기를 설명하는 이론이다. 인지요소의 부조화상태에 빠지면 인지를 변화시켜 조화상태를 유지하고자 한다. 즉 개인이 2개 이상 충돌하는 욕구를 충족시키려 할 때 자신의 행동을 바꾼다고 주장한다. 예를 들면, 종교신도들은 지구의 종말에 대비하여 자신들이 가진 모든 것을 버리고 사이비종교에만 매달렸으므로 자신들이 잘못을 인정하면 그 심리적 고통을 감당하기 힘들다. 따라서 신도들은 자신의 믿음이 옳다는 쪽으로 심리적 안정을 찾게 되고, 그것이 더욱 광신(狂信)하는 행동으로 나타나는 것이다. 이 이론은 미국의 사회심리학자 Leon Festinger(1957)이 발표한 저서 『Theory of Cognitive Dissonance』에서 제기한 이론이다.

7) 강화이론Skinner of reinforcement theory

Skinner(1969)는 만족스런 결과는 반복된 행동을 만들어내고 불만족스런 결과는 반복된 행동을 만들어내지 못한다. 만족스런 관광객은 같은 목적지에서 돌아오지만, 불만족한 관광객은 다른 곳으로 이동한다. 따라서 특정한 행동을 부여하기 위해서는, 마케터는 그 물건에 대한 관광객의 경험이 긍정적이고 즐거운 결과가 창출되도록 해야 된다.

8) 평등이론Skinner of Reinforcement Theory

개인은 그들의 노력과 보상에 관련되는 다른 사람의 것과 비교하여 사회적인 것을 비교한다. 보상의 공정성에 대한 인식은 각각의 동기부여에 영향을 미친다. 동기부여를 위해서는 보상에 대한 비율이 그들이 비교하는 비율과 자신과 다른 사람이 같아야 한다.

9) 성취동기이론Achievement Motivation Theory

McClelland, Atkinson, Clark, & Lowell(1953)은 인간행동은 특정한 문화에서 발전된 욕구에 의존한다. 인간은 그들의 문화에서 욕구를 배우는데, 이것이 어떤 욕구가 중요하며 그리고 어떠한 욕구가 충족되어야 하는지? 왜 그런지를 파악해야 한다. 결국 제시된 행동이론에 있어서 우리가 인간의 환경적인 자극에 대한 반응과, 어떻게 영향을 주고 조절하는지 그리고 인간의 반응을 예상하는지를 이해할 수 있다. 이러한 이론들은 관광객 행동을 이해하고 해당되는 행동을 예측하는데 큰 역할을 한다.

2. 관광객 행동욕구

인간욕구의 5가지 종류를 구별한 Maslow와 별도로 인간행동을 이끄는 다른 종류의 욕구와 구별할 수 있다.

Murray(1938)는 인간의 욕구를 다음과 같이 구별하였다.

• 성취	• 지배	• 자주
• 교제	• 노는 것	• 인지

Hertzberg(1962)는 두 종류의 인간행동을 구분했다.

- 성장욕구 : 성취, 인식, 책임감, 진보 등
- 회피욕구 : 보수, 대인관계, 근무조건, 정책, 행정 등

Alderfer(1972)는 모든 형태의 존재욕구, 다른 사람과의 관계를 포함하는 욕구, 자신과 자신의 환경, 그리고 자신의 기능성에 관계되는 것에 중심을 두는 욕구와 관련이 있다.

McClelland(1976)는 인간의 욕구를 3가지로 구분하였다.

• 성취	• 교제	• 권력

또한 McClelland는 2가지의 권력으로 구분하였다. 그룹과 조직의 이익을 위한 것과 개인적인 권력의 욕구가 있다.

Ryan & Deci(2001)는 3가지의 인간욕구를 구분했으며 자주, 경쟁, 관련성으로 관련성 있다고 하였다. Nohria, Lawrence & Wilson(2001)은 4가지의 기본적인 욕구가 있다.

- 사물과 경험을 획득하는 것
- 다른 사람과 결속, 상호관계, 헌신
- 세계와 자신에 대해 얻는 것
- 해악으로부터 자신과 관련 일을 지키는 것

Institute for Management Excellence(2001)는 9개의 인간욕구를 구분하였다.

• 안전	• 모험	• 자유
• 교역	• 권력	• 확대
• 인정	• 공동체	• 표현

3. 관광객 행동이론

인구통계적인 특성, 사회 · 문화적 특성, 경제적 특성, 그리고 정신적 요소 등 각각의 관광객들이 추구하고자 하는 동기에 따라서 관광객을 움직이게 한다. 이러한 요소들은 인간행동에 영향을 주어 행동패턴을 추구하게 된다.

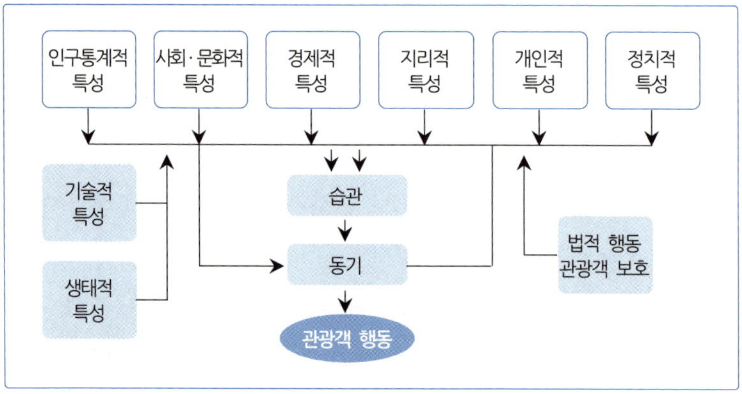

그림 5.7 관광객 욕구에 영향을 미치는 요인

사례연구

'2016 문화향수실태조사' 결과

문화체육관광부는 대한민국 국민들의 문화향수의 수요와 실태를 파악하기 위해 실시한 '2016 문화향수실태조사'는 다음과 같다. 조사 결과에 따르면, 2016년 대한민국 국민의 문화예술 관람률은 78.3%로서 2003년 62.4%를 기록한 이후 꾸준히 증가하고 있으며, 2014년 71.3%와 비교하여 7%포인트(p) 증가하여 조사 이래 가장 큰 폭으로 상승한 것으로 나타났다.

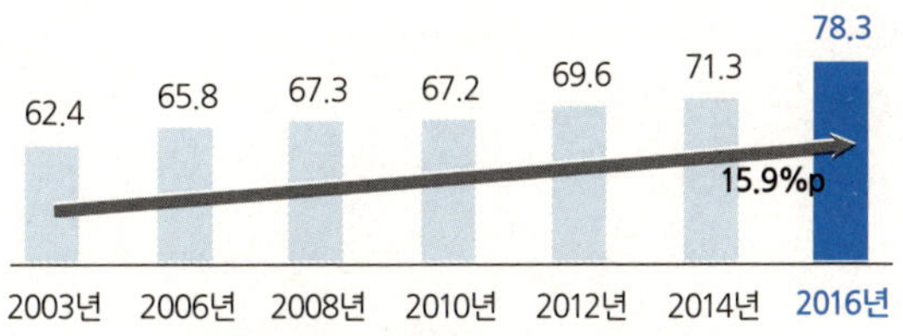

문화예술행사 관람률 변화추이(단위 : %)

분야별 : 영화 관람률이 가장 높고, 대중음악 / 연예, 연극, 미술전시회 순

분야별 문화예술행사 관람률 변화추이(단위 : %)

<table>
<tr><th>문화예술행사</th><th>2003년</th><th>2006년</th><th>2008년</th><th>2010년</th><th>2012년</th><th>2014년</th><th>2016년</th><th>전년 대비 증감률(%p)</th></tr>
<tr><td>문학행사</td><td>4.0</td><td>4.4</td><td>4.0</td><td>3.8</td><td>6.1</td><td>6.2</td><td>5.8</td><td>-0.4</td></tr>
<tr><td>미술전시회</td><td>10.4</td><td>6.8</td><td>8.4</td><td>9.5</td><td>10.2</td><td>10.6</td><td>12.8</td><td>2.2</td></tr>
<tr><td>서양음악</td><td>6.3</td><td>3.6</td><td>4.9</td><td>4.4</td><td>4.8</td><td>4.9</td><td>4.5</td><td>-0.4</td></tr>
<tr><td>전통예술</td><td>5.2</td><td>4.4</td><td>4.4</td><td>5.7</td><td>6.5</td><td>5.7</td><td>7.6</td><td>1.9</td></tr>
<tr><td>연극</td><td rowspan="2">11.1</td><td rowspan="2">8.1</td><td rowspan="2">11.0</td><td rowspan="2">11.2</td><td>11.8</td><td>12.6</td><td>13.0</td><td>0.4</td></tr>
<tr><td>뮤지컬</td><td>11.5</td><td>11.5</td><td>10.2</td><td>-1.3</td></tr>
<tr><td>무용</td><td>1.1</td><td>0.7</td><td>0.9</td><td>1.4</td><td>2.0</td><td>2.4</td><td>1.3</td><td>-1.1</td></tr>
<tr><td>영화</td><td>53.3</td><td>58.9</td><td>61.5</td><td>60.3</td><td>64.4</td><td>65.8</td><td>73.3</td><td>7.5</td></tr>
<tr><td>대중음악 / 연예</td><td>10.3</td><td>10.0</td><td>8.2</td><td>7.6</td><td>13.5</td><td>14.4</td><td>14.6</td><td>0.2</td></tr>
<tr><td>전체</td><td>62.4</td><td>65.8</td><td>67.3</td><td>67.2</td><td>69.6</td><td>71.3</td><td>78.3</td><td>7.0</td></tr>
</table>

* 2012년 조사부터는 연극과 뮤지컬을 세분화하여 구성함

분야별로는 '영화 관람률'이 73.3%로 가장 높았으며 '대중음악 / 연예(14.6%)', '연극(13.0%)', '미술전시회(12.8%)' 순으로 조사되었다. 특히 영화 관람률은 다른 분야에 비해 가장 큰 폭으로 증가('14년 65.8% → '16년 73.3%)하여 문화예술 관람률 상승을 견인한 것으로 나타났다.

지역별 : 문화예술 관람률 지역 격차 상존 속에 일부 완화, 인천시가 가장 높아(90.3%)

지역별로는 읍 · 면 지역과 중 · 소도시의 문화예술 관람률이 각각 65.7%, 81.0%로 '14년 대비 각각 8%포인트(p) 증가한 반면, 대도시는 81.2%로 '14년 대비 5.9%포인트(p) 증가해 지역별 문화예술 관람률 격차는 다소 완화된 것으로 나타났다. 17개 시 · 도 구분에서는 문화예술 관람률이 인천(90.3%), 세종(85.3%), 광주(84.4%), 경기(84.4%) 순으로 높게 나타났으며, 전남(52.7%), 전북(62.2%), 대구(67.8%) 지역이 비교적 낮은 것으로 조사되었다.

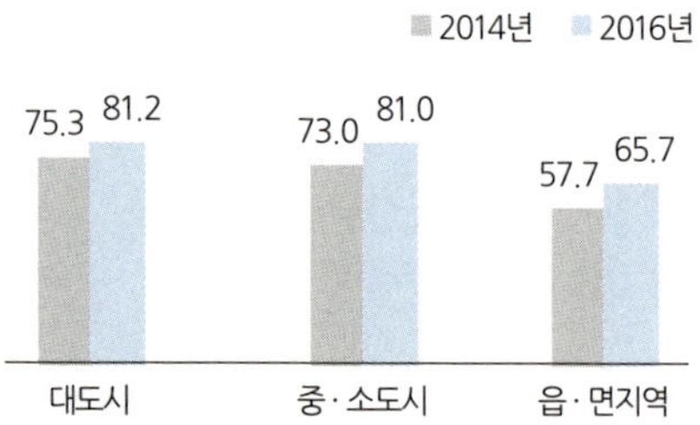

지역별 문화예술행사 관람률(단위 : %)

소득별 : 소득이 높을수록 문화예술 관람률 증가, 소득별 격차 여전

소득별로는 월평균 가구소득 100만 원 미만의 문화예술 관람률은 30.9%, 100~200만 원은 45.7%로 조사되어 2014년 대비 각각 4.3%포인트(p), 2.0%포인트(p) 증가한 것으로 나타났다. 하지만 월평균 가구소득 600만 원 이상의 문화예술 관람률 89.5%와 비교할 때 소득에 따른 문화예술 관람률 격차는 여전한 것으로 조사되었다.

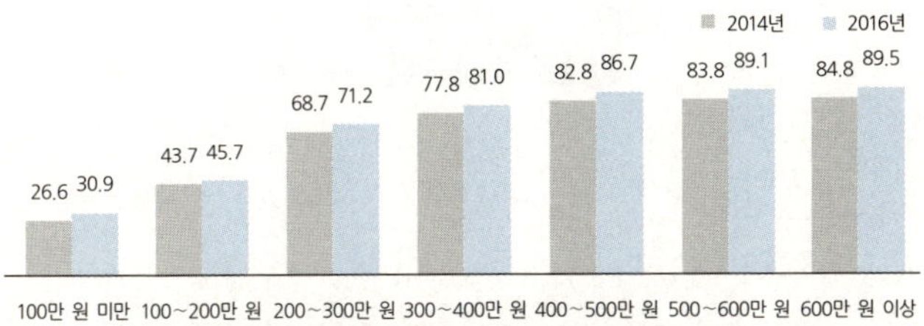

월평균 가구소득별 문화예술행사 관람률(단위 : %)

연령별 : 연령이 낮을수록 문화예술 관람률 증가, 20대 이하 95% 이상

연령별로는 50대 이상의 문화예술 관람률이 15%포인트(p) 이상 상승하여 연령별 격차는 일부 완화된 것으로 나타났다. 하지만 50대의 문화예술 관람률은 75.2%, 60대는 55.7%, 70대 이상은 39.4%로 95%가 넘는 20대 이하의 문화예술 관람률과 비교할 때 여전히 낮은 수준인 것으로 조사되었다.

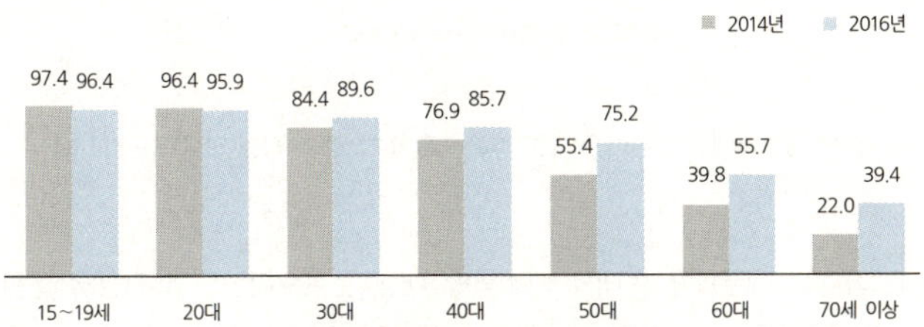

연령별 문화예술행사 관람률(단위 : %)

관람 의향 : 영화에 대한 관람 의향이 압도적, 관람비용이 가장 큰 걸림돌

전체 응답자 중 83.8%가 1년 이내 문화예술 행사를 관람할 의향이 있고, 분야별로는 영화(78.5%), 대중음악(23.5%), 연극(20.1%), 뮤지컬(19.7%) 순으로 관람 의향이 높게 나타났다. 문화예술 행사에서 우선적으로 보완이 필요한 부분에 대해서는 조사대상의 34.1%가 "관람 비용을 낮춰야 한다"라고 응답했으며, 그 외에는 "작품의 질을 높여야 한다(29.8%)", "가까운 곳에서 열려야 한다(14.7%)", "관련 정보가 많아야 한다(10.3%)" 순으로 조사되었다.

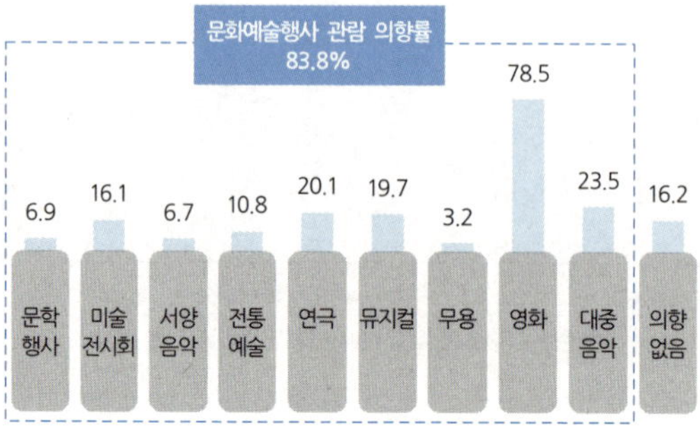

문화예술행사 관람 의향(복수응답)(단위 : %)

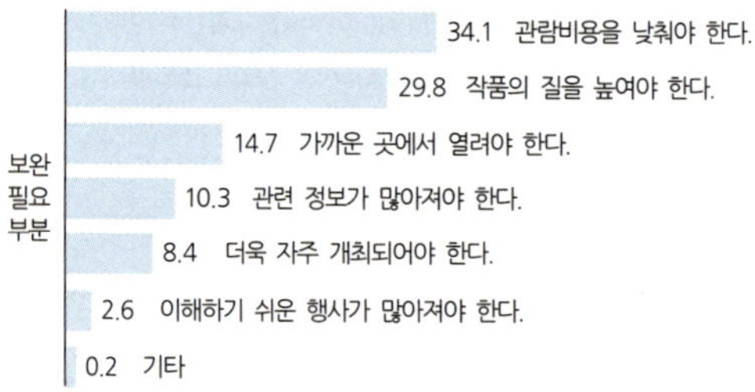

문화예술행사에서 보완이 필요한 부분 – 문화예술행사 직접 관람자(단위 : %)

문체부는 이번 조사결과를 토대로 저소득층 대상 문화누리카드의 지원금 상향('16년 5만 원 → '17년 6만 원), 어르신 문화프로그램 확대 등을 통해 지역·소득·연령 등 계층별 문화 격차를 완화하기 위한 정책을 강화할 계획이다. 또한 문화가 있는 날의 확대, 생활문화센터의 활성화 등을 통해 일상 속에서 문화를 향유할 수 있는 환경을 조성할 계획이다.

【출처】 문화체육관광부 홈페이지(http://www.mcst.go.kr)

CHAPTER 06

문화유산 · 예술관광

Understanding of

Culture Tourism

01 문화재의 개념과 유형

1. 문화재의 개념

문화는 어느 한 인간집단이 생활하던 지역의 자연환경, 그리고 그들이 가진 풍습과 종교, 의 · 식 · 주, 생활감정, 산업기술 등이 그들과 교류하던 다른 지역의 문화와 접촉하여 하나로 표출된 독창적인 모습이다.

따라서 문화재는 민족에 따라 차이가 난다. 이는 자연환경에 의해서 생성되는 동 · 식물 또는 광물, 생활습관이나 생활감정으로 인해 형성되는 자연발생적인 것이다. 때문에 무용 · 음악 · 고형미술 · 생활기술들이 발생 · 생산되었던 장소와 자리, 즉 유적까지도 문화재의 개념에 포함된다.

문화재의 정의는, 정의를 내리는 목적에 따라 다소 상이한 표현들이 사용된다. 그 중에서 가장 포괄적으로 서술된 정의는 국제연합교육과학문화기구유네스코, UNESCO가 1970년 채택한 '문화재불법반출입 및 소유권 양도의 금지와 예방수단에 관한 국제협약'에서 찾아볼 수 있다. 이 협약에서 '문화재'라 함은 고고학 · 선사학 · 역사학 · 문학 · 예술 또는 과학적으로 중요하며, 다음 범주에 속하는 것으로서 국가가 종교적 또는 세속적인 근거에 따라 특별히 지정한 재산을 의미한다. 구체적인 내용은 다음과 같다(Katerji, et al., 2000).

첫째, 진귀한 수집품, 동물군, 해부체 및 고고학적인 관심 물체를 의미한다.

둘째, 과학 및 공업의 역사와 군사 및 사회의 역사를 포함하는 역사와 관련되는 재산 또는 민족적 지도자, 사상가, 과학자, 예술가들의 생애와 국가적으로 중대한 사건과 관련된 재산을 의미한다.

셋째, 정규적 또는 비밀리에 행해진 고고학적 발굴 및 발견의 산물을 의미한다.

넷째, 해체된 예술적 또는 역사적 기념물의 일부분 및 고고학적 유적을 의미한다.

다섯째, 비문 · 화폐 · 인장 같은 것으로 100년 이상 된 골동품을 의미한다.

여섯째, 인종학적 관심의 물체를 의미한다.

일곱째, 미술 관계의 재산으로 다음 네 가지에 관한 것, 즉 그 바탕이나 재료를 불문하고 전적으로 손으로 제작된 회화, 유화, 도화(단, 공업의장과 손으로 장식한 공산품은 제외), 재료를 불문한 미술적인 조립품 및 몽타주Montage, 합성화 등을 의미한다.

여덟째, 단일물체 또는 집합체의 여부에 관계없이 역사, 예술, 과학 및 다음에서 특별한 관심사가 되는 귀중한 필사본, 예술서 인쇄물로서 다음 세 가지에 관한 것, 즉 단일물체 또는 집합체의 여부에 관계없이 우표나 수입인지 같은 형태의 인지물, 녹음사진영화로 된 기록물, 100년 이상 된 가구와 오래된 악기 등을 의미한다(송화섭, 2002).

문화재에 대한 개념을 「문화재보호법」에서 찾아볼 수 있는데, 이 법에 따른 문화재란 "인위적 · 자연적으로 형성된 국가적 · 민족적 · 세계적인 유산으로서 역사적 · 예술적 · 학술적 · 경관적 가치가 큰 것"이라고 말하고 있다.

결과적으로, 문화재란 민족문화 유산으로서 보존할 만한 가치가 있는 것으로, 인류문화 활동의 소산 중 예술 · 과학 · 종교 · 도덕 · 법률 · 경제 · 민속 생활양식 등에서 문화적인 가치를 지닌 것을 가리킨다.

2. 문화재의 유형

문화재는 흔히 문화재Cultural Properties 또는 문화유산Cultural Heritage으로 표현되는데, 산업혁명 이후 영국에서 천연자원의 개발이 활기를 띠게 됨에 따라 자연의 파괴와 역사적 문화유산의 훼손을 예방하기 위해 일어난 민간의 자발적인 보호운동의 과정에서 문화적 가치를 지닌 산물이나 보존할 가치가 있다고 판단되는 것을 지칭하는 의미로 처음 사용되었다. 우리나라에서는 1962년 「문화재보호법」이 제정되면서부터 공식적으로 사용되기 시작했다(송화섭, 2002).

문화재는 그 성격에 따라서 무형문화재, 유형문화재, 기념물, 민속자료로 크게 정의하여 분류한다(「문화재보호법」, 제2조). 유형문화재는 건축물 전적 · 서적 · 고문서 · 회화 · 조각 · 공예 등 유형의 문화적 소산으로서 역사적으로나 예술적 가치가 큰 것과 이에 준하는 고고자료를 말하며, 무형문화재는 연극 · 음악 · 무용 · 공예기술 등 무형의 문화적 소산으로서 역사상 또는 예술상 가치가 큰 것을 말한다. 기념물은 사지 · 패총고분 · 성지 · 궁지(宮趾) · 요지(瑤池) · 유물포함층 등의 사적지로서 역사상 · 학술상 가치가 큰 것과 명승지로서 예술상 가치가 큰 것, 그리고 동물(서식지 · 번식지 · 도래지 포함) · 식물(자생지 포함) · 광물 동굴들 중에서 학술상 가치가 큰 것을 말한다. 민속자료(의식주 · 생업 · 신앙 · 연중행사 등에 포함), 풍속 습관과 이에 사용되는 의복 · 기구 등으로 국민생활의 추이를 이해함에 불가결한 것을 말한다. 또한 지정 주체에 따라 국가지정 문화재, 시 · 도지정 문화재, 문화재 자료로 구분하며, 지정 여부에 따라 지정문화재와 일반 동산문화재 · 매장문화재 등의 비지정문화재로 구분하기도 한다. 그리고 지정문화재가 아닌 건조물 또는 기념이 될 만한 시설물 중에서 보존 및 활동을 위한 조치가 필요한 문화재를 보호하기 위한 등록문화재가 있다.

지정 문화재(「문화재보호법」 제2조) 가운데 국가지정 문화재는 문화재청장이 「문화재보호법」에 의해 문화재위원회의 심의를 거쳐 지정한 중요문화재로서, 국보 · 보물 · 중요무형문화재 · 사적 · 명승 · 사적 및 명승 · 천연기념물 및 중요민속자료 등 8개 유형으로 구분된다.

첫째, 국보는 보물에 해당하는 문화재 중 인류문화의 견지에서 그 가치가 크고 유례가 드문 것(팔만대장경, 훈민정음 등)을 의미한다.

둘째, 보물은 건조물 · 전적 · 서적 · 고문서 · 회화 · 조각 · 공예품 · 고고학 자료 등의 유형문화재 중 중요한 것(서울 홍인지문, 대동여지도 등)을 의미한다.

셋째, 중요 무형문화재는 무형문화재 중 중요한 것(종묘제례악, 양주 별산대놀이 등)을 의미한다.

넷째, 사적은 기념물 중 유사 이전의 유적 · 제사 · 신앙 · 정치 · 국방 · 산업 · 교통 · 토목 · 교육 · 사회사업 · 분묘 · 비 등으로서 중요한 것(수원 화성, 경주 포석정지 등)을 의미한다.

다섯째, 명승은 기념물 중 경승지로서 중요한 것(경주, 소금강, 상백도, 하백도 등)을 의미한다.

여섯째, 사적 및 명승은 기념물 중 사적지 · 경승지로서 중요한 것(경주 불국사 경내 등)을 의미한다.

일곱째, 천연기념물은 기념물 중 동물(서식지, 번식지, 도래지 포함), 식물(자생지 포함), 지질 · 광물로서 중요한 것(편백수림 등)을 의미한다.

여덟째, 중요 민속자료는 의 · 식 · 주, 생산, 생업, 교통, 운수, 통신, 교역, 사회생활, 신앙, 예능, 오락, 유희 등으로서 중요한 것(덕은공주 당의, 안동 하회마을 등)을 의미한다.

시 · 도 지정 문화재는 특별시장 · 광역시장 · 도지사가 국가지정 문화재로 지정되지 아니한 문화재 중 보존가치가 있다고 인정되는 것을 지방자치 단체의 조례에 의해 지정한 문화재로서 유형문화재, 무형문화재, 기념물 및 민속자료 등 4개 유형으로 구분된다.

3. 문화재의 종류

1) 국가지정 문화재

문화재청장이 「문화재보호법」에 의해 문화재위원회의 심의를 거쳐 지정한 중요문화재로서 다음과 같이 국보, 보물, 중요무형문화재, 사적, 명승 사적 및 명승, 천연기념물 및 중요민속자료 등 8개 유형으로 구분된다.

표 6.1 국가지정 문화재

구 분	내 용
국보	보물에 해당하는 문화재 중 인류문화의 견지에서 그 가치가 크고 유례가 드문 것
보물	건조물, 전적, 서적, 고문서, 회화, 조각, 공예품, 고고자료, 무구 등의 유형문화재 중 중요한 것
사적	기념물 중 유적, 제사, 신앙, 정치, 국방, 산업, 교통, 토목, 교육, 사회사업, 분묘, 비 등으로서 중요한 것
사적 및 명승	기념물 중 사적지, 명승지로서 중요한 것
천연기념물	기념물 중 동물(서식지 · 번식지 · 도래지 포함), 식물(자생지 포함), 지질 · 광물로서 중요한 것
중요무형문화재	무형문화재 중 중요한 것
중요민속자료	의 · 식 · 주, 생산, 생업, 교통, 운수, 통신, 교역, 사회생활, 신앙민속, 예능, 오락, 유희 등으로서 중요한 것

자료 : 문화재청 홈페이지(http://www.cha.go.kr)

문화재청에서 지정한 국가지정 문화재 현황은 다음과 같다.

표 6.2 연도별 국가지정 문화재 현황

연 도	2011	2012	2013	2014	2015	2016
국보	314	315	315	315	317	328
보물	1,710	1,758	1,774	1,813	1,842	2,060
사적	479	483	485	488	491	495
명승	82	89	106	109	109	109
천연기념물	422	429	434	454	455	456
국가무형문화재	114	116	119	120	122	135
중요민속문화재	264	269	280	284	286	294
계	3,385	3,459	3,513	3,583	3,622	3,877

자료 : 문화재청 홈페이지(http://www.cha.go.kr)

2) 시 · 도지정 문화재

특별시장, 광역시장, 도지사가 국가지정 문화재로 지정되지 않은 문화재 중 보존가치가 있다고 인정되는 것을 지방자치단체의 조례에 의해 지정한 문화재로서 유형문화재, 무형문화재, 기념물 및 민속자료 등 4개 유형으로 구분된다.

(1) 유형문화재

건조물, 전적, 서적, 고문서, 회화, 조각, 공예품 등 유형의 문화적 소산으로서 역사상 또는 예술상 가치가 큰 것과 이에 준하는 고고자료를 말한다.

(2) 무형문화재

연극, 음악, 무용, 공예기술 등 무형의 문화적 소산으로서 역사상 또는 예술상 가치가 큰 것을 말한다.

(3) 기념물

패총, 고분, 성지, 궁지, 요지, 유물 포함층 등의 사적지로서 역사상 · 학술상 가치가 큰 것이 포함된다. 경승지로서 예술상 · 관람상 가치가 큰 것 및 동물(서식지, 번식지, 도래지 등을 포함), 식물(자생지를 포함), 광물, 동굴로서 학술상 가치가 큰 것을 말한다.

(4) 민속자료

의 · 식 · 주, 생업, 신앙, 연중행사 등에 관한 풍속 관습과 이에 사용되는 의복, 기구, 가옥 등으로서 국민생활의 추이를 이해함에 불가결한 것을 말한다.

3) 문화재 자료

시 · 도지사가 국가지정 문화재 또는 시 · 도지정 문화재로 지정되지 아니한 문화재 중 향토문화 보존상 필요하다고 인정되는 것을 시 · 도 조례에 의해 지정한 문화재를 말한다.

4) 등록 문화재

지정 문화재가 아닌 근 · 현대 시기에 형성된 건조물 또는 기념이 될 만한 시설물 형태의 문화재 중에서 보존 가치가 큰 것을 지칭한다. 예를 들면, 화동 구 경기고교, 태평로 구 국회의사당 등을 말한다. 근대 문화유산의 개념과 범위, 개화기를 기점으로 하여 해방 전 · 후까지의 기간에 축조된 건조물 및 시설물 형태의 문화재가 중심이 되며, 그 이후 형성된 것일지라도 멸실 훼손의 위험이 크고 보존할 가치가 있을 경우에 포함될 수 있다.

5) 비지정 문화재

「문화재보호법」 또는 시 · 도의 조례에 의해 지정되지 아니한 문화재 중 보존할 만한 가치가 있는 문화재를 지칭한다.

(1) 일반동산 문화재

「문화재보호법」 제76조에서는 일반동산 문화재란, 국외수출 또는 반출금지 규정이 준용되는 지정되지 아니한 문화재 중 동산에 속하는 문화재를 지칭하며, 전적서적 · 판목 · 회화 · 조각 · 공예품 · 고고자료 및 민속자료로서 역사상 · 예술상 보존가치가 있는 문화재를 지칭한다.

(2) 매장 문화재

「문화재보호법」 제43조 매장 문화재란, 토지 · 해저 또는 건조물 등에 포장된 문화재를 지칭한다.

사례연구

일제가 훼손한 우리나라의 소중한 문화재

석굴암(石窟庵)

유네스코가 지정한 세계문화유산인 석굴암 역시 일제강점기 때 시련을 면치 못했다. 일제는 석굴암 복원공사를 총 세 차례 진행했는데, 이 과정에서 석굴암을 완전히 해체해 버렸다. 심지어 해체한 석굴암을 잘못 조립하여 내부에 있던 불상의 원래 위치와 석굴암의 정확한 구조를 알 수 없게 만들었다. 그 뿐만 아니라 일제는 공사를 진행하면서 시멘트로 석굴암 둘레를 막아버렸다. 결국 이는 석굴암 내부에 습기가 차는 부작용의 원인이 되고 말았다.

석굴암 발굴 초기

현재의 석굴암

【출처】 http://www.insight.co.kr

02 예술관광의 개념과 의의

1. 예술관광의 개념

Myerscough(1988)에 의해 예술관광Art Tourism이라는 단어가 처음 사용되었으며, 예술관광은 문화관광의 범위 중 한 분야로 볼 수 있다. 그리고 Gratton & Taylor(1992)는 "예술관광을 문화관광의 하위 개념으로 포함"하며 중요하다고 하였다. 또한 장혜원 · 최병길(2011)은 "예술관광을 성장 가능성이 가장 높은 분야"라고 인식하였다. 이형문(2012)은 "평소에 예술에 관심이 높은 관광객들이 적극적으로 관광행동을 함으로써 예술관광이 발전했다."고 하였다. 예술관광을 실행예술, 시각예술과 예술축제에 의해 참여하며 경험하고 자극받는 예술이라고 정의했고(Hall & Zeppel, 1990), 예술관광을 전시예술과 공연예술로 분류하며, 전시예술에는 미술관 · 미술전시 · 갤러리 등이 있고, 공연예술에는 오페라 · 뮤지컬 · 콘서트 등으로 구분하여 전시예술과 공연예술에 관광하러 오는 것이라고 정의하였다(Hall & Weiler, 1992).

한성호(2002)는 "예술의 순수성, 표현성, 창조성, 예술성이라는 특성으로 예술관광을 방문 및 체험하기 위한 관광객의 활동"이라고 정의하였다. 한국관광공사(1996)는 "예술관광을 조각 · 연극 · 미술 등 인간 표현과 창조적인 형태를 경험하는 것"이라고 정의하였다.

Hughes(2000)는 "예술관광을 특수목적관광SIT 시장의 중요한 요소"라고 하였다. 이경모(2010)는 "예술관광을 예술축제나 대중문화에 참가하는 관광이며 지적이고 예술적인 체험"이라고 했으며, 예술관광을 순수예술, 전통문화예술, 대중예술로 분류하였다. 순수예술에는 음악 · 미술 · 조각 · 연극 · 오페라 · 무용 · 발레 등이고, 전통문화예술에는 민속음악 · 민속무용 · 민속극 · 민속공예가 있고, 대중예술에는 콘서트 · 쇼 · TV · 무용공연 · 영화 · 엔터테인먼트 등이 있다.

표 6.3 문화예술 구성요소

순수예술	전통문화예술	대중예술	응용예술	종합예술
음악	민속음악	콘서트		
미술	조각	민속무용	무용공연	
연극	오페라	민속극 쇼	TV	영화
무용	발레	민속공예	엔터테인먼트	

자료 : 이경모(2010). SIT : 미래관광의 대안모색, 서울: 대왕사

이무용 · 이유진(2008)은 "예술관광을 시각예술, 예술축제, 공연예술, 문학, 예술이벤트 유형으로 구분했고, 기준을 장소로 구분하여 국내와 국외, 현대와 전통예술, 그리고 가상공간과 현실공간으로 구분"하였다. 김지영(2009)은 "예술관광이란 예술을 상업화하며 지속적으로 관광객의 방문을 유도하는 문화관광산업"이라고 하였다. 장혜원(2013)은 "예술관광을 현장 예술작품인 연극, 클래식, 공연, 발레, 무용, 뮤지컬, 오페라, 문학행사, 예술, 축제 등과 정적예술인 사진, 미디어건축, 회화, 조각, 공공미술 등인 전시 예술작품"으로 포함한다. 장혜원 · 오상훈(2013)은 "예술관광을 미적 가치와 인간의 정신적 가치를 표현하는 예술작품들을 문화적으로 충족시키는 관광"이라고 정의하였다.

Sofield & Li(1998)는 "문화예술관광을 문화 · 역사 · 유적지 · 기념물 · 전통적인 경치 · 예술 · 역사적인 사건의 장소 · 전통적인 축제와 이벤트 등을 구분하였다. 문화예술은 20세기 중반까지만 해도 경제적 능력과 지적인 안목이 있어야 하므로 엘리트 문화로 인식되었고, 상류층들만이 누릴 수 있는 의미가 큰 대상이었다(신은주, 2011). 황교선(2008)은 문화예술을 목적으로 관광하는 것을 문화예술관광이라고 정의하였다. Gratton & Taylor(1992)는 문화예술관광을 하나의 관광 형태보다 문화유산관광과 예술관광Art Tourism을 포괄하는 개념으로 정의하였다.

한국관광공사(1998)는 "문화예술관광을 민속예술관광, 교육여행관광, 문화유적관광, 종족생활체험관광"으로 구분하였다. 「문화예술진흥법」에서 문화예

술은 "문학, 미술(응용미술을 포함), 무용, 영화, 건축, 어문 및 출판, 음악, 국악, 사진을 말한다."로 정의되어 있다. 또한 이옹규 · 김은희(2002)는 "문화예술관광을 콘서트홀, 박물관, 전시관 공연 및 전시, 미술관, 문화예술 이벤트와 축제, 조각공원 등이 포함되어 있는 관광"으로 정의하였다.

따라서 문화예술관광은 문화관광의 한 분야로 미술관, 클래식, 오페라, 콘서트, 무용공연, 박물관, 축제 및 이벤트, 건축, 사진, 역사 · 문화유적지, 문학 등 문화예술이 포함되어 체험 및 경험을 하는 관광 형태를 의미한다고 정의할 수 있다.

표 6.4 문화예술관광의 개념

연구자	개 념
Hall & Zeppel(1990)	실행예술, 시각예술, 예술축제에 의해 참여하고 경험하며 자극을 받는 예술
Gratton & Taylor(1992)	개별적인 관광 형태라기보다는 문화유산 관광과 예술관광을 포괄하는 개념
Sofield & Li(1998)	문화, 역사, 유적지, 기념물, 전통적인 정치, 예술, 역사적인 사건의 장소, 전통적인 축제와 이벤트
한국관광공사(1998)	민속예술관광, 교육여행관광, 문화유적관광, 종족생활체험관광으로 구분하였다. 「문화예술진흥법」에서 문화예술은 문학, 미술(응용미술 포함), 무용, 영화, 건축, 어문 및 출판, 음악, 국악, 사진으로 정의
한성호(2002)	예술의 순수성, 표현성, 창조성, 예술성이라는 특성으로 예술관광을 방문 및 체험하기 위한 관광객의 활동
이옹규 · 김은희(2002)	콘서트홀, 박물관, 전시관 공연 및 전시, 미술관, 문화예술 이벤트와 축제, 조각공원 등이 포함되어 있는 관광
황교선(2008)	문화예술을 목적으로 관광하는 것
이무용 · 이유진(2008)	시각예술, 예술축제, 공연예술, 문학, 예술이벤트 유형으로 구분하고 기준을 장소로 구분하여 국내와 국외, 현대와 전통예술, 그리고 가상공간과 현실공간으로 구분
김지영(2009)	예술을 상업화하며 지속적으로 관광객의 방문을 유도하는 문화관광산업
장혜원(2013)	현장 예술작품인 연극, 클래식, 공연, 발레, 무용, 뮤지컬, 오페라, 문학행사, 예술, 축제 등과 정적예술인 사진, 미디어건축, 회화, 조각, 공공미술 등인 전시 예술작품
장혜원 · 오상훈(2013)	미적 가치와 인간의 정신적 가치를 표현하는 예술작품들을 문화적으로 충족시키는 관광

2. 예술관광의 유사개념

문화관광 및 문화유산관광[2]과 같은 유사개념들이 예술관광과 명확한 구분 없이 사용되고 있다. 이들 개념을 정확히 규정하기는 쉽지 않겠으나 Hughes (2001), Weiler & Hall(1992), 이경모(2005)의 결과를 중심으로 확인해 보면 문화관광, 문화유산관광 등이 상호관련성이 있음을 생각해 볼 수 있다.

Frochot & Hughes(2000)는 문화관광을 광의와 협의로 구분하여 정의하고, 협의로 크게 문화유산관광Heritage Tourism과 문화예술관광Arts Tourism으로 구분하였다. Hughes의 개념 구분에 따른 문화관광과 예술관광의 범주는 그림 6.1과 같다. 또한 Hughes는 문화관광 분야에서 위락적 요소를 내포하고 있으며, 현

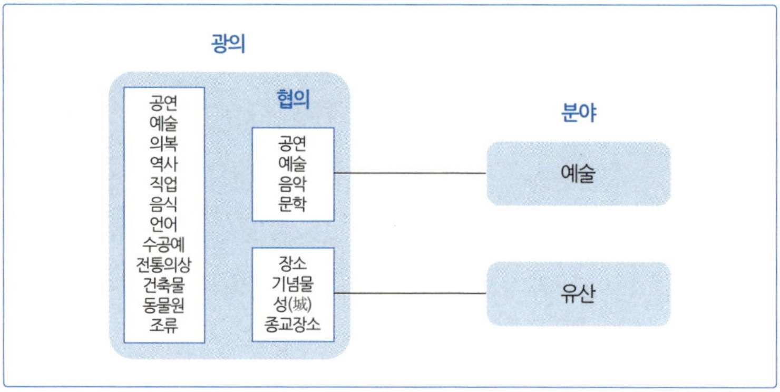

자료 : Hughes(2001). Arts, Entertainment and Tourism, Taylor & Francis

그림 6.1 Hughes의 문화관광 분류

2 유네스코 세계유산(UNESCO World Heritage Site)은 유네스코에서 인류의 소중한 문화 및 자연유산을 보호하기 위해 지정한 것이다. 1972년 11월 제17차 정기총회에서 채택된 "세계문화 및 자연유산 보호협약"에 따라 정해졌다. 세계유산 목록은 세계유산위원회가 전담하고 있다. 세계유산은 역사적으로 중요한 가치를 가지는 문화유산과 지구의 역사를 잘 나타내고 있는 자연유산, 그리고 이들의 성격을 합한 복합유산으로 구분된다. 문화유산의 경우, 한국은 1995년 석굴암 · 불국사, 해인사 장경판전, 종묘가 처음 세계문화유산에 등재된 이래로, 창덕궁 · 수원 화성(1997년), 경주역사유적지구 · 고창 · 화순 · 강화 고인돌 유적(2000년), 제주 화산섬과 용암동굴(2007년), 조선왕릉(2009년), 하회 · 양동 역사마을(2010년), 남한산성(2014년) 등을 잇따라 등재시킨 바 있고, 한국의 산사(경남 양산 통도사, 경북 영주 부석사, 충북 보은 법주사, 전남 해남 대흥사, 경북 안동 봉정사, 충남 공주 마곡사, 전남 순천 선암사), 백제역사유적지구까지 포함하여 세계유산 13건을 갖게 되었다.

대문화의 중요한 부분으로 부각되고 있는 엔터테인먼트가 문화관광에 포함되어야 한다. 최근 K-Pop과 여러 한국드라마가 국내를 넘어 해외에서도 인기가 좋아 한국으로의 방문을 위한 기폭제가 되고 있는 것이 그 이유다.

Weiler & Hall(1992)은 문화관광을 문화예술과 문화유산 및 축제 · 이벤트로 크게 분류하고, 각각의 관광활동 대상물을 기준으로 세분하여 분류하고 있다. 이들의 분류 방법은 좀 더 다양한 분야의 문화적 색채가 짙은 문화관광 대상물을 포함하고 있지 못하다는 한계가 있다.

03 예술관광의 구성요소와 유형

예술과 관광이 상호보완적인 관계에 있다는 것은 분명하다. 예술은 관광을 유치하고, 관광은 예술에 청중을 공급해 준다. 예술관광객은 상점, 음식점, 호텔 등에서 많은 돈을 소비한다(이흥재, 2002). 예술관광의 구성요소에 대해서는 이경모(2005)의 연구를 들 수 있다. 그는 예술관광의 구성요소를 그 대상을 중심으로 크게 '전통민속예술'과 '대중예술' 및 '순수예술' 세 가지로 구분하고 있다.

첫째, 전통민속예술관광은 지역 또는 국가의 향토적 예술의 총체인 미술, 음악, 무용, 공예 등을 대상으로 하고 있고, 우리나라의 경우 양주 별산대놀이, 동래 학춤, 남도지역의 판소리, 이천 도자기 등 매우 다양한 분야에 걸쳐 있다. 안동 국제탈춤페스티벌과 같은 축제도 민속무용 공연을 대상으로 하여 관광객 유치에 초점을 맞춘 것이라고 볼 수 있다. 전통문화예술은 지역의 토속적인 문화를 담고 있는 전통음악, 전통미술, 전통공예 등이 포함되어 관광객이 방문지역의 문화와 역사 및 전통을 배울 수 있는 기회를 제공한다.

둘째, 대중예술관광은 엔터테인먼트의 성격이 가미되어 대중이 보다 쉽게 접근할 수 있는 대중예술을 대상으로 하는 관광으로, 형태로 재즈, 블루스 공연, 콘서트, 타악기 공연, 뮤지컬 등은 물론 영화와 TV드라마 등이 속한다. Hughes(2001)은 예술관광에서 대중예술인 엔터테인먼트가 제외되는 경향이 있음을 지적하면서, 엔터테인먼트와 예술의 연계성을 언급하고 있다. 이는 관광의 위락적 성향을 고려할 때 무거운 분위기의 순수예술보다 오락적 성향을 가진 대중예술이 보다 쉽게 다가갈 수 있는 형태의 활동이며, 예술 본래의 성향을 유지하며 상업화한 엔터테인먼트가 예술관광에서 중요한 부분을 차지한다는 의미로 해석될 수 있다. 대중예술은 순수예술보다 가볍고 오락적이며 이해하는 데 있어 어려움이 적다. 일부에서는 대중예술을 순수예술보다 가치가 낮고 저급한 하위문화라고 거부하기도 하지만, 순수예술보다 낮은 문턱으로 대중이 공감하고 즐기는 대중예술은 엔터테인먼트적 요소가 가미된 것으로, 이윤 목적의 기업체에 의해 제공되며 TV, 라디오, CD, 네트워크 플레이어 등을 통해 제공되고 판매된다.

셋째, 순수예술관광은 클래식음악회, 오페라, 순수예술과 조형물, 발레 등을 대상으로 하는 관광이다. 이는 전문적으로 순수예술을 수용하고 있는 극장, 공연장, 화랑, 미술관 등을 통해 관광객에게 전달된다. 순수예술은 전통민속예술이나 대중예술보다 고급 수준의 이미지를 지니고 있기 때문에 위락적 성향이 강한 관광활동과는 별개로 여겨질 수도 있으나, 고급문화에 심취한 세분시장의 욕구도 존재하고 있어 오페라, 발레 및 클래식콘서트와 같은 공연은 물론 회화, 조각 등의 미술관을 찾는 관광수요의 활동대상이 되고 있다.

예술과 엔터테인먼트는 상반된 이미지를 가지고 있다. 예술에 대한 일반적인 표현은 '고상한', '우아한', '교육적인', '진지한', '중대한', '창조적인', '계몽적인', '감정적인' 등의 용어로 표현되는 반면, 엔터테인먼트는 '즐거운', '유쾌한', '제멋대로의', '기쁨 · 쾌감', '흥미진진한', '오락 · 놀이' 등으로 표현된다.

따라서 대중예술과 엔터테인먼트의 이미지들이 위락 추구의 대량 관광과 이미지가 유사한 반면, 탐구와 지적 욕구 추구의 특징을 지닌 순수예술의 이미지는 특별 관심 관광의 추구 성향과 유사함을 알 수 있다. 또한 예술관광 유형으로서는 주제가 점점 더 전문화 · 다양화되고 있음을 알 수 있다. 국내에서는 이러한 새로운 현실에 발맞추어 다양한 예술관광 전문여행사가 등장하는 것을 알 수 있다.

04 예술관광으로서 엔터테인먼트 한류관광

한국방문은 외국인이 월평균 100만명에 육박하고 있다. 2000년 외래관광객 500만명을 넘긴 이후 국내 · 외 영향으로 인한 하락을 감안하면 비약적으로 증가한 것이다. 우리의 노력과 상관없는 해외의 요인에 기인한 것이지만, 우리의 노력에 의한 관광매력도의 향상으로 해외여행객이 증가한 측면도 있다. 바로 K-pop을 중심으로 한 한류관광이다. 한류는 동남아, 일본 등에서 시작하여, 지

그림 6.2 서귀포 문화예술관광

금은 유럽, 중앙아시아 등을 뛰어넘어 미국, 유럽 등으로 확산되고 있다.

K-pop에 대한 해외의 관심과 열기는 국내에서 상상하는 것 이상이다. 세계 최대의 동영상사이트인 유튜브는 K-pop을 별도의 장르로 분류하고 K-pop 가수들의 뮤직비디오와 각종 동영상을 서비스하고 있는데, 2011년에 K-pop 동영상을 클릭한 횟수는 무려 22억 8천만여 건으로 2010년에 비해 3배 가까이 증가했다.

또한 외국인들의 한국방문 목적은 매우 다양하다. K-pop 스타들의 공연을 관람하거나, 각종 행사에 참가하고자 방문하는 사람들이 있는 한편, 일부는 K-pop 스타의 대열에 동참하고자 연습생 신분을 기꺼이 감수할 각오로 기획사의 문을 두드리기도 한다. 뿐만 아니라 K-pop 스타들의 외모와 스타일을 따라하기 위한 화장품과 패션 아이템 쇼핑을 위해, 더 나아가 피부미용이나 성형 같은 의료관광의 목적으로 한국을 찾는 외국인의 숫자도 크게 늘어나고 있다.

그림 6.3 2014년 인천 한류관광 콘서트

다양한 목적의 한류관광을 분류하면 크게 3가지로 나눌 수 있다.

첫째, 한류콘텐츠를 직접 한국에서 감상하기 위한 직접적 한류관광이다. 예를 들어, 현지에서 K-pop 공연을 유튜브 등으로 보다가, 직접 감상하기 위해 한국을 방문하는 경우이다. 공급자와 수요자가 직접 대면을 통해 서비스가 이루어지는 공연, 콘서트와 같은 경우가 여기에 해당된다. 이들은 한국의 공연단체가 현지에 가서 공연할 때까지 기다리지 않고 방문하여 한국에 대해 체험하면서 공연을 보는 적극적인 소비자들이라 할 수 있다.

둘째, 드라마, 영화 등의 촬영장소를 방문하는 촬영지 관광이다. 촬영지 관광은 직접 한류콘텐츠나 스타를 만나는 것이 아니기 때문에 간접적인 한류관광이라 할 수 있다. 이런 관광은 영화, 드라마, 음악 내용 속에 있는 장소나 이와 연관된 스토리를 통해 방문객을 끌어들이는 관광이라 할 수 있다. 이는 제작사나 지자체에서 영화, 드라마와 연계하여 세트장, 촬영지 등을 관광 상품화한 결과이다.

셋째, 소비자들이 한류와 연관된 상품 구매를 하는 파생적 한류관광이다. 한류를 통해 한국 상품에 대한 이미지가 높아져 일반 상품을 구매하거나 성형, 음식, 유학, 화장품, 쇼핑 등 한류 콘텐츠와 연관된 상품을 구매하기 위한 것이다. 파생적 한류관광은 한류스타처럼 멋있는 외모를 가꾸기 위한 성형 및 화장품 관광, 대장금 등의 영향으로 한국음식을 맛보기 위한 한식관광, 한류에 의해 영향을 받은 학생들의 한국유학 등처럼 다양하다.

한류관광은 생태관광이나 자연관광과는 달리 문화관광이나 새로운 융합관광의 특징을 가진다. 또한 한류의 특성에 따라 한류관광 자체도 다양한 특징을 보인다.

첫째, 소비자가 양분되어 있다는 점이다. 예를 들면, 한류 소비층들이 크게 젊은층과 중년층으로 나누어져 있는 것과 맥을 같이한다. K-pop을 중심으로 하는 젊은 소비층들은 한국을 방문하여 공연을 보거나 의료관광, 뷰티관광 등과 같은 행동을 하거나, 중년층들은 주로 드라마나 영화를 좋아하는 매니아 층으로 촬영지 관광과 같은 장소의 방문을 통해 한류의 감정을 느끼고자 하는 관광행동을 한다. 2002년과 2003년에 제작된 〈대장금〉과 〈겨울연가〉는 한류를 대표하는 드라마로 여전히 인기가 있다. 그 후 중 · 장년층의 소비자들이 한국을 방문하는 관광객의 주류를 형성했지만, 현재 K-pop으로 한류를 형성하는 소재와 대상이 바뀌면서 관광객의 대상도 청 · 장년층 이하 계층의 관광객이 증가를 보이고 있다.

둘째, 반복관광이 가능하다는 점이다. 한류는 끊임없이 변화한다. 이러한 변화에 맞추어 관광객들도 변화될 뿐만 아니라 관광소구점도 달라진다. 따라서 한 번 방문했던 사람들도 유행이 변화하고 한류가 변화하면 또 다른 감정을 가지고 변화된 스토리를 찾아 한국을 방문할 것이다. 즉 한류관광은 유행이나 트렌드와 밀접한 관련성이 있어, 1회 방문 이후 유행이 바뀌고 한류가 변화하면 반복 방문할 수 있다는 점이다. 생태관광지나 자연관광지는 한 번 방문으로 관광 수요가 충족될 수 있으나, 한류관광은 한국에 와서 변화하는 문화를 즐기고 유행을 추구하기 때문에 반복관광을 한다. 특히 관광지에 한류콘텐츠와 관련된 이야기가 있다면, 관광객의 감정이입을 끌 수 있으며 스토리텔링을 통해 반복관광을 유도할 수 있다.

셋째, 서울 중심으로 집중되어 있다는 점이다. 문화콘텐츠는 대도시형 산업이다. 미국의 헐리웃과 뉴욕처럼 대도시의 유행을 반영하고, 우수인력을 활용하며 구매력이 있는 소비시장이 존재하기 때문에 대도시를 중심으로 산업이 형성되고 집적화되어 있다. 한류관광의 경우 인천공항에서의 접근성, 교통, 숙박 등 편리한 기반시설이 있고, 편리한 쇼핑 환경, 다양한 문화적 체험이 가능하기 때문에 한국을 찾는 관광객들 대부분이 서울방문과 체류를 선호한다. 게다가 한류관광객들은 서울과의 접근성을 고려하여 서울 시내나 근거리의 한류콘텐츠 촬영지를 선호한다. 양주의 〈대장금〉 테마파크, 〈겨울연가〉의 남이섬과 춘천 모두가 서울에서 근거리에 위치하고 있다. 또한 가수, 배우들의 주거지나 콘텐츠제작사 등 한류콘텐츠의 창작기반 대부분이 서울에 위치하고 있어 한류관광이 서울에 집중되어 있다.

넷째, 한류관광은 한류관광만이 아니라 다양한 관광 목적으로 한국을 방문한다. 한류를 위해 방문했지만, 한국의 다른 관광지를 방문하는 등의 복합적인 관광스타일이 많다는 것이다. 한류만을 위해 한국을 방문하는 관광객은 그다지 많지 않고 다른 목적을 동시에 충족시키기 위한 관광이 많다는 것이다. 예를 들어, 〈대장금〉 촬영지를 방문하는 관광객들은 서울의 고궁, 남대문 등 역사관광이나 자연관광도 동시에 한다(고정민, 2012).

K-pop으로 유발된 한국에 대한 관심과 긍정적 이미지를 이어나가기 위해서는 한류가 지속되어야 한다는 전제를 깔고 있다. 한류가 일시적으로 끝난다면 한류관광은 더 이상 유효하지 않을 것이다. 이러한 전제가 충족된다고 해도 한류관광을 위해 개선되어야 한다.

사례연구

눈 높고 취향 독특한 한국인들, '반갑다 아트투어'

왕복 비행기와 숙식을 묶어서 저렴하게 현지관광을 즐길 수 있는 패키지여행의 인기가 높지만, 소비자들의 불만도 적지 않다. 〈중략〉 최근 여행사와 공연기획사들이 음악, 미술, 건축 등 예술장르를 테마로 한 여행 프로그램을 경쟁적으로 내놓고 있다. 이를테면 예술과 여행을 함께 즐기는 복합 여행상품에 눈을 돌리는 것이다.

미술 전문여행사 유 엔지 투어는 김달진 미술연구소와 손잡고 유럽의 주요 미술행사와 박물관을 12일에 걸쳐 관람하는 '아트투어 프로젝트' 관광객을 모집하고 있다. 올해는 10년 주기의 독일 뮌스터 조각 프로젝트, 5년마다 열리는 독일 카셀 도큐멘터, 2년마다 열리는 베니스 비엔날레 등 미술계의 거대행사가 집중되어 있다. 이 때문에 오는 6월 말부터 시작되는 행사기간을 두 달여 앞두고 교수진과 전공학생들, 미술애호가 등 예약을 신청한 인원만 300여 명에 이른다. 공연기획사 크레디아는 빈 국립오페라극장의 오페라 '안드레아 셰니에', 피아니스트 백건우의 체코 프라하 리사이틀과 샌프란시스코 심포니의 연주회 등 현지 음악회 3편과 빈 프라하 관광을 묶어서 '프라하의 봄 문화여행'을 출시했다. 예년에는 클래식과 미술 관람이 주축이었다면, 건축과 재즈 등 여행 테마도 갈수록 전문화되고 있다.

건축여행 전문사인 아키투어는 회사 이름 앞에 아예 '여행 디자이너'라는 말을 붙인다. 현지 가이드 대신 반드시 코디네이터라고 부른다. 일본 도쿄, 중국 베이징, 하와이, 싱가포르 등 현지 건축물 답사를 통해 견문을 넓히는 것이 여행의 목적이기 때문이다. 여행사 프리비아는 지난달 인도네시아 자카르타에서 열린 세계적 재즈 페스티벌인 자바 재즈 페스티벌 단체관람객을 모집하면서, 한국 재즈의 발전 방향에 대해 토론하는 시간을 잡기도 했다. 문화여행이 바람을 타면서 『스위스 예술기행』(시공사), 『유럽 음악축제 순례기』(한길아트), 『도쿄 로망 산뽀』(디자인하우스) 등 관련서적도 인기를 얻고 있다. 조각가이기도 한 유앤지 투어의 유봉렬 대표는 "예전처럼 미술관이나 박물관 관람을 전체 여행 일정에 몇 차례 집어넣는 정도로는 관광객들의 눈높이를 도저히 맞출 수 없다. 소비자들은 세계각지에서 벌어지고 있는 문화트렌드를 실시간으로 접하기를 원한다."고 적고 있다.

【출처】 조선일보, 2007년 4월 6일자 기사

CHAPTER 07

도시관광

Understanding of

Culture Tourism

01 도시관광의 개념과 특성

1. 도시관광의 개념

도시관광은 도시의 제반시스템을 기반으로 일어나는 가장 상업적인 활동 중 하나로서 그 가치를 인정받지만, 세계적으로 1970년대까지도 대부분의 도시에서는 관광목적지로서 크게 우선순위를 두지 못하였다(Ashworth, 1989). 도시 이미지나 장소마케팅, 도시마케팅에 대한 연구는 실질적으로 1960년대부터 시작되었지만, 관광목적지로서의 접근이 이루어지기 시작한 것은 1980년대 이후라고 할 수 있다.

도시관광Urban Tourism은 도시환경 속에서 도시 자체를 관광목적지로 하여 행해지는 일련의 활동을 의미한다. Murphy(1985)는 도시관광을 "도시적 환경 속에서 발생하는 관광으로서 관광도시보다는 광의적 개념으로, 농촌관광과 대비되는 개념"으로 정의하였다. Law(1993)는 도시관광을 "독특한 환경과 관련이 있는 것으로 보고, 도시가 관광목적지로서 선택받는 이유가 도시에서 방문객을 흡인할 수 있는 다양한 활동이 가능하기 때문"이라고 하였다. 도시관광객들은 부차적인 목적을 가지고 도시를 방문하지만, 관광의 목적도 포함되어 있으며 이를 위해 관광을 위한 매력적인 요인들을 포함하여 최종 목적지로 선택한다.

이장춘(1996)은 도시관광을 "도시관광객과 도시의 관광 대상, 관광기업, 관련정부, 도시 주민과의 상호작용과 현상의 총체"라고 정의했고, 김정옥(1997)은 "관광객, 관광자원, 관광기업, 도시주민 등이 도시라는 공간 내에서 상호작용하는 가운데 이루어지는 총체적 현상"이라고 정의하였다. 오상훈(1998)은 도시관광의 요인을 구체화하여 "도시환경 속에서 관광객 · 관광 대상 · 기업과 정부도시민 사이의 상호작용의 결과로 발생하는 관계와 현상의 총체"로 정의하였다.

김향자 · 유지윤(2000)은 도시관광을 "도시민 혹은 도시 외부인에 의해서 도시의 각종 매력물, 편의시설과 도시의 이미지를 관광 대상으로 하여 도시 내에서 발생하는 관광 현상"으로 정의하였다. 박용민(2006)은 선행연구를 바탕으로 도시관광의 관광 대상을 도시환경 속의 각종 매력물과 편의시설 · 도시이미지로, 관광기업을 도시관광객의 경험을 충족시켜주는 도시관광 상품과 서비스로, 도시에서 관광 관련 정책을 수립하고 행정을 운용하는 도시정부로 구체화하였다. 좀 더 포괄적인 개념으로 예명숙(2006)은 도시관광을 "도시민과 외래 관광객에 의해 각종 매력물과 편의시설 및 도시의 이미지를 관광 대상으로 하여 도시 내에서 발생하는 경제적 효용과 관광적 기능의 총체적 관광현상"이라고 정의하였다.

관광의 주체라고 할 수 있는 도시방문객의 입장에서 도시관광을 정의하면,

표 7.1 도시관광의 개념

연구자	개 념
Murphy(1985)	도시 환경 속에서 발생하는 관광으로 관광도시보다 광의적 개념
Law(1993)	독특한 도시적 환경과 관련이 있는 것으로 관광목적지로서 관광을 위한 매력을 포함하고 있는 도시
김일용(1983)	도시 방문객의 입장에서 도시를 경험하고 지식화 혹은 정보화하는 행위
표성수(1992)	관광 동기를 만족하고자 스스로 선택하고 경험하는 여가활동의 총체
이장춘(1996)	도시관광객과 도시관광 대상, 관광기업, 관련정부, 도시주민과의 상호작용과 현상의 총체
김정옥(1997)	관광객, 관광자원, 관광기업, 도시주민 등이 도시라는 공간 내에서 상호작용하는 가운데 이루어지는 총체적 현상
문화체육관광부(1997)	도시주민 혹은 외부인에 의해서 해당도시의 형태와 기능, 현상 및 기존도시 이미지를 관광 대상으로 하여 발생하게 되는 각종 관광 여가활동
오상훈(1998)	도시 환경 속에서 관광객, 관광 대상, 관광기업과 정부, 도시민 사이의 상호작용의 결과로 발생하는 관계와 현상의 총체
김향자 · 유지윤(2000)	도시민 혹은 도시 외부인에 의해서 도시의 각종 매력물, 편의시설과 도시의 이미지를 관광 대상으로 하여 도시 내에서 발생하는 관광 현상
예명숙(2006)	도시 자체가 가지고 있는 총체적 매력, 자연 및 인문자원, 시설, 서비스

자료 : 예명숙(2006). 도시관광지 이미지 포지셔닝 연구 : 부산지역 주요관광지를 중심으로. 동아대학교대학원 박사학위논문

김일용(1983)은 "도시라는 공간 및 도시가 가진 풍물을 모든 감각기관으로 확인하여, 도시가 나타내는 성질과 지역, 장소의 지각적 성질을 실제 경험하고 지식화 혹은 정보화하는 행위"라고 정의했고, 표성수(1993)는 "관광객이 도시 지역에 있는 관광 상품을 통하여 관광동기를 만족하고자 스스로 선택하여 보고 · 듣고 · 느끼고 · 경험하는 등의 여가활동의 총체"라고 정의하였다.

2. 도시관광의 기능 및 역할

도시의 관광적 기능은 크게 다섯 가지로 구분할 수 있다.

첫째, 관광객들이 관광목적지로 가는 경유지로서의 교통 및 관광정보 제공지

둘째, 관광목적지의 배후지로서의 숙박지

셋째, 도시 내 관광 대상물에 의한 위락지

넷째, 도시민이 살고 있는 삶의 현장으로 생활풍습을 보여주는 곳

다섯째, 각종 이벤트의 개최지

도시관광 진흥을 통한 기대효과는 경제적 소득과 고용창출, 문화유산의 보전 및 재창출, 기반시설의 확충 및 정비, 도시 재개발 및 활력 부여, 전통적 산업구조에서 서비스산업 중심의 경제구조로 이행하는데 중요한 역할을 수행한다. 도시관광의 기능 중 도시의 재정비 및 활력제고 측면은 세계적으로 제조업 중심의 산업구조에서 서비스 중심의 산업구조로 이전하는데 기여하고, 산업화로 인한 도시문제를 해결하는 중요한 수단으로 활용되고 있다(김향자 · 유지윤, 2000).

산업혁명의 중심이었던 유럽의 도시들이 제조업의 쇠퇴로 인한 도시문제를 도시구조 자체를 산업 중심에서 서비스 중심으로 재개발하고, 부가가치가 높은 관광산업을 접목시켜 도시관광을 성장산업으로 채택한 사례를 찾아볼 수 있다. 도시관광의 효용은 정치적 측면에서는 도시의 민주화와 국제화를 들 수

있고, 경제적 측면에서는 기업 활동의 자극, 도시의 경제 활성화 등을 들 수 있다(예명숙, 2006; Edwards et al, 2008).

도시관광으로 인해 발생하는 경제적인 보상과 고용창출, 시장경제 및 도시 경제의 활성화 등은 도시발전에 매우 중요한 역할을 하며, 도시 내의 전반적인 편의시설의 확충으로 인한 도시민의 삶의 질 향상에 기여한다.

대도시의 경우, 이미 관광중심지로서의 역할을 담당하고 있다. 그러나 관광산업이 도시경제에서 좀 더 큰 역할을 하기 위해서는 규모면에서 실질적으로 많은 관광객을 유치하고자 노력하고 관광부문의 고용증대를 통한 도시경제 활성화를 꾀해야 한다.

표 7.2 도시관광의 기능

경제적 기능	관광 기능
• 소득향상과 고용창출을 통한 경제 활성화	• 관광목적지로 가는 경유지로서 교통 및 관정보 제공지
• 문화유산의 보전 및 재창조	• 관광목적지의 배후지로서의 숙박지
• 기반시설의 확충 및 재정비	• 관광 대상물들에 의한 위락지
• 도시의 재개발을 통한 활력 부여	• 도시민의 생활풍습 및 이벤트(개최지)

자료 : 예명숙(2006). 도시관광지 이미지 포지셔닝 연구 : 부산지역 주요관광지를 중심으로. 동아대학교대학원 박사학위논문

도시관광을 촉발하는 흡인력의 관점에서 Burtler(1980)는 도시관광을 5단계로 구분하였다.

첫째, 도시 자체가 가진 하나의 이미지를 통한 흡인력을 첫 번째로 하여 다시 국제적인 인식과 같이 전 세계로부터 사람을 흡인하는 요소와 피라미드, 고궁 등과 같이 제한되거나 특별한 흡인요소로 세분화

둘째, 국가적인 인식으로 국가이미지를 통해 형성되는 도시 흡인요소

셋째, 전문적 흡인요소를 가진 국가에 대한 인식

넷째, 지역의 흡인요소

다섯째, 지방의 흡인요소

Berg, Borg & Meer(1995)는 도시관광의 요소를 관광 상품요소와 도시관광 요소로 구분하여 관광 상품에 대한 내부적 접근성과 도시 자체의 외부적 접근성이 도시관광의 매력성을 결정짓는 중요한 요소라고 보았다.

도시관광의 요소를 공급적 측면과 수요적 측면에서 살펴보면, 공급적 측면은 도시가 관광객을 위해 공급해야 하는 시설과 서비스, 관광자원에 초점이 맞춰져 있고, 수요적 측면은 관광객이 도시에서 어떤 관광활동을 원하는가에 초점이 맞춰져 있다(이영주, 2005).

공급적 측면에서 도시관광의 요소는 Verbeke(1986)의 연구를 통해 알아볼 수 있는데, Verbeke는 도시환경 자체를 '여가상품'으로 보면서 도시 내의 관광요소를 1차적이거나 2차적, 조건적 요소로 구분하였다. 1차적 요소는 다시 도시 내의 각종 문화시설과 엔터테인먼트 시설, 축제와 이벤트 등과 같은 관광활동이 이루어지는 활동적 장소와 도시 공원, 기념물, 상징물 등과 같은 물리적 구조물과 사회·문화적 특성으로 이루어진 여가적 구조물로 구성된다. 2차적 요소는 도시관광을 수행하는데 필요로 하는 편의시설과 기반시설이 포함되고, 조건적 요소는 도시관광을 위한 접근성, 주차시설, 관광 관련 각종 인프라가 포함된다. 특이한 점은 조건적 요소에 포함할 법한 편의시설과 기반시설을 2차적 요소로 구분하면서 레스토랑, 카페 등과 같은 식음료서비스를 제공하는 시설물을 도시관광을 위한 하나의 개별적인 매력물로 보았다. 예를 들어, 이탈리아 광장의 노점상들은 이미 관광명소로 자리하고 있고, 파리의 노천카페들은 '파리'라는 도시의 자유스러운 이미지를 상징하는 하나의 상징물이 되었다

수요적 측면에서 도시관광은 4개 영역으로 구분할 수 있다(이영주, 2005). 특별하고 흥미로운 것으로서 도시 내에서 이루어지는 관광활동에 대한 다양한 경험을 제공하는 것이다. 오락적 요소로서 쇼핑, 축제와 이벤트 등이 포함되며, 음식과 숙박시설로서 도시의 특성과 역사성을 반영하거나 특별한 음식을 제공하는 것 등이 포함된다. 마지막으로, 문화적 흡인요소와 관광 대상으로서 매력요소로 지역의 역사, 전통, 시대적 건축물, 박물관 등을 포함하는 것이다.

그림 7.1 서울 시티투어

도시관광의 주체로 볼 때, 도시관광의 요소를 도시관광객, 도시관광 대상, 관광기업, 관련정부와 지역주민으로 구분할 수 있다. 이러한 선행연구를 바탕으로 도시관광을 구성하는 요소는 다음 표 7.3과 같다. 도시를 이용하는 모든 이용객인 도시관광객, 도시 자체가 가지는 모든 관광 매력물, 도시관광 진흥의 주체가 되는 행정기관, 도시환경 속에서 관광매력물을 운영하는 민간 관광기업, 도시관광의 잠재 이용객이 됨과 동시에 도시가 가지는 관광 매력물이 될 수 있는 지역주민이다.

표 7.3 도시관광의 요소

대 상	내 용
도시관광객	순수 또는 겸 목적 관광객으로 도시 외부의 방문객 및 도시 내의 모든 이용객을 포함
도시관광 대상	도시 자체가 지니고 있는 총체적 매력으로 도시관광객을 유인할 수 있는 모든 요소
관련 정부	도시관광 진흥의 주체로서 해당도시의 행정기관
관광기업	도시 환경에서 대부분의 관광 매력물을 직접 경영하는 민간기업
지역주민	해당도시의 거주민으로서 도시관광의 이용객으로서의 잠재력이 있고, 다른 한편으로는 도시관광의 매력물로써 외지방문객이 느끼는 대상도시의 친절도, 호감 등의 이미지를 창출하는 대상이 되기도 한다.

3. 도시관광의 필요성 및 파급효과

도시는 삶의 필요적 기능에 의해 만들어진 물리적 실체이기도 하지만, 오랜 역사와 문화로 이루어진 공간으로 도시만의 특별한 정체성을 가진다(윤양수, 2008). 또한 많은 인구가 집중하여 다양한 문화적 · 경제적 · 사회적 활동의 중심이 되는 곳으로서 재화와 서비스의 생산 및 소비가 이루어지는 공간이다. 따라서 도시는 관광의 대상으로 활용이 가능하며 관광기반을 갖추고 있는 최상의 관광지라 할 수 있다. 도시는 국가 및 지역의 관문으로서 역할을 할 뿐만 아니라 그 자체가 훌륭한 관광 대상으로, 관광활동이 일어나는 주요공간이고 단위이며 대부분의 관광객이 머무는 거점 역할을 하고 있어 관광의 파급효과가 상당히 크다.

도시관광에 주목해야 하는 또 다른 이유는, 전통적인 관광목적지에 비해 계절성이 낮고, 자연경관 위주의 관광지에서는 제공이 어려운 역사적 건축물이나 인공으로 조성된 도시공간 및 가로경관, 수변공간 등 다양한 관광매력물을 보유하고 있다. 포스코나 현대중공업, 현대자동차 등과 같은 산업시설을 효과적인 관광자원으로 활용할 수 있다는 점에서 개발의 필요성이 높게 평가될 수 있다.

도시관광은 도시마케팅의 가장 강력한 수단의 하나이며, 다국적 관광기업의 입지는 도시 세계화의 촉매로 작용한다. 또한 도시관광의 파급효과는 나아가 국가이미지의 개선에도 기여한다. 외부 방문객을 흡인할 수 있는 도시 자체의 매력도를 증가시키고 이를 통해 도시 전반의 경제적 순환구조를 가지게 한다.

표 7.4 도시관광의 관점

구 분	내 용	장 소
경제적	새로운 경제기반을 제공하며, 기존의 타 산업과 연계하여 도시경제의 시너지효과를 제공	폐광지역을 관광으로 재개발한 강원랜드
공간적	도시의 물리적 환경을 변화시켜 도시를 보다 독특하고 흥미 있는 장소로 재구성	메가이벤트 개최로 인한 도시공간 재구성
상징적	다양한 명소와 도시 특유의 이미지가 복합적으로 작용하여 상징화	서울의 인사동

02 근대 문화유산 관광

1. 근대시기의 개념

근대近代, Modernity라는 용어는 역사상 시대구분의 하나로 현대現代와 가까운 시대를 의미한다. 동 · 서양을 막론하고 인간과 사회에 전례 없는 여러 특징을 다양하게 드러내기 시작한 역사적 단계인 만큼 정치 · 경제 · 사회 · 문화적 측면에서 함께 규정되어야 한다. 따라서 인간존재의 부단한 자기혁신의 과정이라는 역사적 시점에서 볼 때, 근대는 시민계급이 합리주의와 보편성의 원리인 인간의 존엄, 자유, 평등, 우애에 입각하여 그들을 속박했던 구제도를 무너뜨리고 인간해방의 큰 한 걸음을 성취한 시기라고 정의되고 있다(정태용, 1994).

미셸푸코Miche Foucault는 자신이 속해 있는 유럽, 서양의 오늘을 만든 시기로서의 '근대'의 중요성을 강조했다. 푸코는 '말과 사물'에서 이 시기를 대략 1775~1825년으로 제시하면서, 이 기간 동안 산업혁명, 프랑스혁명에서 칸트의 철학, 퀴비에의 생물학, 리카르도의 경제학 등 유럽의 오늘을 이루는 기본적인 사회체제가 구성되었다고 본다(허경, 2010).

근대에 대한 시기 구분은 기존에 선행된 연구에서 연구 분야나 연구자별로 다양하게 정의내리고 있다. 즉 근대기를 형성시키거나 만든 주체와 목적에 따라 다르게 볼 수 있다는 다양한 의견이 제시되고 있어 정확한 시기를 구분하는 것은 어렵다고 볼 수 있다. 이에 대한 견해를 보면, 강동진(1999)은 "근대기와 개화기 이후부터 해방 전 · 후의 시기까지를 근대"로 보고 있다. 권희영(2001)은 "근대는 봉건시대와 상

부산 기상대

반되는 말로서, 근대화를 이념으로 한 역사의 발전단계를 의미하며 문화적인 면에서 근대 서양문화에 대한 수용에서부터 시작한다."는 견해를 보이고 있다. 정민섭 · 박선희(2006)는 "1876년 개항 이후부터 외국문물 도입시점"으로, 류창현(2012)은 "마산항 개항이 이루어진 1899년 이후부터 1969년까지"로 보고 있다.

근대 시기에 대한 다양한 견해 중 서양문물 유입 시기인 1876년 개항 이후부터 본격적인 경제개발이 시작되기 직전인 1960년대까지로 비교적 폭넓게 정의한다.

2. 근대 문화유산의 개념

강원도 임당성당

근대 문화유산에 관한 법적인 정의는 없지만, 통상 우리나라 근대에 형성된 문화유산으로서 우리나라 근대의 역사와 사회상을 반영하고 있는 문화유산을 지칭하는 의미로 사용되고 있다. 다시 말해, 1876년 개항을 전 · 후하여 우리의 고유문화와 외국문화가 접촉하면서 형성된 새로운 유형의 문화유산을 의미하는 것으로 이해되고 있음이 일반적이다(김동식, 2002).

근대 문화유산과 유사한 용어로 근대 역사 환경, 근대화 유산, 근대 유산 등이 쓰이고 있다. 근대 문화유산은 전통 문화유산과 달리 다양하고, 동시에 비교적 최근의 우리 생활과 밀접한 대상들을 다루기 때문에 그 가치에 대해 다양한 견해가 있을 수 있고 용어 자체뿐만 아니라 그 의미가 내포하는 범위 또한 매우 다양하다.

문화재청(2004)은 근대 문화유산의 범주는 전통적 의장 · 기술 · 공법을 전수한 건축물, 근대사회의 여러 단층과 추억을 전해주는 건조물, 기념물, 미술, 역사자료, 생활민속자료, 경관, 공원, 정원, 도시계획 등 매우 다양하게 정의하고 있다. 김정신(2004)은 "근대 문화유산은 근대시기에 조성·형성된 문화유산으로 건축물뿐만 아니라 근대 산업유산, 근대 역사자료, 미술공예품 등과 같은 동산문화재도 포함해야 한다."고 했고, 조명래(2001)는 "근대 문화유산의 인정시기를 최근까지 확대하여 범위를 넓게 보고 보전가치가 있지만 현실의 여러 제약으로 인해 쉽게 보전될 수 없는 건물, 시설, 소장품, 예술작품, 정원, 경관, 생활도구 등의 문화유산을 지칭하는 수준까지 포함해야 한다."고 주장하고 있다. 이렇게 예술작품과 기념물에 한정되었던 과거의 문화유산 개념이 오늘날 현대사회의 발전, 그 가치 및 오구의 과정이 만들어내는 산물로 폭넓게 정의되고 있다(UNESCO, 2001). 이와 같이 대부분 연구자들이 근대 문화유산의 대상을 유형에만 머무는 것이 아니라 무형적인 것까지 확대해야 한다.

근대 문화유산의 개념을 물적(문화재, 건축물, 구조물, 수목, 자연물, 집합경관 등)·비물적(장소적 이미지, 분위기, 전통산업과 문화 활동 등) 대상까지 확대해 제시한다.

이러한 시각에서 근대 문화유산의 특성을 종합하면, 두 가지의 속성이 있다. 첫째, 근대 문화유산은 건축물 등 개별적으로만 존재하는 것이 아니라, 타 유형들과 상호관계 속에서 병존하는 것이 대부분이며, 근대의 기능 외에도 현재의 기능이 동시에 유지되고 있다. 근대 문화유산을 구성하고 있는 요소들이 단일 대상이 아니라 매우 다양하며, 그 다양성의 정도와 관리수준에 따라 해당 근대 문화유산의 질적 가치가 결정됨을 의미한다. 여기에는 건축물 외에 지역환경과 경관의 기반을 제공하는 모든 요소들이 포함된다. 결국 근대 문화유산은 환경 그 자체가 어떤 패턴을 가지고 분포하느냐에 따라 여러 유형으로 나타나며 물적·비물적 요소가 복합적으로 작용하여 하나의 지구를 형성한다.

근대 문화유산은 지역주민의 생활과 생산을 기초로 지역 환경 및 사회조건에 따라 강한 지속성을 가지고 적응해 온 어느 정도 보전 가치가 있는 면으로 형성된 대상이라는 속성을 지니고 있다. 근대 문화유산이 지닌 공간적 영역성을 의미한다. 다양한 요소로 구성된 근대 문화유산은 선이나 면으로 형성되며 근대 건축물을 기준으로 역사적 주거지구, 전통적 분위기의 가로 환경, 역사적 문화재가 있는 일정의 지역 등으로 이해된다. 「문화재보호법」에서 개별 근대 건축물 등을 주요 민속자료, 사적 등의 보호를 위해 지정하는 보호구역과 근대 건축물 외에 다양한 산업시설, 토목구조물, 생활유산 등에 지정되는 등록문화재가 근대 문화유산의 영역에 포함된다. 개화기부터 만들어진 근대 문화유산 가운데 보존과 활용 가치가 큰 유산들을 등록문화재로 분류하여 관리하고 있다. 특히 근대 문화유산의 상당히 많은 부분이 일제 강점기의 유산이다. 근대 문화유산의 보존과 활용문제는 건축, 역사학계의 오랜 과제이며 논의 대상이었다. 이제 세계적으로는 이에 대한 보존가치에 대한 합의가 이루어져 있지만, 우리나라의 경우 일제강점기 유산에 대한 사회적 합의가 이루어져야 하는 과제를 안고 있다. 근대 문화유산이 지닌 이념적인 문제로 이를 보존하는 것에 대해 치욕스런 역사를 대물림한다는 의견이 많다.

인간은 기본적으로 사회 공간적 관계 속에서 자신이 속해 있는 지역사회 구성원들 간 공유된 존재 의미나 의식, 즉 정체성을 가진다(최병두, 2008). 정체성의 어원을 따지면, 연속적이고 동일성이 있다는 것과, 특이하고 차별성이 있다는 두 가지 의미를 지닌다(이진석, 2010). 정체성이 갖는 연속성과 차별성이라는 연장선상에서 도시의 정체성은 다른 도시와 차별화되는 그 도시의 자기다움, 즉 도시 내적 시각에서는 도시의 동일성, 도시 외적 시각에서는 개별성 또는 차별성이라고 정의할 수 있다. 또한 도시 정체성은 도시의 역사, 문화, 사회·경제적 특성 등으로 형성되며, 도시 이미지를 형성하는 중요한 인자가 된다(공민철, 2008).

구 충남도청

도시 정체성은 여러 시대를 거쳐 형성된 역사문화 경관에서 찾아야 하는데, 역사문화 경관은 도시의 역사적 환경과 문화, 그리고 물리적 구성물까지 아우르는 포괄적이고 광범위한 의미를 담고 있다. 따라서 도시 정체성은 역사성과 장소성, 문화와 밀접한 관련을 갖는다. 일반적인 도시공간에서 볼 수 없는 독특함을 의미하는 장소성은 지역의 성격을 규정하는 특성과 연결되고 이들이 모여 도시의 정체성이 된다. 또한 도시 정체성은 물리적 환경 속에서 인간의 행동을 통한 의미부여가 장소의 이미지를 창출하면서 확립되었다(손장원, 2007).

정체성의 의미는 사회구성주의Social Constructivism 측면에서 유동적이며, 하나가 아닌 다수로 존재하며 또 분열된 그것으로 존재할 수 있다고 본다. 또한 시간의 흐름에 따라 역동적으로 변화할 수 있는 주체의 정체성을 상정할 수 있게 될 것이다. 그렇게 이해할 경우, 정체성이라는 것은 현재의 물질적인 제 조건에 의해 규정된다기보다는 공유된 아이디어나 이념의 영향력이 크다는 것, 따라서 사회적으로 공유할 수 있는 신념체계나 상징체계 등의 사회적 · 문화적 이념요소들에 의해서 정체성이 형성될 수 있다(이남희, 2005).

우리 사회에서 도시 정체성을 갖춘 도시 형성이 어려운 이유는 다음과 같다.

첫째, 조급한 사업추진과 경제성 위주의 도시개발
둘째, 새로운 것에 대한 막연한 동경으로 도시가 갖는 역사성의 간과
셋째, 시민참여가 배제된 전문가 중심의 도시개발

도시 정체성에 대한 관심의 증대는 개발과 복원이라는 관점에서 상호 연관되어 있으며, 그 이유는 다음과 같다.

첫째, 오늘날 산업화된 도시사회에서 전통적인 장소에 근거를 두었던 정체성의 상실, 도시재생 및 도시복원과 관련된다.

둘째, 다른 하나는 도시 또는 지역들 간 점점 심화되고 있는 경쟁에서 우위를 차지하기 위한 개발전략과 관련된다.

우리의 역사를 고통스러운 과거가 남긴 흔적을 지워버린다고 해서 그 과거가 사라지는 것은 아니다. 지역의 정체성을 갖추는 일은 역사를 알고 문화를 아는 데서 시작된다고 말한다(홍석준, 2008). 이렇듯 일제강점기 또한 우리의 조상들이 살았던 삶으로 이러한 역사를 통해 우리의 현재와 미래의 삶도 진행되고 있다. 이는 언젠가는 극복되어야 하는 문제로, 우리 조상들의 삶이 내재되어 있는 근대 문화유산 보전의 당위성은 확보되어야 한다.

3. 도시재생

도시재생은 제2차 세계대전 이후 영국과 유럽을 중심으로 산업이 쇠퇴하면서 이에 대응하기 위해 대두된 개념으로, 도시재개발을 포함하는 포괄적인 개념이다(장윤배, 2010). 영국에서는 1960년대부터 중심시가지 인구가 감소하고 상업기능이 쇠퇴하는 등 도심 공동화 현상에 따른 문제가 발생하자, 정부 주도로 물리적 환경개선에 중점을 둔 도시재생 정책을 실시하였다. 그러나 주택, 교육, 사회문제 등 전반적인 문제는 간과한 채 시행된 물리적 환경 개선효과는 지속되지 못하였다.

부산 초량이바구길 모노레일

1980년대 후반부터 지방정부가 주도하여 도시 재생정책을 실시하면서 구도심에 대한 종합적인 재생을 통한 도시 재활성화를 도모하였다. 또한 도시발전을 위한 전략적이고 종합적인 계획 차원에서 민 · 관의 노하우를 적극적으로 활용하는 민 · 관 파트너십을 구축하여 사업을 추진하였다(장미, 2010). 도시재생의 접근방법과 관련하여 1990년대 초반까지는 공간적 · 가시적 · 정량적 · 물리적 · 자산주도형 접근이 많았으나, 그 이후부터는 장소적 · 무형적 · 정성적 · 사회 · 문화 주도형 접근이 늘어나고 있다(전상인, 2010). 대표적으로 Coombes & Wong(1993)은 도시 재생의 잠재력 지표로서 입지나 재정, 기반시설 등과 함께 지역의 어메니티Amenity와 공동체 결속, 장소 이미지와 같은 무형의 요소를 강조하고 있다. 지속가능한 도시재생의 지표를 측정한 Hemphill & McGreal (2004)은 경제, 자원, 건물과 토지이용, 교통과 접근성과 더불어 교육과 문화수준, 공동체의식 등과 같은 정성적 요소를 중요시하고 있다. 우리나라의 도시재생 관련 연구에서도 이 같은 특성이 반영되고 있으며, 김영수 · 변창욱(2006), 이순자(2008)도 도시재생의 잠재 자원으로 역사적 유산, 문화 인프라, 장소성, 시민의식, 민관 파트너십과 같은 사회 · 문화적 측면의 요소들이 중요하다고 하였다.

현재 도시재생이 더욱 강조되는 이유는 세계화의 진전에 따라 공간 환경의 매력과 삶의 질을 높여 도시의 경쟁력을 높이기 위한 목적에서 찾을 수 있다. 우리나라의 경우, 도시화율은 1960년 39.2%에서 2012년 기준 91.12%로 크게 성장하였으며, 현재 국민 열 명 중 아홉 명이 도시에 거주하는 시대를 맞이하고 있다. 하지만 그동안의 급격한 도시화 과정은 주로 시가지 개발과 같은 물리적 환경 개선에 치중하여 삶의 질을 충족시키는 도시화에 상대적으로 소홀해 왔다. 그 결과 '세계에서 가장 살기 좋은 도시' 순위에서 대한민국의 서울은 58위로 높은 도시화율에 비하면 삶의 질은 낮다고 볼 수 있다.

1960년대 이후 우리나라는 산업화 · 도시화와 함께 높은 도시화율을 보이며, 빠른 속도의 산업화가 이루어지면서 한국의 도심개발은 경제성장을 위한 효율적인 도시공간을 조성하는데 초점이 맞추어져 있었다. 1990년대에는 사회가 점차 민주화되면서 도시계획 및 도시개발 과정에서 주민이 참여해야 한다는 목소리가 커졌으며, 이 시기의 도시개발에서의 주민참여는 제한적으로 이루어졌는데, 공청회 · 공람 등과 같은 제도적 참여와 도시개발 및 재개발, 특정시설의 입지를 반대하는 저항적 참여 등의 형태로 나타났다. 2000년대 경제성장의 속도가 안정화되고 도시개발 역시 속도를 조절하게 되면서 새로운 국면을 맞게 되었다. 특히 재개발, 재건축에 집중되어있던 도시 내 개발이 도시재생 정책으로 전화되었다. 살고 싶은 도시 만들기 사업들이 그러한 예로, 물리적 환경 개선에 사회 · 경제적 의미가 반영되어가고 있다. 이러한 도시 패러다임의 전환에 있어서 주민 참여는 필수적인 것이 되었다. 특히 주도적인 주민참여와 정부의 지원이라는 체계가 필요하다. 새로운 도시재생 방식에서 주민참여는 그 중요성이 점점 커지고 있음에도 불구하고, 현실에서의 주민참여는 훨씬 복잡한 틀 속에서 이루어지기 때문에 생각처럼 쉽게 이루어지지 않는다.

예를 들어, 한 지역에서 이해관계자들이 여러 부문으로 나누어지고, 지역주민들이 지역사업에 관심이 없으면 사업추진은 어렵다. 이에 반해, 여러 목소리가 하나의 사업에서 나오게 될 때, 어떤 이해를 우선시할 것인가 역시 도시 재생사업에서 풀기 어려운 과제다. 주민 주도의 도시 재생사업은 이러한 복잡함을 담아내야 하기 때문에, 과거의 도시 재개발보다 더 오랜 시간이 걸리고 성과는 더 더디게 나타날 수 있다. 그럼에도 불구하고 도시 재생에서 주민참여가 보다 적절하게 이루어지기 위해서는 이러한 복잡한 문제를 어떻게 도시 재생에 반영할 수 있는가의 방안을 모색해야 할 필요가 있다.

도시 재생의 관건은 기존의 인적 · 물적 자산을 어떻게 활용하여 매력적인 도시구조로 재편성하고 주민의 삶을 향상시킬 것인가 하는 것이다. 급속히 진행된 도시화 과정에서 도시문제가 발생하면서 지속가능한 도시성장 전략요소로 문화를 중시하게 된다.

도시공원 서울로 7017(청계고가도로 공원화 도시재생)

세계화는 도시의 경쟁력 강화를 위해 20여 년간 지역문화 자원을 도시 재생의 원동력으로 널리 활용되고 있다. 그 이유는 문화가 역사와 함께 경제보다 주민의 자긍심에 더 큰 만족감을 주고, 가치관 형성과 고부가가치 측면에서 보다 유용하기 때문이다. 산업화가 제일 먼저 진행된 영국은 1980년대부터 도시 재생에 문화를 도입하여 오래된 마을이나 제조업이 사양길에 접어들어 문을 닫는 산업단지의 빈 건물, 제조공장들을 문화예술에 활용하여 재개발함으로써 지역경제를 활성화하여 도시를 지속가능한 사회로 만들어가고 있다.

감천 문화마을

도시 재생의 측면에서 보면, 초기재생 전략은 물리적 환경개선 중심으로 진행된다. 물리적 환경의 개선은 그것만으로 성공적인 도시 재생으로 평가받진 못해 도시 재생에서 필수적인 요소이다. 특히 물리적 개선은 쇠퇴한 도시가 개선되었음을 가시적으로 가장 잘 드러내기 때문에, 도시 재생 초기에는 주된 동력이 된다. 하지만 물리적 도시 재생만으로는 지속적인 도시성장을 도모하는데 한계가 있다(윤정란 외, 2012). 이러한 이유로 근래에는 문화적 도시 재생 전략이 새롭게 각광받았다. 문화적 도시 재생은 문화적 콘텐츠를 중심으로 하여 도시를 재생시키는 방식을 말하는데, 비가시적 도시 기능까지 재생시킨다는 점에서 물리적 도시 재생과는 확연히 구분된다. 이 때문에 근래의 도시 재생 사례를 보면, 역사자원 콘텐츠에 기반한 문화적 도시 재생이 사실상 도시 재생 수단의 일반화된 유형이 되고 있다.

생활 전반에 걸쳐 문화적 영향력이 커지면서 도시 재생에서도 문화가 가지는 가치와 역할이 커지고 있다. 문화에 기반한 도시재생은 도시의 개성과 정체성을 가장 잘 부각시킬 수 있는 방법으로, 과거에도 재생 전략이 아니어도 문화도시로의 육성은 중요한 의의를 가졌다. 그러나 과거의 문화도시와 오늘날의 문화도시는 차이를 보인다. 과거 문화도시는 새로운 공간의 창출을 통해 이루어진 반해, 현대의 문화도시는 역사적 문화공간의 복원, 정비에 기반하고 있으며 이러한 문화공간은 도시마케팅과 경제성장을 위한 동력으로서 가치를 지닌다.

현대의 문화적 도시재생 사업의 범위는 역사유적의 복원, 문화공간의 조성 등의 유형적 문화자원의 정비사업에서부터 전통생활 양식, 문화공연 등 무형적 자원을 활용한 축제, 이벤트, 문화행사 등의 창출에 이르기까지 광범위하다.

이 중에서도 문화적 재생의 가장 좋은 방법은 도시의 역사성 복원, 즉 도시 속 역사유적지의 보존이다. 즉 역사문화유적지는 도시 재생의 훌륭한 자원으로 전통건축물과 문화재의 보전 및 주변시설과의 연계활용, 역사적 도시경관 보전, 역사건축물 외관 개선 등이 주로 이루어진다.

최근의 문화적 도시 재생 사례 역시 역사문화자원 콘텐츠를 활용한 경우가 대부분이다. 물론 역사문화자원 콘텐츠의 활용에 있어서도 시대에 따라 약간의 변화가 있다. 즉 문화적 재생사업 초기에는 유형문화자원 중심의 보존형 재생 전략으로 전통문화유적지의 보존이 핵심 사업이 되고 있으며, 최근에는 문화적 재생의 콘텐츠가 '전통문화자원'뿐만 아니라 '근대문화자원'으로 확대되고 있다.

03 융합과 관광

1. 새로운 역사적 시대의 도래

다니엘 핑크Daniel H. Pink(2006)는 21세기가 창조적 능력과 타인의 공감을 이끌어내는 능력이 중시되는 하이콘셉트 · 하이터치의 시대로 진화하고 있다고 주장하였다. 이때 하이콘셉트의 시대란 인류가 축적한 풍요Affluence와 기술발전Technological Progress, 세계화Globalization를 바탕으로 서로 관계가 없어 보이는 아이디어가 결합하는 가운데 새로운 직업과 산업을 창출하는 시대를 의미한다.

다니엘 핑크(2006)는 21세기를 융합의 시대로 바라보는 패러다임 논의의 배경이 되고 있다. 즉 현대사회는 농경시대, 산업시대, 정보화시대를 거쳐 새로운 시대에는 융합과 콘셉트의 시대로 발전하고 있으며, 융합은 국가, 산업, 개인의 삶 전반을 아우르는 현대사회의 중요한 화두로 자리매김하였다는 것이다(지식경제부 · 한국생산기술연구원, 2011).

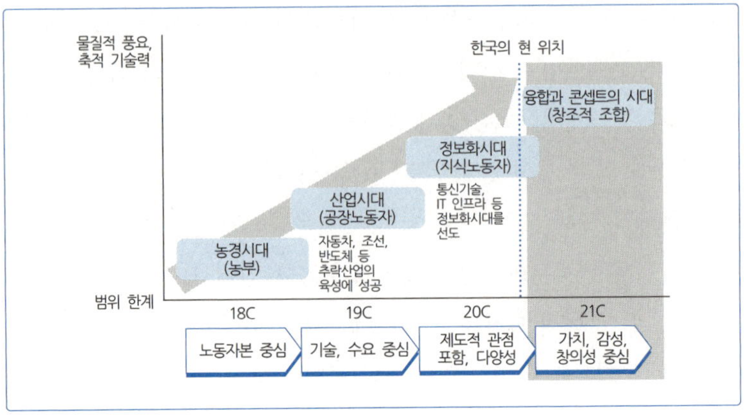

자료 : 지식경제부 · 한국생산기술연구원(2011), 산업융합 100대 사례집

그림 7.2 21세기 융합시대의 도래

융합은 창조성을 극대화하거나 혹은 창조적인 현상과 결과를 새로운 측면으로 조명하는 하나의 전략으로, 융합의 목적은 시너지를 통한 창조성에 있다(신동희, 2011; 박찬욱, 2013). 최근 기업 간 경쟁의 격화, 소비자 니즈 다양화, 기술혁신 등에 따라 산업영역에서 융합이 중요한 이슈로 대두되었으며(지식경제부 · 한국생산기술연구원, 2011), 새로운 부가가치를 창출하는 산업적 전략의 수단 차원에서 융합에 대한 논의가 활발해지고 있다. 이때 산업적 측면에서의 융합은 효율과 성능개선을 목적으로 서로 다른 기술이나 산업과의 융합을 통해 과거에는 존재하지 않았던 새로운 기능과 서비스를 창출하는 현상을 의미한다(문화체육관광부, 2010).

「산업융합촉진법」에서는 "산업융합을 산업 간, 기술과 산업 간, 기술 간의 창의적인 결합과 복합화를 통하여 기존산업을 혁신하거나 새로운 사회적 · 시장적 가치가 있는 산업을 창출하는 활동"으로 정의하고 있다. 산업융합은 독립적으로 존재하던 두 영역이 하나의 요소로 수렴되면서 시너지가 창출되는 현상으로, 기술의 변화와 시대 환경에 맞춰 기능복합에서 기술결합, 가치융합으로 진화하고 있다(관계부처 합동, 2012).

기능복합은 융합의 가장 단순한 형태로 기존 기능 간 복합화를 통해 사용의 편의성과 효율성을 제고하는 것이다. 기술결합은 서로 다른 분야 간 융·복합화로 새로운 기술과 제품을 개발하는 것이다. 가치융합은 기술과 인문·예술 간의 결합하여 소비자 욕구를 반영한 새로운 사회·경제적 가치를 창출하는 것을 의미한다고 볼 수 있다.

융합과 콘셉트의 시대에 융합은 혁신, 창조성, 새로운 가치를 창출하는 핵심 수단이자 전략적인 개념으로 조명되고 있다. 정부정책 차원에서는 창조경제를 실현하기 위한 핵심수단으로 산업과 산업 간, 산업과 기술 간, 산업과 문화 간 등 다방면에서 산업융합 정책이 추진되고 있는 가운데, 관광산업 및 지역관광 정책 영역에서도 융합관광에 대한 논의와 시도가 확대되고 있으며 다양하게 접근해야 한다.

융합관광에 대한 논의와 시도는 관광시장의 질적 다변화와 관광욕구의 다양화와 같은 관광시장의 변화는 물론 융합을 통한 관광산업과 지역관광의 혁신, 융합을 통한 새로운 부가가치와 일자리 창출과 같은 관광정책의 새로운 목적 설정과 연계되면서 필요성이 증가되고 있다.

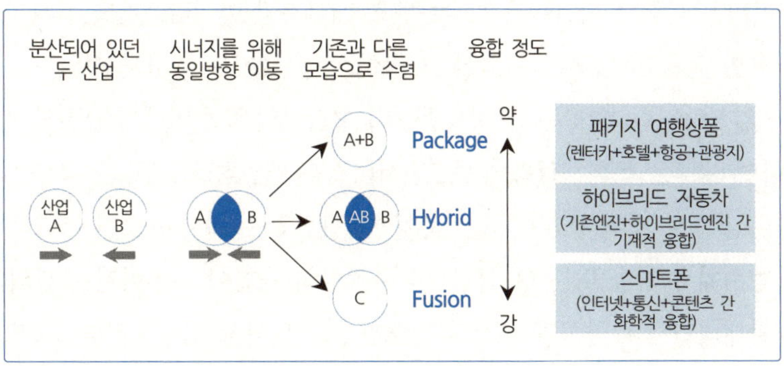

자료 : 지식경제부·한국생산기술연구원(2011). 산업융합 100대 사례집

그림 7.3 융합의 형태

2. 융합관광의 개념 및 특성

초기 융합관광 관련 연구에서는 복·융합 관광을 부가가치 창출을 목적으로 농·임·축수산업 등 1차산업, 광업, 제조업 등 2차산업과 복·융합하는 관광으로 개념화하였다(김사헌, 2006; 유지윤, 2006). 이 개념은 경제적 효과를 중심으로 타 산업과의 연계를 강조했다는 측면에서 특징이 있다.

박근혜 정부의 창조경제 정책기조와 연계되면서 융합관광 개념이 창조성과 혁신성, 고부가가치 창출 등을 중심으로 재정의되고 있다. 융합관광 관련 선행연구로는 문화와 관광산업 간 융합을 촉진하는 연구(이상열·이원희, 2013)와 문화 및 기술 융합관광 연구(박양우, 2013)가 수행되었으며, 안희자·심원섭(2013)은 융합관광을 관광산업 내부와 기술, 나아가 다양한 영역의 산업분야로 융합의 범위를 확장하여 연구를 진행하였다.

박양우(2013)는 창조적 문화 융합관광을 문화적 요소와 관광을 결합하는 가운데 창조성과 기술을 가미하여 부가가치를 높이는 관광으로 개념화하였다. 이 때 창조성은 새로운 방법 또는 사고과정을 통해 새로운 산출물을 얻거나 특정목표를 효과적으로 달성하는 것으로 '새로운', '혁신적' 의미를 포함한다고 언급하였다. 특히 융합관광은 관광콘텐츠 개발뿐만 아니라 관광산업의 하부구조가 융합을 통해 발전된 관광산업 구조를 형성할 수 있다고 보았다.

이상열·이원희(2013)는 "문화·관광의 융합산업을 소비자의 감성과 가치를 고려하여 새로운 문화·관광 상품 및 서비스를 개발하고, 새로운 시장을 창출하는 현상"으로 정의하였다. 또한 문화·관광산업 내에서 융합이 나타나는 협의의 범주에서 기술 또는 타 산업, 타 분야와의 융합이 이루어지는 광의의 범주로 확대되면서 다양성과 융합의 강도가 증가된다고 언급하였다. 그리고 협의의 범주로 기존 문화·관광자원 및 상품의 해체와 재결합을 통한 새로운 가치 창출의 중요성을 강조하였다.

안희자·심원섭(2013)은 창조경제시대의 산업융합의 개념을 강조하여 전통적인 관광산업과 타 산업 분야의 콘텐츠나 자원의 창조적 결합과 복합화를 통해 기존 관광산업을 혁신하거나, 사회적 · 경제적 가치가 있는 새로운 산업을 발굴하고 부가가치를 창출하는 것으로 정의하였다. 관광산업과 융합 가능한 타 산업분야로는 제조업, ICTInformation & Communication Technology, 첨단산업, 의료산업 등을 제시하였다.

융합관광 관련 선행연구에서는 관광산업의 영역 확장을 통해 소비자의 효용을 증대하고, 관광산업의 고부가가치를 창출하며, 전통적 산업구조 변화 촉진의 관점에서 융합관광을 개념화하고 있다(홍성화, 2009; 정명희, 2013). 융합관광의 주요개념 속성은 '타 영역 · 산업과의 결합 · 복합', '새로운 관광콘텐츠 개발', '새로운 부가가치와 시장 창출', '새로운 산업 발굴 및 혁신' 등으로 조절하거나 결합해야 한다. 전체적으로 보면 창조성을 바탕으로 하여 새로운 가치창출과 융합성과를 극대화 할 수 있도록 하는 개념을 관광에 적용해야 한다. 융합관광에 대한 기존 논의를 지역관광 영역으로 확장한다면, 지역에서의 융합관광은 지역관광을 구성하는 관광자원 · 콘텐츠 · 산업과 타 영역 간 창의적인 결합과 복합화를 촉진시킴으로써 새로운 관광콘텐츠와 산업을 발굴하고 지역관광의 혁신과 새로운 부가가치 창출 등 지역관광의 창조성을 제고하는 관광으로 개념화 할 수 있다.

'융합과정에서의 창조성과 혁신성', '융합성과를 통한 신 가치창출'을 지향하는 융합관광의 특성상 관광정책의 창조성 제고와 영역 간 협력, 관광공급 영역의 확장과 혁신, 관광시장의 질적 변화 대응 및 시장창출 등 지역관광의 구조적 차원에서 융합관광의 세부특성을 고려해야 한다.

3. 융합관광의 특성

융합이 사회과학과 자연과학에서 새로운 이슈가 되고 있다. 그러나 관광은 태생 때부터 개별요소들의 조화로운 합일체로 새로운 상품을 만드는 산업이다.

관광산업은 본질적 · 태생적으로 다양한 영역을 아우를 수밖에 없다. 관광산업을 한마디로 표현하기 어려운 것은, 여러 요소와 업태가 어우러져 복합적인 가치와 만족을 제공하고 있다.

박양우 · 김유리(2011)는 "융합관광을 창조적 문화 융합관광과 창조적 기술 융합관광"으로 유형화하였다. 창조적 문화 융합관광은 문화예술형, 문화유산형, 장소특화형, 생활문화형, 교육형, 축제이벤트형, 접촉연상형, 주제공원형, 쇼핑형으로 세분화하였다. 창조적 기술 융합관광은 관광콘텐츠와 기술, 관광인프라와 기술, 관광안내시스템과 기술, 관광안내시스템과 기술, 홍보와 기술의 융합으로 구분하였다.

이상열 · 이원희(2013)는 "문화 · 관광 분야의 융합 유형으로 문화와 관광이 융합되는 내적 융합과 문화와 관광, 과학기술, 타 산업이 융합되는 외적 융합"으로 유형화하였다. 원도연(2013)은 융합관광 유형을 유관분야와 융합한 문화융 · 복합 산업, 고부가 관광산업으로 유형화하고, 타 산업분야와 융합한 관광을 문화제조업, 신관광사업, 대안관광으로 구분하기도 하였다.

문화체육관광부(2013)는 "융합 목적에 따라 고부가가치 융합산업 유형과 IT · 과학기술 융합 및 관광산업 혁신 유형"으로 구분하였다. 구체적으로 문화고부가가치 융합산업 유형은 MICEMeeting, Incentive, Conference, Exhibition, 의료관광, 레저 · 스포츠 관광 등이 포함되며, IT · 과학기술 융합 및 관광산업 혁신 유형은 스마트관광, 창조관광 사업, 관광서비스 R&D 등이 포함된다.

안희자 · 심원섭(2013)은 "산업융합의 유형 분류를 적용하여 융합의 정도와 형태에 따라 융합관광을 기능복합, 기술결합, 가치융합"으로 구분하였다. 이때 기능복합은 관광객의 편의성과 효율성 제고를 위해 기존 관광산업 하부구조 간 기능을 이루도록 할 필요가 있다. 기술결합은 전통적 관광서비스가 기술과의 접목을 통해 관광서비스의 기능을 개선하고, 효과를 확대하는 것으로 관광산업 내부의 혁신적인 융합의 형태이다. 가치융합은 타 산업분야의 서비스 · 콘텐츠 요소가 관광서비스와 융합하여 새로운 관광 상품을 구성하고, 새로운 관광 비즈니스 모델 및 신산업 영역을 창출하는 것을 의미한다.

선행연구들은 융합관광을 유형화하는 관점에는 차이가 있으나, 전통적인 관광의 경계를 확장하여 관광의 재구조화를 시도하였다는 점에서 의의가 있는 접근들이다. 이 연구에서는 기능복합, 기술결합, 가치융합으로 구분한 유형화 체계를 토대로 지역관광 차원에서 융합관광 유형화를 시도하고 있다(관계부처 합동, 2012; 안희자 · 심원섭, 2013).

기능복합은 관광산업 영역 내 하부구조 간 기존 기능을 융합하는 것으로, 관광 편의와 이용의 효율성 제고를 목적으로 한다. 기술결합은 관광산업 영역과 기술영역 간 융합을 통해 혁신적인 관광서비스를 제공하고, 첨단기술을 활용한 새로운 관광 경험을 제공하는 융합 유형이다. 가치융합은 관광자원 및 콘텐츠가 타 영역의 경계를 넘어 새로운 관광콘텐츠를 개발하고, 이를 통해 새로운 관광시장과 산업창출을 도모하는 융합 유형이다. 특히 가치융합은 관광콘텐츠 창조와 새로운 산업 발굴 등 지역관광 차원에서 관광의 경계를 확장하는 개념적 도구로서 유용하다. 그리고 융합관광의 각 유형은 서로 구분되어있다기보다는 유형 간 상호작용과 결합 · 복합이 이루어지면서 창조성과 혁신성이 강화되는 특징이 있다.

표 7.5 융합의 유형

	기능복합	기술결합	가치융합
특징	관광영역 내 기존 기능 간 복합 • 편의와 효율성을 제고하는 공간 및 서비스	관광자원 및 문화콘텐츠가 첨단 기술영역과 결합 • 혁신적 관광서비스 제공	관광자원 및 콘텐츠가 타 영역의 경계를 넘어 융합 • 새로운 관광콘텐츠 개발 • 신 관광시장 및 산업영역 창출
예시	복합리조트(호텔+레포츠+카지노+쇼핑) • 에어텔(항공+호텔) • 카텔(렌터카+호텔) • 에어카텔(항공+렌터카+호텔) 등	• 스마트 관광안내 체계 • 3D 프린터 관광기념품 제작 • IT 한복 가상체험 • 홀로그램 콘서트 • 가상현실 · 증강현실 관광자원 체험	• 예술관광(관광+예술) • 문학관광(관광+문학) • 농촌관광(관광+농업) • 레포츠관광(관광+레포츠) • 음식관광(관광+음식+요리) • 의료관광(관광+의료) • 뷰티관광(관광+뷰티)

사례연구

문화관광을 통한 도시의 재생

스페인 북부 바스크 지역의 수도인 빌바오는 인구가 100만 명도 안 되는 도시로, 1990년대까지만 해도 바스크 민족주의자들이 테러를 자행하는 테러의 도시로 알려져 있었다. 그런데 건축물 자체가 하나의 매력적인 예술품인 구겐하임미술관이 1997년에 완공되면서 도시의 이미지는 문화관광 도시로 탈바꿈했다. 미술관을 건립하는데 들어간 돈은 8,414만 유로(약 1,200억 원)였고, 전시미술품 구입비가 4,808만 유로로 총 1억 3,222만 유로를 시(市)가 투자했다. 개관한 첫해에 136만 명이 관람했고, 개관 후 2년간 관람객이 뿌리고 간 돈이 설립비의 3배가 넘는 4억 3,300만 유로에 달했다. 이 중 2,340만 유로만 미술관에서 사용되었고, 나머지는 미술관의 보완재라고 할 수 있는 호텔과 식당 및 기념품상에서 사용되었다고 하니, 엄청난 승수효과로 지역경제를 살린 것이었다. 그래서 문화가 도시경제에 미치는 긍정적인 파급효과를 '구겐하임 효과'로 부르기도 한다.

도시재생의 동력, 문화

문화는 종종 도시를 살리는 촉매가 되어왔다. 유럽의 도시들은 18세기 산업혁명 이후 인구와 공장이 도시로 집중하면서 급팽창해 왔다. 그러나 산업화로 인한 인구와 비즈니스의 밀집은 불가피하게 도심을 교통 혼잡과 범죄와 공해의 온상으로 만들었다. 결국 소득이 증대하면서 더 쾌적한 생활환경을 원하는 도심인구가 주변의 베드타운으로 빠져나가면서 도심은 공동화(空洞化)되어 슬럼(Slum)으로 변하고, 팽창하던 도시들은 쇠퇴의 길로 접어들게 되었다. 특히 후기 산업혁명으로 경제가 탈 제조업화와 서비스 산업화로 산업구조를 재편하면서 도심부의 슬럼화가 가속화되는 위기를 맞게 되었다. 그러던 중 세계 대도시들은 도심의 슬럼화 방지와 재생을 위해 생활편의 시설과 문화공간이 중요하다는 것을 인식하게 되었다. 즉 도시재생의 동력을 문화에서 얻고자 한 것이다. 그래서 1980년대부터 대규모 문화시설의 건립과 대형 문화이벤트의 개최 등을 통해 새로운 문화도시로 거듭나려는 도시가 생겨나기 시작했다.

영국 런던의 템즈 강변에 있는 도심의 화력발전소 건물은 1981년 공해 문제로 폐쇄되어 방치되었다. 영국은 이 건물의 외관은 최대한 그대로 두고 내부는 미술관의 기능에 맞춘 새로운 구조의 현대미술관으로 재탄생시켰다. 약 8년간의 공사 후 2000년에 개관된 테이트모던 미술관은 한 해 500만 명에 육박하는 관광객이 찾는 런던의 새로운 관광명소가 되었다. 쓸모없던 흉물이 문화적 변신을 통해 런던에 활기를 불어넣는 문화적 상징물이 된 것이다.

프랑스는 퐁피두(Georges Pompidou) 대통령과 미테랑(Françrois Mitterrand) 대통령의 시기에 문화 대 프로젝트를 통해 바스티유 감옥을 우아한 바스티유 오페라하우스로 개조하여 서민층의 문화 접근성을 높였다. 또한 젊은 문화의 중심이 된 현대미술관·음악연구센터·도서관 등이 집결된 복합문화 공간인 퐁피두센터를 건립했다. 한편 루브르박물관 앞에 유리피라미드 구조물을 세워 왕궁의 전통미와 유리구조물의 현대미를 대비시키는 등 문화기반을 대대적으로 정비했다.

이러한 노력으로 파리는 연간 방문객 수가 세계 1위인 루브르박물관, 세계 8위인 퐁피두센터, 기차역을 개조한 세계 10위인 오르세미술관 등을 보유하며 세계적인 문화관광 도시로서의 입지를 더욱 공고히 했다. 파리에는 박물관과 작지만 전문적인 미술관뿐 아니라 공연장도 여럿 있고, 왕궁과 정원 등 관광명소가 밀집해 있어서 집적의 경제(Economies of Agglomeration) 효과가 크다. 예를 들어, 극장들이 가까이 밀집해 있다면 분장사가 한 극장에서 분장을 끝내고 다른 극장으로 이동하여 일하는데 드는 비용이 절감되므로 극장은 더 저렴한 비용으로 시간제 분장사를 고용할 수 있게 된다.

물론 생산측면에서 유사한 업종의 클러스터(Cluster)로 인해 중간재 공급자들이 경쟁하게 되어 더 저렴하게 중간재를 구입할 수 있고, 정보와 기술의 원활한 유통과 공유도 가능하게 되어 일종의 규모경제가 발생한다. 이것은 집적의 경제학 본래의 의미이지만, 소비측면에서도 응용이 가능하다. 미국 뉴욕의 브로드웨이에 뮤지컬과 연극을 위한 극장이 밀집되어 있듯이, 우리나라도 소극장은 대학로에, 그리고 젊은이들이 즐기는 라이브음악은 홍대 앞 카페에 밀집되어 있다. 공연예술은 서로 유사하면서도 차별화가 되는 불완전 대체재이다. 그러므로 관객의 입장에서는 유사한 공연 간의 차이를 비교해 어느 것을 감상할 것인가를 정하게 된다. 멀리 떨어져 있는 공연장을 하나씩 방문해 어느 것을 볼까를 결정하게 된다면 시간과 비용이 많이 들게 되지만, 공연장들이 가까운 곳에 모여 있다면 시간과 비용이 훨씬 절약된다. 만약 공연시간이 다르다면 한 지역에서 두 가지 다른 공연을 볼 수도 있다. 또한 한 공연장을 방문한 사람이 옆

공연장에서 하는 공연 정보를 얻고, 그 공연을 보기위해 다시 그곳을 찾을 수도 있다. 이는 한 공연장의 매출이 다른 공연장의 매출을 증대시키게 되므로 긍정적인 구매의 외부효과(Shopping Externality)가 일어난다고 할 수 있다.

문화도시로의 변모를 통한 도시재생과 성장정책을 경쟁적으로 추진하게 되었다. 미국 콜로라도주의 아스펜은 은을 캐던 작은 폐광촌이었다. 이곳은 거의 모든 예술장르를 망라한 페스티벌을 매년 여름 개최하면서 주민 6천 명의 20배 가까운 10만 명이 넘는 관광객이 찾는 명소가 되었다. 우리나라의 경우 1996년에 창립되어 성공적으로 정착되고 있는 부산국제영화제를 중심으로 한 부산 영상중심도시가 창의도시의 한 예라 할 수 있다. 중국 베이징은 5개의 창의특구를 개발하고, 일본 도쿄는 3개의 박물관을 이어주는 문화트라이앵글 지대를 만들어 문화관 광객을 유치하고 있다. 서울도 청계천을 복원하여 도심의 산책로로 만들고 광화문을 원위치로 되돌리며, 국립 현대미술관 서울 분관을 사간동에 짓는 등 나름으로 노력을 하고 있는 것으로 보인다.

문화가 도시의 성장에 기여하려면 적어도 다음 네 가지 중 하나는 마련되어야 한다. 빌바오의 구겐하임미술관이나 시드니의 오페라하우스 같이 도시의 문화상징이 되는 매력적인 문화시설이 있을 것, 예술창작활동이 집중된 뉴욕의 소호나 그리니치빌리지 또는 베이징의 798지역 같은 문화지대가 있을 것, 미술관·공연장·관광유적지 등의 클러스터가 있을 것, 부산의 감천동 벽화마을 같이 도시 전반에 걸친 문화정체성, 창의성 및 생동감으로부터 나오는 도시의 활력이 있을 것. 이 중 하나라도 갖췄다면, 문화관광수입으로부터 지역경제에 파급효과를 가져올 고용창출과 소득증대가 발생할 수 있으며 슬럼화를 막는 도시 재생효과를 기대해 볼 수 있을 것이다.

【출처】 문화관광을 통한 도시의 재생, KDI경제정보센터

CHAPTER 08

종교관광과 민속신앙

Understanding of

Culture Tourism

01 종교관광

1. 종교관광의 개념

종교관광은 학자 및 기관마다 다양하게 정의되고 있다. 주로 사찰관광이나 천주교의 성지순례 정도로만 이해되고 있다. 종교관광의 개념을 좀 더 명확히 이해하기 위해서는 우선적으로 종교관광이 특수목적관광인 문화관광의 일부로서의 의미를 가진다는 것을 인식해야 한다. 일반적인 관점에서 볼 때, 종교관광이란 종교적인 목적에 의해 동기가 부여된 여행인 것이다(도경록, 2001).

표 8.1 관광의 형태

연구자	주요 내용
Wahab(1997)	• 위락이나 여가관광 · 문화관광 · 보건관광 • 스포츠관광 · 집회관광
Mariotti(1939)	• 견학관광 · 스포츠관광 · 교화적 관광 · 종교적 관광 • 예술관광 · 상업상 관광 · 보건상 관광
Bernecker(1992)	• 요양관광 · 문화관광 · 사회적 관광 · 체육관광 • 정치적 관광 · 경제적 관광
Rinschede(1992)	• 주말관광 · 문화관광 · 종교적 관광 · 사회적 관광 • 스포츠관광 · 경제적 관광 · 정치적 관광

자료 : 도경록(2001). 종교관광 참여자의 만족. 한양대학교대학원 석사학위논문

Bernecker(1964)는 종교관광을 참여자들이 전체 혹은 부분적으로 종교적인 이유에 의해 동기부여 된 관광의 형태로 제안하고 있다. 따라서 종교관광은 문화관광의 한 형태로 보일 수도 있음을 알 수 있으며, 이와 같은 현상이 발생하는 이유는 오늘날의 순례여행과 종교관광이 예전에 비해 다른 유형의 위락관광과 겸 목적 되는 경향이 점점 늘어나는 추세를 보이고 있다는 것을 지적하고 있다.

종교관광은 문화관광의 세분화된 한 형태로 볼 수 있는데, 실제로 여러 학자들이 관광의 분류를 통해 종교관광을 문화관광에 포함시키고 있다. 따라서 종교관광을 정의함에 있어서는 여행자의 동기가 상당히 중요한 부분을 차지하고 있음을 알 수 있는데, 순례와 관광이 여행의 동기에 있어서 신성함과 천박함을 대표한다는 이분법적인 시각으로 봤을 경우, 종교관광객으로 정의되는 순례자와 휴가자로 정의되는 관광객은 여행의 동기를 구성함에 있어 양국성에 위치하는 형태를 보이고 있음을 알 수 있다(Smith, 1992).

많은 연구자들은 순례와 관광이 여행의 동기라는 연속선상의 양극점이 위치하고 있다는 것에 동의하고 있으며, 이를 정리하면 다음과 같다.

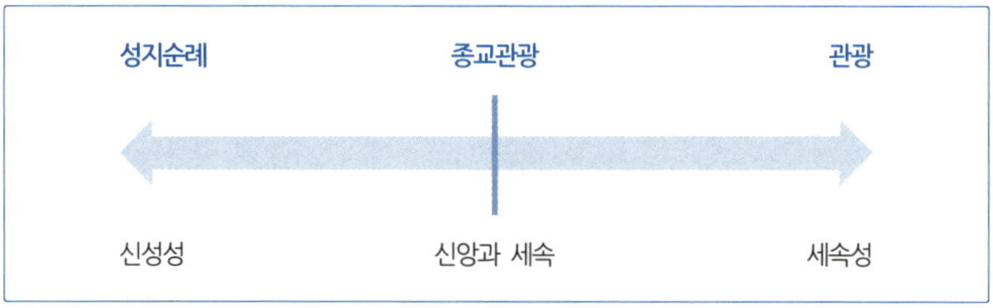

그림 8.1 성지순례, 종교관광, 관광의 위치

Pearce & Stringer(1991)는 관광에서 순례에 이르기까지 그들의 관심과 활동이 여행자들의 다양하고 변화 가능한 동기의 특성을 반영하고 있다고 한다. 즉 종교관광은 극단적인 신성함이나 세속적이기보다는 그 사이에 위치하며 사회적인 가치, 지식을 기반으로 하여 중립적이며 이면적인 모습을 가지며, 앞서 언급했듯이 개인의 가치와 속성에 따라 달라짐을 보여주고 있다. 따라서 갖가지 성격을 내재한 제품에서 흔히 볼 수 있듯이 종교관광 제품의 분야도 여러 분야, 특히 역사 · 문화관광 부문과 상충되는 면이 많다.

종교관광은 종교적 성지(聖地)와 국가, 지역에서의 정치적인 목적지와 밀접한 관련성이 있다. 이 같은 특징은 이슬람교의 종교적인 목적지가 정치적인 목적을 지닌 관계를 지닌 것과 같다. 또한 순수한 순례여행자라 할지라도 남는 여유시간을 이용하여 주변의 관광지를 둘러보는 등의 활동이 가능하기 때문이다. 이러한 복잡한 관광의 예는, 로마와 같이 종교적 부분과 문화적 부분이 대등한 위치를 차지하고 있는 지역에서는 더욱 명확히 드러난다. 또한 종교적인 체험을 추구하거나 세속적인 체험을 추구하는 경건한 순례자는 성스러운 영역에 대한 단순한 호기심을 충족시키고자 하는 세속적인 관광객들과 구분되어져야 할 것이나, 관광객들의 방문 목적과는 상관없이 모든 방문자들은 낮게는 인간적 욕구를 충족시키는 것에서부터 높게는 상업적인 리조트에 비교될 만큼의 기대를 만족시키는 것에 이르기까지 상당한 수준의 서비스를 요구하고 있음은 종교관광의 범위에 대한 명확한 현대적 규정을 어렵게 하고 있다(Nolan & Nolan, 1992).

이미 유럽의 널리 알려진 순교성지들은 종교적인 순례자들뿐만 아니라 수많은 관광객들을 끌어들이고 있다. 많은 방문자들이 그들 휴가여행의 경유지로 혹은 순례와는 구별되어지는 단체 종교관광의 일원으로 성지를 방문하고 있는 것이다. 그러나 이러한 유명 성지의 관광객들 관심은 경건함이나 심각함보다는 세속적인 측면에 더 기울여져 있고, 그 지역이 가지는 종교적 의미에 관한 지식이 부족한 것도 사실이다. 또한 유럽에서 교회에 다니는 교인의 수가 감소하고 있음에도 불구하고, 성지를 찾는 종교인의 수는 점점 증가하고 있다. 이에 따라 교회의 관리자들은 직접 접촉하고 교인의 행동에 동참함으로써 종교의 교리를 전달하는 포교의 수단으로 삼고 있으며, 일부 교회에서는 예배자들과 관광객들과의 혼란으로 인해 예배자들과 관광객들과의 이용시간을 지정해 놓고, 예배시간에는 예배자들만 이용할 수 있도록 하고 있다(Mary Lee Nolan & Sideney Nolan, 1992).

대부분이 로마 가톨릭교회에서 교인들의 신앙과 관련한 성지를 방문한다. 이를 단순한 성지순례가 아니라 관광목적지로서 광범하게 관리해야 한다. 대성당에서 조그만 시골의 교회, 그리고 성직자나 교인을 위한 편의시설과 신성함, 세속적인 것에 이르는 다양한 방문자의 체험 등 성지를 둘러싼 모든 활동들을 '종교관광'이라고 부른다. 따라서 종교적 활동의 하나로만 묶여왔던 종교관광을 새롭게 볼 수 있는 시각을 제공한다(Lefeuvre, 1980).

표 8.2 종교관광의 개념

연구자	개 념
Turner(1978)	사람들이 그들의 구조화된 역할과 상태인 일상세계로부터 평범하고 일반적인 인간성의 종교축제를 통해 반조직적이거나 컴뮤니타스(Communitas)의 세계로 들어가는 신성한 장소로의 이동
Jones(1980)	교회에 관련되거나 그에 준한 사명, 혹은 좀 더 명확하게는 교회의 허가 하에 수행되는 여행이나 사명
Bernecker(1992)	참여자들이 전체 혹은 부분적으로 종교적인 이유에 의해 동기부여 된 관광의 형태
Vukonic(1992)	정화, 구원, 치료 등의 목적으로 거룩한 곳을 방문하는 것이며, 신자들이 신선에 의해 거룩하게 된 장소를 여행하는 것
Hudman(1992)	신의 명령을 수행 혹은 신에 대한 헌신을 하거나 개인과 가족의 보상을 얻기 위해 성전 혹은 거룩한 장소로 가는 여행
김상원(1992)	성지 답사, 종교적 연구, 학문적 연구, 성직자의 자질과 견문 향상, 그리고 개인적인 신앙심 제고를 위해 하는 여행
설혜심(1994)	성인의 발자취를 더듬어 영혼을 정화함으로써 천국행을 꾀한다는 원칙적 이상 하에, 실제적으로는 현세에서의 어려운 삶의 구조 내에서 구제와 희망을 주어 그 삶을 지속시켜 나갈 수 있게 하는 역할
박용우(1994)	단순히 관광이 아니라, 성지의 역사를 믿음으로 살펴보는 것
최창모(1997)	단순히 구약의 사건들이 일어난 장소를 확인한다거나, 예수님의 생애와 그의 발자취를 따라 걷는 기도행위
Oursel(1998)	한 사람이 자신이 살고 있는 장소, 생활, 습관, 가족 등을 떠나 종교적인 목적을 가지고 자신이 자유롭게 선택한 어떤 거룩한 땅을 찾는 자발적이고 사심 없는 행동
구본식(2002)	사람들이 여행을 통해 거룩한 땅을 방문하여 예배를 드리고, 그 거룩한 장소의 성인들을 통해서 복을 빌거나 받을 복에 대한 감사를 드리는 현상

2. 종교관광의 대상

성지(聖地)와 의례적 행사들은 관광 매력물 중에서도 고전적인 것에 속하는 것들로써 신앙인 등의 숭고한 노력으로 이루어져 온 이러한 성지 · 사원 · 불탁 · 교회 · 종교적 축제 등은 방문자들에게 강한 인상을 심을 수 있는 복합적인 매력물 중에 하나다. 종교적 관광 매력물들은 건축물이나 특별한 종교예술품들의 전시 또는 중요한 역사적 유물들과 같은 측면들이 관광객을 끌어들이는 것으로 생각된다. 이러한 종교적인 성지들은 순례자들에게 뿐만 아니라 대중관광의 목적지로도 선호되고 있는데, 이러한 현상은 옛 것에 대한 향수, 종교적 관심, 도시생활로부터의 탈출 등의 이유들이 복합적으로 작용되면서 나타나는 것으로 보인다(Eiki, 1987).

한국관광공사에 따르면, 종교관광지는 단순히 구석건물 가운데 사찰과 교회만을 대상으로 하고 있으나, 실제적으로는 사찰 및 교회뿐만 아니라 종교적으로 순교한 인물을 기념하고 기리는 성지 및 유적지 등이 포함되어야만 하며, 종교적으로 독특한 의식을 갖게 하는 여러 가지 요소, 즉 연등제와 같은 종교적 이벤트 등이 포함되어야 한다(한국관광공사, 1999).

현대의 관광은 다양한 유형을 보이고 있다. 현대의 인간은 관광을 통해 다양한 욕구를 충족시켜 나가고 있으며, 관광은 그만큼 다양한 현상을 드러내고 있다. 이제 종교를 바탕으로 하는 관광 형태는 관광에 있어서 하나의 하위 부분으로서 특정한 목적과 동기를 충족시키는 기능을 담당하고 있을 뿐이다. 종교관광은 종교적인 목적이나 동기를 구성하는데, 현대 관광에서 종교관광은 성

표 8.3 관광의 분류와 패턴

목적별 구분		동기별 구분	
Mariotti 분류	행위 분류	Berneoker 분류	여행별 분류
스포츠관광	문화적 관광	문화적 관광	미술여행
교화적 관광	스포츠관광	사회적 관광	스포츠관광
종교적 관광	유희관광	체육관광	종교예술여행
예술적 관광	보건상 관광	정치적 관광	흥행여행
상업상 관광	종교상 관광	경제적 관광	회의여행
보건상 관광	상업상 관광		

자료 : 채서묵(1994). 「관광사업론」, 서울: 백산출판사

지순례로서 종교적인 목적이 강하지만, 위락적인 요소가 가미된 형태로 나타나고 있다.

Bernecker(1962)는 문화관광에 종교관광을 포함시키고 있다. 종교는 이미 알고 있듯이 문화의 한 부문 중에 하나다. 따라서 종교관광은 문화관광의 성격을 가지고 있다고 볼 수 있다(Macintosh, Goeldner, 1990; 손대현, 1993).

3. 종교관광의 특징

종교와 관광은 서로 밀접한 관련을 맺고 있다. 중세 이후 성직자들의 순례는 관광의 기원으로 설명하고 있다. 종교관광의 개념을 좀 더 명확히 이해하기 위해서는 우선적으로 종교관광이 특수목적 관광인 문화관광의 일부로서 의미를 가진다는 것을 인식해야만 한다. 일반적인 관점에서 볼 때 "종교관광이란, 종교적인 목적에 의해 동기부여 된 여행"으로 정의되고 있다(김경희, 2010).

종교관광은 종교적인 단일 목적의 여행보다 여러 가지 방문 목적을 동시에 충족시킬 수 있는 겸 목적 관광의 형태로 변해왔다. 종교관광객들은 성지순례에서 종교 활동 외에 자유시간을 마련하여 주변 관광지역 방문 등으로 주방문 목적인 신앙 활동은 물론 여가활동을 즐기는 경우가 많다.

이러한 관광 형태는 유럽과 같이 유명한 성지 또는 사원이 대규모 관광 매력물과 인접한 곳에서 흔히 찾을 수 있으며, 대표적인 예로 로마 · 파리 · 런던 · 프랑크푸르트 등을 들 수 있다. 이탈리아 로마의 경우, 종교적 장소들이 역사 · 문화적 유적지의 성격을 지니는 경우가 많아, 방문객들의 종교적 목적과 문화관광 측면의 목적을 동시에 충족시킬 수 있는 더 없이 좋은 경우라 할 수 있다. 따라서 종교관광은 성지의 매력으로 일반적인 관광수입은 물론, 종교 관련 상품 또는 사업 등으로 인해 해당지역 또는 도시에 경제적 이익을 가져온다.

종교관광은 유대관계 형성에 큰 도움을 준다. 즉 이러한 형태의 관광은 동일한 종교, 유사한 연령대와 사회적 지위 등으로 구성된 집단이 종교관광의 주 고객층인 것을 감안해 볼 때, 이들의 관계를 더욱 돈독하게 할 수 있는 기회를 제공하는 것이다(이경모, 2010).

전통적으로 종교관광의 상품 구성과 판매를 보면, 다음과 같은 특징을 나타낸다. 우선, 단체 종교관광의 경우 해박한 지식을 갖춘 관광안내원이 한 명 이상 대동한다는 것이다. 대개 이런 가이드의 역할은 목사나 신부가 맡게 된다. 또한 순례 목적과 동기 면에서 나이가 많을수록 신앙 목적이 높게 나타나며, 연령이 낮을수록 신앙과 관광을 겸하는 겸 목적 관광이 확대되는 추세를 보이고 있다(도경록, 2000).

종교관광 상품은 타 관광 상품에 비해 표적시장이 뚜렷하다. 기독교인은 기독교 종교관광 상품을, 불교인은 불교 상품을, 그리고 이슬람교인은 이슬람교

쾰른대성당

예배당

코타마불상

힌두교사원

그림 8.2 종교관광

상품에 관심을 보이며, 상대적으로 타 종교 상품에는 그다지 관심을 두지 않는다. 따라서 종교관광 상품의 기획에 있어 가장 중요한 것은 해당 종교에 대한 지식과 이해이다. 해당 종교의 역사 · 성지 · 사원 등의 물리적인 자원은 물론, 종교 의례 · 축제 · 관습 · 해당 종교달력 등 무형자원에 대한 완벽한 이해가 필요하다. 상품구매력이 있는 잠재시장이 해당 종교에 대해 전문가 수준 이상의 지식을 가지고 있는 경우가 많기 때문에, 이에 상응하는 상품을 제시해야 한다. 즉 종교관광을 취급하는 여행사의 경우, 전문여행사의 이미지와 서비스 및 직원들의 전문성이 무엇보다 중요시되고 있다.

4. 종교관광과 문화관광과의 관계

역사 문화유적지 방문을 관광적 관점에서 문화관광과 유산관광으로 구분하여 논하고 있다. 문화관광은 1990년대 초 유럽여가관광교육위원회ATLAS에 의해 시장규모가 알려지면서 관광학계의 관심을 받기 시작했으며, 중요한 관광자원으로서의 문화에 대한 새로운 인식의 필요성이 대두되었다(김사헌, 1987). 일반적으로 문화관광이란 "문화적 동기를 가지고 전통과 현대의 다양한 문화를 적극적으로 체험하는 특정 관심분야의 관광SIT : Special Interest Travel"으로 이해되고 있다(최승담, 2000).

문화관광은 관점에 따라 여러 가지로 정의될 수 있다. 문화관광의 사전적 정의는 "유물, 유적, 전통공예, 예술 등이 보존되거나 스며있는 지역 또는 사람의 풍요로웠던 과거의 초점을 두고 문화자원을 관광자원으로 활용하는 관광 형태"로 나타나고 있다. 손대현(1996)은 문화관광을 "문화적 접촉을 통해 문화적 체험을 하는 것으로, 타 지역의 정치 · 경제 · 예술 등 전반에 관한 폭넓은 이해를 촉진시키는 방법"이라 정의하고 있다. McIntosh & Goldner(1995)는 문화관광을 "관광객이 추구하는 문화적 요구를 충족시키기 위한 행위로, 협의로는 학습관광, 연수관광, 축제나 문화행사 참여, 박물관 견학, 민속, 예술 등의 연구를 위한 행위, 순례행위 등을 위한 인간의 이동이며, 광의적으로는 인간의 다양성에 대한 욕구를 만족시키고 개인의 문화 수준을 고양시키며 새로운 지식과 경험을 제공한다는 의미에서 모든 인간의 이동"이라고 하였다. 원융희(1999)는 문화관광을 "타 국가나 타 지역의 생활양식이나 전통적인 행동양식에 접하고 체험하는 것으로서, 문화관광은 어떤 하나의 단순한 유형이라는 측면보다는 인간의 정신과 물질세계 전반을 포함하는 개념"이라고 정의하였다. 세계관광기구UNWTO에서는 문화관광이란 "지역의 역사, 인위적 유산, 예술과 철학, 다른 지방 국가의 관습, 제도에 몰입하는 것"이라고 정의하고 있으며, 유럽관광·레저교육협회(European Association for Tourism and Leisure Education, 1995)에서는 "사람들이 그들의 거주지를 떠나 박물관, 유적지, 예술공연, 축제 등의 구체적인 문화관광 매력물을 방문하는 모든 움직임으로 정의했고, 문화체육관광부(1999)는 문화관광을 활성화하기 위한 정책세미나에서 문화에 바탕을 둔 관광을 예술관광, 영상관광, 건축관광, 문화유산관광, 스포츠관광, 청소년관광 등으로 분류했는데, 문화관광에 대한 본질적 분류라기보다는 행정 편의에 따른 문화관광의 분류라고 할 수 있다.

초기 문화관광은 박물관이나 역사적 유적지를 방문하는 유산관광의 개념으로 인식되었으며(김사헌, 2008), 유산관광 개념의 문화관광은 "문화자원을 활용한 경제활동으로서 유산이 있는 장소 또는 과거 이야기나 사람들을 상징하는 고유적인 장소를 방문하는 행위"라고 정의되었다(Chhabra, Healy & Sills, 2003).

유산관광의 핵심은 유산관광지의 역사적 속성뿐만 아니라 유산적 특성에 대해 관광객의 동기와 지각에 중점을 둔 것이라 할 수 있다. 사람들이 역사적 유물들을 진열하는 곳이나, 유적지로 분류된 장소를 방문하여 유산 매력물을 체험하고 그들의 정체성, 경험, 전통 등을 경험하는 것이다.

문화관광의 한 형태인 역사문화유적 관광의 개념도 다양한 관점에서 다르게 해석할 수 있다(Richards, 1996). 유적과 관련하여 살펴보면, 유적과 혹은 과거가 중요한 관련이 있다는 사실이다. 문화의 유산을 구분하는 중요한 기준의 하나로 유산이 과거지향적이라면, 문화는 과거뿐 아니라 현재와 미래까지도 포괄하는 개념인 것이다(한숙영 · 김사헌, 2007). 역사문화 유적을 역사와 문화적 관점에서 살펴보면, 다음세대에 전가되어 계승 · 발전시켜야 하는 정신문화, 현세대에서 잠시 관리 · 보전하는 재생 불가능한 역사적 소산물로서 이해할 수 있다(박명희, 1994).

따라서 종교관광은 문화유산관광의 하나로서 역사적 · 건축적으로 의미 있는 유형 자산뿐만 아니라 타 국가나 타 지역에서 계통을 이루며 전해 내려오는 생활양식이나 전통적 행동양식을 접하고 체험하며 관광객의 문화적인 욕구를 충족시켜주는 일정한 구역이라고 정의할 수 있다. 결국 종교관광은 종교유적관광이야말로 문화 · 예술 · 신념 · 건축물 · 박물관 등 여러 가지 역사 · 문화적인 요소들이 조화를 이루고 있는 하나의 문화관광인 것이다.

02 민속신앙

1. 민속신앙의 의의

한국에서 한국의 전통적인 샤머니즘을 무속(巫俗), 무교(巫敎), 무(巫)라고 하는데, 이들은 고유의 관점이 존재하는 말들이다. 무속은 불교학자 이능화가 샤머니즘을 전통적인 관습으로 이해하여 처음 사용한 말이며, 지금은 국문학자들과 민속학자들이 즐겨 사용하고 있다. 무교는 개신교 신학자인 유동식이 처음 사용한 단어이며, 샤머니즘을 기독교, 불교, 이슬람처럼 독립된 종교로 존중하는 중립적 입장의 종교학자들이 사용한다. 무(巫)는 인류학자인 조흥윤이 사용한 말이며, 한국의 샤머니즘을 독특한 개성을 가진 전통으로 존중한다는 뜻을 가지고 있다(Choi, 2013).

굿

장승

그림 8.3 민속신앙

2. 민속신앙의 역사

무속은 역사적으로 아주 오래된 종교인데, 무속의 기원은 우리 역사의 시작인 고조선시대부터 보는 것이 보통이다. 고조선시대를 상징하는 우리의 건국신화인 단군신화를 보면, 곰과 호랑이가 나오고 천신의 자손 환웅이란 용어가 나온다. 이외에도 태백산, 신단수 등을 신성시하는 것으로 보아 애니미즘, 토테미즘 등을 그 시대에 믿었음을 알 수 있다. 또한 당시는 제정일치 사회였으므로 종교지도자와 정치지도자가 일치했다. 애니미즘과 토테미즘, 샤머니즘은 지금도 무속의 핵심적인 요소이다.

고삼국시대의 삼한과 부여, 고구려, 옥저, 동예 등 여러 국가에서는 제천의식을 비롯한 여러 종교적 의식이 있었는데, 지금도 일부 남아있는 솟대나 당산목 등이 이때 기원을 두고 있다고 보는 것이 일반적인 견해이다. 솟대는 새를 꽂은 나무로, 새를 하늘과 땅의 중개자로 보는 신앙에서 비롯되었다. 또한 농업이 철기의 사용으로 발달되고, 국가 간 전쟁이 더욱 치열해지자 고대국가들은 백성들을 단합한다는 취지에서 큰 종교행사를 열었는데, 이것이 제천의식이다.

무속에서 신령과 사람 사이를 이어주는 중재자, 즉 샤먼을 무당(巫堂)이라고 한다. 한국에서는 무당을 당골이라고도 부르며, 크게 강신무(降神巫)와 세습무(世襲巫)로 나눈다. 강신무는 대체로 한강 이북에서, 세습무는 한강 이남과 동해안 일대에서 전해졌다. 강신무는 일반인으로 살아가다가 어느 순간 무병을 앓게 되고 내림굿을 통해 신내림을 받아 신령을 몸주신으로 모시는 무당을 일컬으며, 세습무는 조정래의 대하소설 『태백산맥』의 한 인물인 소화처럼 집안의 친인척 관계로 계승된 무당을 말한다.

그림 8.4 굿의 한 부분

광복 이후 세습무들은 조선시대 때 무당이기 때문에 받던 괄시를 피해 무당 집안임을 숨기는 일이 많아졌고, 한국전쟁 때 미신과 종교를 금지하는 북한정부의 탄압을 피해 남한으로 옮긴 강신무가 그 자리를 차지하여 무당이라고 하는데 대부분 강신무로 인식하는 경향이다. 아직도 남한의 동해안 지역과 호남 지역에는 세습무의 전통이 유지되고 있으며, 세습무가 하는 강릉 단오굿과 동해안 별신굿, 진도 씻김굿 등은 국가무형문화재로 지정되어 전승되고 있다.

무속은 일종의 샤머니즘, 애니미즘 등 원시신앙과 기타 종교 요소가 결합한 형태로, 그 기원은 원시인들의 샤머니즘 의식에서부터 찾아볼 수 있다. 울산 반구대 암각화에는 춤추는 샤먼의 그림이 있으며, 청동기시대는 제정일치 사회였기 때문에 일반적으로 정치집단의 지도자가 종교집단까지 거느렸는데, 이들이 족장이며 또한 제사장이었다. 이들이 거행했던 의식이 무속의 기원이 된다고 보는 견해가 많다.

무속의 기원은 일반적으로 고조선 때로 잡는다. 조선시대의 한 무속 관련 책을 보면, 단군은 특이하게도 "무속을 집행하는 사람인 무당이었을 것이다."고 기록되어 있다. 단군왕검에서 왕검은 제정일치 사회의 제사장, 즉 종교의 우두머리를 뜻한다는 설도 있는데, 그 설을 취할 경우 틀린 주장은 아니다. 이후 농업이 더욱 발전하고 고조선 멸망 이후 여러 국가들이 세워진 후에 제천의식이 발달되었다. 제천의식은 문화적 특질과 종교적 특질 모두를 가지고 있는데, 『삼국지』 위지(魏志) 동이전에는 고대국가 부여, 고구려, 마한 등의 나라가 모두 제천의례를 거행한다고 기록하고 있다. 부여의 영고, 고구려의 동맹, 백제의 무천, 마한의 천제는 신라와 고려대에 이르러 '팔관회'라는 이름으로 유지되었다.

유학이 조선의 기본 이데올로기가 됨에 따라 무속에 대한 탄압이 가해져 무당이 천민으로 전락했고, 일제강점기를 거치며 탄압을 받았다. 성리학이 지배이념이었던 조선시대에도 무당들은 사람들의 질병을 돌볼 때 정성을 다하지 않으면 벌을 주라고 할 정도로 치유능력이 있는 자로 여겨졌다. 1945년 8월 15일 광복 이후 북한은 미신으로 간주되어 거의 사라졌고, 남한에서 그나마 명맥을 유지하고 있다. 하지만 남한의 무속 또한 박정희 정권 당시 산업화와 벌어진 소위 '미신타파운동'으로 탄압을 받았다(Kim, 1999).

03 세시풍속

1. 세시풍속의 의미

세시풍속을 사전적으로 정의하면, "예로부터 전해지는 농경사회의 풍속이며,

해마다 농력에 맞추어 관습적으로 행해지는 전승행사"이다. 세시(歲時), 월령(月令) 등으로 불리기도 한다. 이 세시풍속은 24절기와 명절로 구분된다. 우리가 전통적으로 쓴 '역법(曆法)'은 태양력과 태음력이 혼합된 음력인데, 24절기는 양력에 따라, 명절은 음력에 따라 만들어졌다. 달의 주기를 보고 달력이 만들어지고, 계절의 변화는 태양을 기준으로 하여 삼은 것이다. 절일(節日) 곧 명절로서 세시풍속은 생활 과정에 리듬을 주는 생활의 악센트 같은 것이었다.

우리나라의 세시풍속 역사는 상고시대로 거슬러 올라간다. 중국의 『삼국지』 위지(魏志) 동이전(東夷傳)에 기록된 부여의 영고(迎鼓), 고구려의 동맹(東盟), 예의 무천(舞天), 마한의 농공시필기(農功始畢期)인 5월과 10월의 귀신에게 드리는 제사 등을 모두 세시풍속의 행사로 볼 수 있다. 우리 역사서에도 추석 · 단오 · 유두 · 대보름에 관한 기록이 남아있다. 고려시대에는 신라의 세시풍속이 대체로 전승되었으며, 대보름의 연등회와 팔관회 같이 불교행사이면서 동시에 전국적인 세시행사가 늘어났다. 오늘날의 이 세시행사로 자리 잡힌 것은 조선시대에 들어서다.

세시풍속의 주기는 처음부터 농경과 밀착되었다. 계절의 분류 역시 농경의 각 주기를 따랐다. 그만큼 농경이 가장 중요한 경제활동이었기 때문이다. 조선시대 세시풍속의 내용을 잘 전해주는 자료로 『동국세시기(東國歲時記)』, 『열양세시기(洌陽歲時記)』, 『경도잡지(京都雜志)』가 대표적이다. 여기에 소개된 행사들은 지금까지 전해지고 있는 것도 많으나, 대개의 풍속들은 이미 사라졌거나 변화를 거듭하고 있다. 시대에 따라 세시의 변화도 필연적이다.

세시풍속이 변하는 데는 기술의 발달, 생활 리듬의 변화 등이 큰 몫을 한다. 전통의 세시풍속은 자연에 순응하여 풍농을 기원하는 데서 만들어졌다. 그러나 과학의 발전과 사회 변화는 그 기본적인 틀을 바꿔놓는다. 특용작물의 재배가 보편화되면서 농산물의 출하는 계절이 따로 없이 언제든 가능하다. 그리고 서양문화가 유입되면서 크리스마스뿐만 아니라 밸런타인데이 같은 행사가 또한 새로운 풍속으로 자리 잡았다.

2. 세시풍속의 생성 배경

(1) 노동과 유희의 변증법

생존의 수단인 노동에서부터 세시풍속은 만들어졌다. 이 노동은 생존을 보장해 준다. 그러므로 사람들은 고되고 어려운 노동이지만, 운명적으로 받아들여야만 했다. 그러나 운명으로 감내하며 강요하기만 하는 것이 노동은 아니다. 노동 그 자체에 대해 또는 노동과 노동 사이에 즐거운 시간을 배치함으로써 노동은 고역이 아니라 유희의 또 다른 측면이 된다.

노동(勞動)과 유희(遊戲)는 손바닥의 양면과 같다. 노동은 즐거운 유희를 위해, 유희는 효율적인 노동을 위해 봉사한다. 유희로 배치된 시간이 세시풍속이라 할 수 있다. 풍속은 의례로 발전한다. 세시의례는 농사라는 노동을 중심축에 놓고 행하므로 '농경의례'라고도 한다. 여기에 포함되는 모든 세시풍속이 풍농의 기원과 예축, 풍흉을 점치는 점세(占歲), 농공 내지는 풍농을 감사하는 내용들이다. 이는 해안가를 중심으로 어업과도 관련을 갖게 된다. 그러나 시대가 산업사회로 바뀌면서 그만큼 농사와 어로(漁撈)가 약화되고, 이에 맞추어 만들어졌던 세시풍속도 약화되었다. 노동의 종류가 달라졌을 뿐이다.

인간의 생존을 위한 새로운 노동은 그에 맞추어 새로운 세시풍속을 만들어 낸다. 회사나 동호회 같은 조직에서의 노동은 결속뿐만 아니라 우의를 다지는 계기로 삼는데, 송년회나 신년회 등이 이러한 특성을 대변해 주고 있다.

(2) 역법의 발달

세시는 역법의 발달과 함께 자리 잡는다. 정해진 날짜가 있어야 하기 때문이다. 일하다가 쉬는 시간을 정기적으로 마련하기 위한 것이다. 날짜와 정기성을 따지다보니 달력이 필요했다. 전통적으로 우리사회에서는 달의 운행을 기본으로 태양의 운행을 가미한 '태음태양력'이 사용되었다. 달의 기울기에 따라 손쉽게 날짜를 계산했다면, 계절에 관해서는 태양을 따를 수밖에 없었다. 그것이

24절기이다. 24절기는 하지와 동지의 이지(二至), 춘분과 추분의 이분(二分)이 기초가 되고, 입춘·입하·입추·입동의 사립(四立)으로 벌려져 나간다. 그래서 한 달에 두 번, 1년 24개의 절기가 만들어졌다.

사실 시대가 흐를수록 지나치게 번잡한 역주(曆注)가 하나의 폐해가 되었다. 그러나 이것이 세시풍속을 다양하게 만들었다. 세시풍속은 춘하추동과 24절기가 기본이다. 그런데 이 두 가지는 태음이 아닌 태양에 따라 정해졌다.

3. 세시풍속의 종류

1) 양력으로 만든 24절기

24절기는 1년을 태양의 움직임에 따라 24등분한 것이다. 이를 다시 춘하추동으로 4등분하여 6절기씩을 안배했다. 각 계절은 3개월씩 배분되므로, 한 달에 2절기가 들어가는 것이다. 이 절기 하나하나에 고유한 세시풍속이 만들어졌다.

춘하추동은 1년을 넷으로 나눈 계절의 단위이다. 사립(四立)으로 곧 입춘·입하·입추·입동으로 각각 춘하추동의 한 계절이 시작된다. 음력으로는 춘春(1·2·3), 하夏(4·5·6), 추秋(7·8·9), 동冬(10·11·12)인데, 지금의 양력으로 환산하면 각각 입춘은 2월 4일, 입하는 5월 6일, 입추는 8월 8일, 입동은 11월 8일 전·후에 고정된다. 음력을 쓸 경우 이 날짜는 매년 달라진다. 그래서 혼돈을 피하기 위해 사립(四立)을 음력 달력에 각각 글자로 표기하였다.

그러나 이 기준은 고대 중국의 화북(華北) 지역에서 그들의 기준에 맞추어 만들어졌으므로, 우리와는 일정한 차이를 보인다. 곧 봄이 양력 2월에 시작한다고 하나, 우리는 3월을 통상적인 봄의 시작으로 보는 것과 같은 것이다. 약한 달가량의 차이가 난다.

24절기마다 이름을 붙였다. 이지(二至), 이분(二分), 사립(四立) 외에도, 계절의 특성을 나타내는 경칩, 청명, 망종, 처서, 백로, 소한, 대한 같은 이름이다.

표 8.4 우리나라의 절기

계절	월(음력)	절기	일(양력)
봄	1월	입춘	2월 4일
		우수	2월 19일
	2월	경칩	3월 6일
		춘분	3월 21일
	3월	청명	4월 5일
		곡우	4월 21일
여름	4월	입하	5월 6일
		소만	5월 22일
	5월	망종	6월 6일
		하지	6월 22일
	6월	소서	7월 8일
		대서	7월 23일
가을	7월	입추	8월 8일
		처서	8월 24일
	8월	백로	9월 8일
		추분	9월 23일
	9월	한로	10월 9일
		상강	10월 24일
겨울	10월	입동	11월 8일
		소설	11월 23일
	11월	대설	12월 8일
		동지	12월 22일
	12월	소한	1월 6일
		대한	1월 21일

2) 명절

명절은 음력으로 정해진 절기이다. 24절기와 구분하여 잡절(雜節)이라고도 한다. 이는 세시풍속에 더 큰 비중을 차지한다. 그러나 이는 세시풍속을 지나치게 번잡하게 만드는 요인이 되기도 하였다. 노동과 유희에서 후자가 기승을 부린 결과라고 할 수 있다. 오늘날 전통적인 세시풍속이 많이 사라지는 데에는 구조적인 문제가 하나의 원인으로 작용한다.

명절은 음력의 달력 숫자에 일정한 의미를 부여하여 만든다. 첫째, 홀수를 양기(陽氣)로 보아 이것이 겹치는 날, 둘째, 보름달이 뜨는 날 등이다.

- 원단(元旦) : 1월 1일
- 원소절(元宵節) : 1월 15일. 곧 대보름. 한식(寒食) : 동지 후 105일 전후에 해당하는 날. 질풍심우(疾風甚雨)의 날이어서, 전후 3일간 불 때는 것을 금지하고, 미리 장만해 놓은 음식을 먹는다.
- 삼진(三辰) : 3월 3일. 강남 갔던 제비가 돌아오는 날이라고 한다.
- 단오(端午) : 5월 5일. 단양, 중오절, 수릿날이라고 한다.
- 유두(流頭) : 6월 15일
- 칠석(七夕) : 7월 7일
- 복날(伏日) : 초·중·말복. 초복은 하지 후 삼경일(三庚日), 중복은 사경일, 말복은 입추 후 초경일이다. 흔히 중복에서 10일 째가 말복인데, 중간에 입추가 끼지 않으면 20일째 되는 날로 바뀐다. 이를 월복(越伏)이라 한다.
- 백중(百中) : 7월 15일. 백종(百種), 중원(中元)이라고도 한다.
- 중추절(仲秋節) : 8월 15일. 추석이라고도 한다.
- 중양(重陽) : 9월 9일. 중구절. 제비가 강남으로 돌아간다.
- 제석(除夕) : 섣달 그믐날 밤

4. 봄의 세시풍속

1) 설날

(1) 설날의 유래

설날은 음력 정월 초하룻날이다. 원일(元日)·원단(元旦)·원정(元正)이라 하고, 신일(愼日)이라는 말도 있다. 첫 날이자 근신하는 날임을 나타낸다. 설날의 유래는 명확하지 않다. 신라인들이 원일(元日)의 아침에 서로 하례하며 왕이 잔치를 베풀어 군신을 모아 회연하고, 이날 일월신(日月神)을 배례한다는 기록이 있으나, 기원은 더 거슬러 올라갈 것으로 보인다.

고려시대는 설날이 상원(上元)·상사(上巳)·한식(寒食)·단오(端午)·추석(秋夕)·중구(重九)·팔관(八關)·동지(冬至)와 함께 9대 명절의 하나가 되었다. 왕은 정월에 국가 세시의례인 천지신과 조상신 제사를 지냈다. 정월 초하루 원정을 전후하여 관리들에게 7일 간의 휴가를 주었고, 신하들은 왕에게 신년을 축하하는 예를 올렸으며, 왕은 신하들을 위해 잔치를 베풀었다. 조선에서는 한식·단오·추석과 더불어 4대 명절로 쳤다. 정월 초하루에 집집마다 다니면서 나누는 새해 인사, 연하장 보내기, 악귀를 쫓기 위해 부적을 문에 붙이기, 장수를 기원하는 십장생 등의 세화 보내기 등이 베풀어졌다.

설날은 근대국가에 들어 우리나라에서는 '음력설(舊正)'과 '양력설(新正)'로 두 개의 설을 가지고 있다. 음력설은 전통적인 명절 곧 '설날'을 의미하며, 양력설은 태양력에 의한 '설'이다. 그러나 전통명절은 역시 설날이다. 한때 설에 대해 이중과세라는 낭비성만을 강조했다. 설날에 '민속의 날'이라는 지극히 어색하고 궁색한 이름을 붙인 적도 있다. 1989년부터 우리나라는 음력 정월 초하루부터 본래의 이름인 '설날'을 되찾았다.

(2) 차례와 성묘

설날 아침에는 조상에게 차례를 지낸다. 차례는 종손이 중심이 되어 지내는데, 4대조까지 모시고 그 이상은 시제 때 산소에서 모신다. 차례를 마치고 가까운 집안끼리 모여 성묘를 하는데, 근래에는 설을 전후하여 성묘를 한다. 설날의 가장 중요한 행사다. 설날은 집안의 사당 또는 집 안에서 조상님께 차례를 지낸다. 그런 다음 어른들에게 새해인사를 한다. 이것을 세배라 하며, 아이들은 이 때 세뱃돈을 받는다.

가정에서는 정초에 안택을 하여 집안의 평안을 빈다. 안택은 무당과 같은 전문적인 단골을 불러 집에서 보통 고사보다는 규모가 크게 치르는 일종의 굿이다. 정초에 행하는 신년제의 대표적인 행사다. 지역에 따라서는 주부가 단골무당을 찾아가 비손을 하거나, 집에 불러다가 비손 형식의 굿을 한다. 이를 홍수매기횡수막이라 한다. 해안지역에서는 정초에 무당을 불러 풍어제를 지낸다. 한 해 동안 무사하고 고기잡이가 잘 되기를 기원한다. 서울의 마포와 보문동 같은 강가, 뭍, 마을에서도 동제를 지낸다.

설날은 섣달그믐부터 시작된다고 할 수 있다. 끝나는 동시에 시작되는 날이다. 섣달그믐날 밤에는 잠을 자지 않는다. 이를 수세(守歲)라 하는데, 잠을 자면 눈썹이 하얗게 된다는 속신이 있기 때문이다. 그리고 설날은 세찬의 대표적인 음식인 떡국을 먹는다. 그래야 나이를 한 살 더 먹는 것이고, 떡국을 먹지 않으면 나이를 안 먹는다고 생각했다. 또 복을 끌어들인다는 복조리 풍속도 있다. 세화(歲畵)는 액을 쫓는 신을 그린 그림이고, 도끼를 든 장군을 그려 문 양쪽에 붙였는데, 이를 문배(門排)라 한다. 민간에서는 '용(龍)'자와 '호(虎)'자를 한지에 써서 대문에 붙였다.

설날 꼭두새벽에 거리에 나가 일정한 방향 없이 돌아다니다가 방향에 관계없이 소리를 들어본다. 이 때 까치소리를 들으면 길하고, 까마귀소리를 들으면 불길하다고 했다. 설날 밤에는 야광귀라는 귀신이 하늘에서 내려와 신발을 신어보고 맞으면 신고 가는데, 그때 신발을 잃은 사람은 그 해에 재수가 없다고 한다. 귀신을 쫓는 방법으로 체나 키를 지붕에 매달아놓거나, 혹은 저녁에 고추씨와 목화씨를 태워 독한 냄새를 풍기기도 한다. 그리고 정초에 널을 뛰면 그 해에 발에 좀무좀이 슬지 않는다고 했다.

섣달그믐 무렵부터 즐기던 연날리기는 정월대보름까지 한다. 대보름이 되면 '액연(厄鳶)'이라 하여 연 몸통이나 꼬리에 '송액(送厄)' 또는 '송액영복(送厄迎福)' 등의 글자를 써서 멀리 날려 보낸다.

복식 및 절식 설날에 입는 옷을 '설빔'이라 한다. 색깔이 있는 옷, 특히 어린이들은 색동저고리를 입는다. 그리고 설에 먹는 절식으로 우선 꼽히는 것은 설날의 떡국이다. 떡국에는 소고기나 닭고기를 넣지만, 본디 꿩고기를 넣었다. 꿩고기를 구하기 어려워지자 닭고기를 넣게 되었는데, '꿩 대신 닭'이라는 속담이 시작된 유래이다. 또한 만두를 빚어 넣기도 한다.

세찬(歲饌)은 차례 상에 올린 다음 시식하는 음식이다. 떡국 외에 시루떡도 있다. 고사를 지낼 때에는 붉은 팥시루떡을 쓰지만, 차례를 지낼 때에는 붉은 색이 조상을 쫓는다하여 거피를 낸 팥을 사용하여 떡을 찐다. 이 밖에 인절미, 전유어, 빈대떡, 강정류, 식혜, 수정과 등도 세찬으로 장만한다. 세주는 맑은 청주인데, 역시 차례상에 오르고 산뜻한 봄을 맞는다는 의미에서 차례를 지낸 후 가족들이 함께 마신다.

설의 놀이는 이미 섣달그믐부터 시작된다. 연날리기는 섣달그믐 무렵부터 시작하여 대보름까지 즐긴다. 놀이로는 윷놀이 · 널뛰기 · 승경도놀이 · 돈치기 등을 한다. 윷놀이는 남녀노소 구별 없이 모든 사람이 집 안에서도 하고, 밖에서도 마을 사람들이 어울려 하는 정초의 가장 보편적인 놀이다. 승경도(陞卿圖)는 승정도(陞政圖) · 종경도(從卿圖) · 종정도(從政圖) 등 여러 가지 이름으로 불린다. 주로 양반 가문의 젊은이들과 여자들이 즐겨 놀던 실내놀이다. 관직이나 학업의 등급을 차례로 기입하고, 주사위를 던져 나온 끗수대로 승진하거나 후퇴하는 방식으로 한다. 돈치기는 정초에 청소년들이 동전이나 동전 모양의 쇠붙이를 가지고 노는 놀이다.

설날에는 여자들의 출입을 금기시 했다. 남자들에 대해서도, '상가(喪家)에 다녀온 남자', '개고기를 먹은 남자' 등은 부정이 들기 때문에 남의 집에 출입하지 못하게 했다. 그리고 설날에 바느질을 하면 안 된다는 인식이 있다. 여러 이유가 있지만 '생인손을 앓기 때문', '손에 가시가 들기 때문(손독으로 덧남)', '곡식 뿌리가 삭기 때문', '손가락을 다치기 때문', '손가락이 아리기 때문', '저승에 가서 홀어머니가 되기 때문' 등이었다. 그 밖에도 '설날에 문을 바르면 안 된다', '재를 치우면 안 된다', '곡식을 밖으로 내면 안 된다'는 금기가 있었다.

지역적으로는 '개고기 먹지 않기(경기 이천, 충남 천안)', '늦잠 자지 않기(제주도)', '머리 감지 않기(경기 김포, 의왕)', '물동이 지지 않기(제주도)', '물이나 쓰레기 버리지 않기(경기 이천, 전북 익산)', '물질을 하지 않기(충남 아산)', '방망이소리 내지 않기(제주도)', '배에 여자 태우지 않기(경북 울진)', '봉사한테 점치지 않기(제주도)', '비질하지 않기(제주도)', '빨래하지 않기(전남 목포)', '새벽에 물 길어오지 않기(전북 진안)', '성냥 사지 않기(경기 이천)', '손톱 깎지 않기(제주도)' 등이 있다.

2) 입춘

입춘은 24절기 중 첫 번째다. 보통 양력 2월 4일 경에 해당한다. 음력으로 주로 정월에 드는데, 어떤 해는 정월과 섣달에 거듭 드는 때가 있다. 이럴 경우 '재봉춘(再逢春)'이라 한다. 입춘은 24절기 가운데 첫 절기로, 이 날부터 새해의 봄이 시작된다.

따라서 이 날을 기리고 닥쳐오는 1년 동안 대길(大吉) · 다경(多慶) 하기를 기원하는 갖가지 의례를 베푸는 풍속이 많았다. 그러나 요즘은 입춘축을 붙이는 정도로 그 기능이 축소되었다. 입춘에는 먼저 입춘축(立春祝)을 대문이나 문설주에 붙인다. 입춘축을 달리 춘축(春祝) · 입춘서(立春書) · 입춘방(立春榜) · 춘방(春榜)이라고도 한다. 대개 가로 15센티미터 내 · 외, 세로 70센티미터 내 · 외의 한지를 두 장 마련하여 쓰는 것이 일반적이다. 한지를 마름모꼴로 세워 '용(龍)'과 '호(虎)'자를 크게 써서 대문에 붙이기도 한다.

입춘축에는 보통 '국태민안 가급인족(國泰民安 家給人足)', '우순풍조 시화년풍(雨順風調時和年豊)', '수여산 부여해(壽如山 富如海)', '입춘대길 건양다경(立春大吉 建陽多慶)', '개문만복래 소지황금출(開門萬福來 掃地黃金出)' 같은 글귀를 적어 넣는다. 큰 방 문 위의 벽, 마루의 양쪽 기둥, 부엌의 두 문짝, 곳간의 두 문짝, 외양간의 문짝 등 붙이는 곳에 따라 내용을 달리한다.

하례는 입춘이 새해에 드는 첫 절후이므로 예로부터 궁중과 지방에서 여러 의례를 베풀었다. 입춘하례(立春賀禮 : 백관이 대전에 가서 입춘절을 축하하면 임금이 그들에게 춘번자를 주고, 이날 하루 관리에게는 휴가를 줌), 토우를 내는 일(出土牛事 : 궁중의 역귀를 쫓는 행사 때 '토우를 만들어 문 밖에 내놓아 겨울의 추운 기운을 보낸다'고 하였는데, 고려 때는 입춘에 이것을 행함), 목우(木牛 : 나무로 만든 소를 관청으로부터 민가의 마을까지 끌고 나와 돌아다니는 의례) 등이었다.

입춘의 굿은 제주도에서 행한 굿이다. 해마다 입춘 전날에 무당들이 주사(州司)에 모여 나무로 만든 소에게 제사를 지내고, 입춘날 아침에는 머리에 월계수꽃을 꽂고 흑단령 의복을 차려 입은 호장(戶長)이 나무소에 농기구를 갖춰 나온다. 무당이 행진하여 관덕정 앞마당에 이르면, 호장은 그들에게 여염집에 들어가 쌓아둔 보릿단을 뽑아오게 한다. 뽑아온 보릿단으로 실(實) · 부실(不實)을 판단하여 새해의 풍흉을 점치는 것이다. 농사와 관련된 이 같은 퍼포먼스가 계속되는데, 이는 대개 탐라왕이 몸소 백성들 앞에서 밭을 갈아 풍년을 기원하던 유습이 전해 내려온 것이라 한다. 점복 및 속신 농가에서는 입춘날 보리뿌리를 캐어보아 그 해 농사의 풍흉을 점치는데, 보리뿌리가 세 가닥 이상이면 풍년이고, 두 가닥이면 평년이고, 한 가닥이면 흉년이 든다고 한다. 서울도 입춘날 보리뿌리를 보아 뿌리가 많이 돋아나 있으면 풍년이 들고 적게 돋아나 있으면 흉년이 든다고 했다. 이처럼 지역마다 한 해의 농사를 점치는 속신이 많다. 입춘이 농사를 시작하는 시점이기 때문이다.

절식은 입춘날 입춘절식이라 하여 궁중에서는 오신반(五辛盤)을 수라상에 얹고, 민가에서는 세생채(細生菜)를 만들어 먹는다. 함경도 민간에서는 명태순대를 만들어 먹는다. 입춘날 눈 밑에 돋아난 햇나물을 뜯어다가 무쳐서 입춘절식으로 먹는 풍속이 생겨났으며, 춘일 춘반(春盤)의 세생채라 하여 파 · 겨자 · 당귀의 어린 싹으로 입춘채(立春菜)를 만들어 이웃 간에 나눠먹는 풍속도 있었다.

3) 대보름

'대보름'과 그 유래 '정월대보름'은 세시풍속에서 비중이 크고 뜻이 깊은 날이다. 이 날을 상원(上元), 원소절(元宵節)이라고도 하는데, 이것은 중원(中元, 7월 15일), 하원(下元, 10월 15일)과 연관해서 부르는 한자어다. 이 날을 오기일(烏忌日) 또는 달도(怛忉)라고 부르기도 한다. 기록에 따르면, 『삼국유사(三國遺事)』 사금갑(射琴匣) 조에 까마귀가 소지왕의 위기를 벗어나게 했고, 정월 15일을 오기일(烏忌日)이라 하여 찰밥으로 제사를 지냈다.

이 오기일(烏忌日)에 찰밥으로 까마귀에게 제사지내는 관습은 고려 후기까지 행해졌는데, 대보름의 유래 가운데 하나다. 이 밖에도 상원 연등의 기록은 『삼국사기(三國史記)』 신라본기(新羅本紀)에 보이고, 고려 초부터는 태조의 훈요십조(訓要十條)에 따라 전국적으로 거행되었다. 『세조실록(世祖實錄)』 9년에 보면 "세속에 매년 상원일에 농가에서 농잠의 모양들을 차리고 한 해 풍년의 징조로 여겼다."고 민간의 상원 가농작(假農作)의 풍속을 기록한 것이 보인다. 이를 내농작(內農作)이라고 한다.

대보름의 기록은, 조선 후기의 세시기류들에 이르러 매우 상세하게 나타난다. 의례동제는 지금까지도 여신지모신앙(女神地母信仰)을 주류로 하는 고형(古型)의 전통을 가지고 있다. 한 마을에 사는 주민들이 지역적인 화합을 다지는 민속의 중요한 핵심이다. 달맞이, 달집태우기와 함께 줄다리기 같은 점풍(占風) 놀이로까지 이어진다. 동제에는 선출된 제관이 축문을 읽는 유교적 형태가 일반적이고, 몇 년 걸이로 무당굿이 따르는 것을 동해안 지역에서는 흔히 별신굿이라고 하며 어촌의 서낭굿이다.

정초부터 대보름 전·후에 동네 농악대가 집집을 돌며 즐겁게 놀고 축원해 주는 것을 지신밟기(전국)·매구(埋鬼, 호남)·걸립(乞粒, 중부) 등으로 다양하게 불렸다. 그리고 마을의 상징인 농기(農旗)와 농악대들이 모여 그 서열에 따라 인사를 하는 의식이 기세배다. 전북에서 많이 전승되었는데, 부인들이 붕어나 자라를 사서 강에 놓아주고 소지(燒紙) 축원을 올리는 일이다. 즉 방생(放生)이다. 또한 떼를 지어 횃불을 사르는 쥐불도 성행했다. 논두렁의 잡초와 병충을 없애며, 재가 거름도 되고 논두렁이 여물어지며 농사가 잘된다고 한다.

'설'에는 주로 개인적인 의례로, 개인의 건강이나 집안의 안녕을 기원하는 속신들이 행해지는 게 대부분이라면, '정월대보름'에는 마을공동의 기원인 풍년을 기원하는 속신 형태가 많다. 정월대보름에는 기풍과 관련된 점복이 많이 행해지는데, 풍년을 기원하는 마음에서 그 해에 풍년이 들 것인지를 미리 점쳐보게 되는, 매우 다양한 방식들이 나타나고 있다.

대보름날 초저녁에는 높은 곳에 올라 달맞이를 하고 점을 친다. 달빛이 붉으면 가물 징조이고, 희면 장마가 길 징조이다. 달의 사방이 짙으면 풍년이고, 옅으면 흉년이 들 징조이다. 또 보름달에게 소원을 빌기도 한다. 농군은 농사가 잘되기를, 총각은 장가들기를, 부인들은 아들 낳기를 기원한다.

달과 관련된 풍속으로 청소년들이 짚이나 솔잎, 나무들을 모아 언덕 위에 쌓고 조그만 오두막이나 큰 다락 등의 달집을 만들기도 한다. 그리고는 달이 뜨기를 기다려 불을 지르며 환성을 지른다. 달집 속에 대나무들을 넣어 터지는 폭음으로 마을의 악귀를 쫓기도 한다. 달집이 탈 때 고루 잘 타오르면 풍년이다. 다 타고 넘어질 때 그 방향과 모습으로 흉 · 풍을 점치기도 한다.

이 밖에도 개인의 무사안녕을 기원하는 풍속이 행해졌다. 즉 액을 막아내기 위한 액막이의 형태가 그것이다. 제웅치기의 풍속은 액막이의 대표적인 사례이다. 짚 인형을 만들어 속에 돈이나 쌀을 넣고 그 사람의 생년 · 월 · 일 · 시를 적는다. 이 때 쓰이는 제웅을 대보름 전날 초저녁에 길에 버리면, 주워가는 사람에게 액이 옮아간다는 것이다. 제웅을 한자로 '처용(處容)'이라고 적고 있다.

액을 쫓는 인형

짚 인형 제웅은 정월 14일 밤에 사람의 액을 지고 가도록 길 끝에 버린다. 이 때 인형의 배에 돈을 넣어둔다. 그러면 아이들이 이것을 주워 배를 갈라 돈을 빼낸다. 이는 '배를 가름으로 인해 간접적으로 절개요법(切開療法)을 했던 것'이라고 한다.

【출처】 http://elearning.kocw.net

대보름날 아침에 더위팔기를 한다. 이 날 아침에 사람을 보면 급히 이름을 부른다. 대답하면 곧 "내 더위 사가라."라고 한다. 이것을 '더위팔기'라 하고, 이렇게 하면 그 해에는 더위를 먹지 않는다고 한다. 월천공덕(越川功德)이라 하여 그 해 운수가 나쁜 사람은 짚으로 섬이나 작은 오쟁이를 만들고, 안에 돌이나 흙을 넣되 더러는 돈을 넣기도 한다. 이것을 열 나흗날 저녁에 남모르게 개천에 디딤돌로 놓는데, 이 일을 '다리(橋) 공드린다'고 한다. 다음날 아이들이 오쟁이를 발견하면 돈을 가져가기도 한다.

귀밝이술(耳明酒)은 대보름날 아침에 데우지 않고 차게 한 잔 마시는데, 귀가 밝아진다는 뜻 외에 일 년 내내 좋은 소식만을 들을 수 있다는 의미도 있다. 부럼 깨기 풍속도 마찬가지다. 찹쌀을 쪄서 대추 · 밤 · 기름 · 꿀 · 간장을 섞어 함께 찌고 잣을 박은 것을 약밥(藥飯)이라 하는데, 이것은 대보름의 좋은 음식이자 시루에 쪄서 성주께 올리기 때문에 성주밥 또는 시리(시루)밥이라고도 한다. 전남에서는 지금도 상원에 보리밥을 나물들과 함께 그릇에 담아 볏짚가리나 담 위에 얹어 까마귀를 대접한다. 『삼국유사』 이래의 오기일[3]의 까마귀제사, 까마귀밥들은 그러한 상대의 까마귀 모습의 한 잔영이다.

묵은 나물과 복쌈을 먹는다. 호박고지 · 무고지 · 가지나물 · 버섯 · 고사리 등을 여름에 말려두었다가, 대보름날 또는 정월 열나흘 날에 무쳐 먹으면 더위를 타지 않는다고 한다. 또 김이나 취로 밥을 싸서 먹는 것을 '복쌈'이라고 한다. 이들은 다 오곡밥의 반찬으로 풍성하게 담아먹는 것이다. 놀이 줄다리기는 편싸움의 대표 종목의 하나이고, 역시 대개 대보름 밤에 거행된다.

줄다리기는 아이들 골목 줄다리기에서 어른 줄다리기, 마을 줄다리기, 고을 줄다리기라 할 것들도 있다. 고싸움놀이는 보통 줄다리기의 줄 머리 부분의 둥근 고를 맞대어 상대방을 깔고 누르면 이기는 것이다. 이것이 끝나면 두 고를 연결해서 본격적인 줄다리기가 시작된다.

3 정월(正月)의 상해(上亥) · 상자(上子) · 상오(上午)일에는 모든 일을 조심하고 꺼려 함부로 움직이지 않는 날

그림 8.5 줄다리기의 한 장면

차전놀이는 '동채싸움'이라고도 한다. 지금은 경북 안동에만 전승하는 대보름의 대형 민속놀이다. 수백 명 장정의 머리꾼들이 팔짱을 끼고 어깨로 밀고 나가는데, 동채꾼들이 메는 동채 위에 탄 대장의 지휘로 전진과 후퇴를 하다가, 적의 동채를 눌러서 땅에 대면 이긴다.

석전(石戰)은 두 편으로 갈라 돌을 던져 싸우고, 이기는 편에 풍년이 온다고 했던 대보름의 편싸움놀이다. 한 · 중 · 일에 다 있었고, 한국은 고구려 때부터가 기록이 많았으며, 전국적으로 성행하다가 1930년대에는 소멸된 것으로 여겨지고 있다.

놋다리밟기는 부인들의 놀이다. 허리를 구부리고 앞사람의 허리를 잡고 지은 열위를 성장한 공주가 양쪽 시녀의 부축을 받아 노래에 맞춰서 걸어간다. 때로는 이런 패가 몇 개씩 어울리기도 하고, 곳에 따라서는 기마전 같은 격렬한 싸움도 있었다. 놋다리밟기는 경북 안동뿐만 아니라 전북에도 있다.

다리 밟기는 대보름날 밤에 다리를 건넌다. 이렇게 하면 다리에 병이 나지 않는다. 『동국세시기』는 이 연원을 중국의 도액(度厄)에 있다고 하였다. 경기도 광주에서는 다리 밟기 즈음에 '부인들은 음식물을 물속에 던져 행복을 비는 일'이 있다. 파주에서는 '가까운 곳의 다리를 세 군데 건너는데, 한 다리를 자신의 나이만큼 왕복하고, 만일 홀수의 경우는 다리 아래를 통해서 돌아오는 사람도 있다'라고 한다. 충청남도 대덕 지역에서는 어린아이들이 송명(松明)을 장식하고서 다리 위를 자신의 나이만큼 오가는데, 이때 송명이 꺼지면 그 해는 불운, 꺼지지 않고 환하게 타오르면 운이 좋다고 하여 열심히 휘두른다. 함경북도 회령에서는 '다리 위를 자신의 나이와 같은 수만큼 왕복하고, 마지막에 자신의 웃옷에서 고름을 풀어 거기에 돈을 매, 다리의 모퉁이 쪽 사람의 눈을 피해서 두고 간다.'고 한다.

이러한 사례들로부터 유추되는 것은, 다리 건너기는 살(煞)과 같은 나쁜 기운이나 재앙을 쫓기 위해 하는 것이며, 예를 들어 죽은 이의 영혼을 건네기 위한 다리 건너기와 같은 것을 의도하고 있는 것이다.

대보름 전·후의 농촌놀이에 사자춤이 있다. 함경도 북청에서는 동네마다 사자춤이 있어서 유명하다. 경상도 일대 부산진·동래·수영 등에서는 '들놀음'이라 하고, 통영·고성 등에서는 '오광대'라 부른다. 이들 가면극의 연희 시기도 처음에는 정월 14일이나 15일 밤이었다. 통영처럼 제야에 탈놀이와 매구를 쳤고, 대보름까지는 민가를 돌며 매구를 치고 중광대가 나와서 잡귀를 쫓았다. 나중에는 3·4월의 봄놀이, 9월의 단풍놀이에 오락적 연희가 되었다.

4) 삼진

삼진(三辰)은 음력 3월 3일을 가리킨다. 삼질(삼진날의 준말), 삼샛날 또는 여자의 날이라고 한다. 한자어로는 삼중일(三重日), 삼진일(三辰日), 답청절(踏青節), 계음일(禊飮日) 같은 다른 말이 있다. 파릇파릇한 풀이 돋아 이를 밟는다 하여 답청절이다. 이 날은 9월 9일에 강남 갔던 제비가 옛집을 찾아와 추녀 밑에 집을 짓고 새끼를 친다. 그래서 제비가 돌아오는 날이다. 답청은 사람들이 산으로 나가 화류놀이를 즐기기에 붙여진 이름이다. 지방에 따라서는 화전놀이, 꽃놀이 또는 꽃다림이라고도 한다.

찹쌀가루로 반죽하여 참기름을 발라가면서 둥글게 지져서 먹는 것을 '화전(花煎)'이라 한다. 또 녹두가루를 반죽하여 익혀 가늘게 썰어 오미자(五味子) 물에 넣고, 꿀을 타 잣을 넣어 먹는 것이 '화면(花麵)'이다. 진달래꽃으로 녹두가루와 반죽하여 만들기도 하며, 붉은색으로 물들인 다음 꿀물로 만드는 것은 '수면(水麵)'이다.

여러 가지 떡도 만들어 먹었다. 흰떡을 방울 모양으로 만들어 속에 팥을 넣고, 다섯 가지 색깔을 들여 구슬처럼 꿰어 만든다. 이것을 산떡(饊餠, 꼽장떡)이라고 한다. 또 찹쌀과 송기와 쑥을 넣어 만드는데, 이것을 고리떡(環餠)이라고 한다. 부드러운 쑥 잎을 따서 찹쌀가루에 섞어 찌는데, 이것을 쑥떡이라고 한다. 이 때 빚는 술도 다양하다. 소면주(小麪酒), 두견주(杜鵑酒), 송순주(松筍酒), 과하주(過夏酒)가 유명하고, 관서지방에서는 감홍로(甘紅露), 벽향주(碧香酒)와 해서지방의 이강주(梨薑酒), 호남지방에서는 죽력고(竹瀝膏), 계당주(桂當酒), 호서지방의 노산춘(魯山春), 서향로(瑞香露)가 유명하다.

5) 청명

청명(清明)은 24절기의 다섯 번째이다. 양력으로는 4월 5~6일 무렵에 든다. 이 날은 삼진과 한식(寒食)에 비슷하거나 같을 수 있다. 농촌에서는 청명 무렵에 논밭의 흙을 고르는 가래질을 시작한다. 논농사의 준비작업인 셈이다.

청명은 농사력 기준인 절기의 하나여서 날씨와 관련된 속신이 많다. 청명이나 한식에 날씨가 좋으면 그 해 농사가 잘되고, 좋지 않으면 잘되지 않는다고 점친다. 그리고 바닷가에서는 날씨가 좋으면 어종이 많아져 어획량이 증가한다고 믿는다. 그러나 이 날 바람이 불면 좋지 않고, 또 파도가 세게 치면 물고기가 흔하며, 날씨가 맑아도 물밑에서 파도가 치는 경우가 많다. 어떤 지역에서는 청명에 나무를 심는데, 특히 '내 나무'라 하여 아이가 혼인할 때 농을 만들어 줄 재목감으로 나무를 심는다. 이 날에 성묘(省墓)를 가기도 한다.

청명이란, 말 그대로 날씨가 좋은 날이고, 날씨가 좋아야 봄에 시작하는 농사일이나 고기잡이 같은 생업 활동을 하기에 수월하다. 곳에 따라서는 손 없는 날이라고 하여 특별히 택일을 하지 않고도 이 날 산소를 돌보거나 묫자리 고치기, 집수리 같은 일을 한다. 겨우내 미루어두었던 일들이다.

6) 한식

찬 음식을 먹는 날로, 한식은 동지(冬至) 후 105일째 되는 날인데, 양력으로는 4월 5일 무렵이다. 설날, 단오, 추석과 함께 4대 명절의 하나다. 일정기간 불의 사용을 금하며, 찬 음식을 먹는 고대 중국의 풍습에서 시작되었다. 금연일(禁烟日), 숙식(熟食), 냉절(冷節)이라고도 한다. 한식은 음력을 기준으로 한 명절이 아니다. 따라서 한식은 음력 2월에 있을 수도 있고, 음력 3월에 있을 수도 있다. 그러다보니 2월 한식과 3월 한식을 구분하기도 한다.

한식의 유래는 다음과 같다. 바로 춘추시대의 인물인 개자추(介子推)에 대한 설화이다. "개자추는 망명해 있던 진(晉)나라의 공자 중이(重耳)를 위해 헌신했고, 중이는 마침내 진문공(晉文公)으로 즉위했지만, 개자추에게는 아무런 벼슬을 내리지 않았다. 분개한 개자추는 면산(緜山)으로 은둔했고, 뒤늦게 이를 깨달은 문공이 개자추를 등용하려 했지만, 그는 세상에 나오기를 거부했다. 문공은 개자추를 나오게 하기 위해 산에 불을 질렀다. 그래도 개자추는 끝내 뜻을 굽히지 않고 타죽고 말았다. 이러한 개자추를 기리기 위해 불을 사용하지 않고, 찬 음식만을 먹는 한식이 시작되었다."는 것이다. 그러나 고대의 개화(改火) 의례에서 유래했다는 설도 있다.

우리나라에서 한식을 언제부터 명절로 여겼는지는 알 수가 없다. 가장 오랜 기록은 고려 문종24년(1070년)으로 올라간다. 이 해 한식과 연등 날짜가 겹치므로 연등을 다른 날로 바꾸었다는 것이다. 따라서 늦어도 고려 전기에는 한식이 중요한 명절의 하나로 자리 잡고 있었음을 알 수 있다.

조선시대에도 한식은 중요한 명절로 지켜졌다. 세종13년(1431년)에 한식 사흘 동안 불의 사용을 금지한다는 명령이 내려진 적이 있으며, 매년 임금은 내

병조(內兵曹)에서 바친 버드나무를 마찰하여 일으킨 불을 궁중에 있는 관청과 대신 집에 나누어주는 풍습이 있었다. 그러나 무엇보다도 중요한 것은 조상숭배였다. 왕실이나 민간에서 설날 · 단오 · 추석과 함께 4대 절사(節祀)라 하여 산소로 올라가 성묘를 했다.

한편, 농가에서는 이 날을 기하여 밭에 파종을 했다. 오늘날에는 한식의 의미가 많이 퇴색되었으며, 특히 불의 사용을 금지하거나 찬 음식을 먹는 풍속은 거의 지켜지지 않는다. 그러나 지금도 조상숭배와 관련한 많은 행사들을 하고 있다. 집안에 따라서는 사당에서 조상의 제사를 지내기도 하지만, 많은 가정에서는 성묘를 하고 간단한 제사를 지낸다. 그리고 한식은 식목일과 겹친다.

5. 여름의 세시풍속

1) 초파일

초파일은 석가모니(釋迦牟尼)의 탄생일이다. 탄생을 음력 4월 8일로 보았기에 붙여진 이름이다. 아울러 불교의 전래와 함께 새로 생겨난 세시풍속이다. 가장 큰 행사는 연등(燃燈)이다. 이는 재래로 전승되어온 연등행사와 불교의 연등공양(燃燈供養)이 만난 결과이다. 고대부터 풍년을 기원하는 정월대보름의 농경의례 등에 자연스럽게 뒷받침된 것이다.

불교적 성격을 띤 국가행사인 연등회(燃燈會)는 551년(진흥왕12년)에 팔관회(八關會)의 개설과 함께 국가적 행사로 열렸다. 고려에 들어 불교가 국가종교화 되자 더욱 성행하였다. 초파일은 불교인이 아니라도 우리민족에게 세시명절의 하나로 자리 잡았다.

초파일의 관등

초파일 밤은 등석(燈夕)이라 불렀고, 저녁 무렵 각 집에서 종이로 만든 등에 불을 붙인다. 그리고 남녀가 다투어 높은 곳에 올라 바라본다. 이것을 관등(觀燈)이라 한다. 또한 개성에서는 초파일이 되면 절 앞에 성대한 장이 섰다. 대부분 어린이용품이었는데, 아이들은 어른들이 절에 갔다가 오는 길에 선물까지 주니 즐거운 날이었다.
초파일의 욕불행사(浴佛行事) 또한 성행했다. 석가모니가 태어나자, 구룡(九龍)이 와서 목욕시켰다는 전설에 따라 만들어진 행사이다. 탄생불(誕生佛)을 욕불기(浴佛器) 안에 모셔놓고 신도들이 돌아가면서 바가지로 물을 끼얹어 목욕시킨다.

【출처】 http://elearning.kocw.net

2) 단오

단오의 유래는 음력 5월 5일에 치르는 명절이다. 일 년 중 양기(陽氣)가 가장 왕성한 날이라 하여 큰 명절로 여겼다. 다른 말로 '수릿날'이라고도 하는데, 수리란 '신(神)'이라는 뜻과 '높다'는 뜻이 있다고 보고 있다. '높은 신이 오시는 날'이란 뜻이다. 중오절(重五節), 천중절(天中節), 단양(端陽)이라고도 한다.

단오는 먼저 초나라 굴원(屈原)과 관련이 있다. 그는 충직하고 문장 또한 뛰어나, 초 회왕(懷王)이 특별히 사랑하여 벼슬이 삼려대부(三閭大夫)에 이르렀다. 그러나 회왕이 죽고 양왕(襄王)이 새로 왕이 되자, 간신의 무리가 참소하여 그를 장사 땅으로 귀양을 보냈다. 굴원은 어부사(漁父詞)와 같은 글을 지어놓고 5월 5일 멱라수(覓羅水)에 빠져 죽었다. 그때 사람들이 그의 죽음을 슬퍼하여 해마다 이 날에 제사를 지냈다. 또 다른 이야기가 있다. 한(漢)나라 때 어떤 사람이 구회(歐回)를 찾아왔다. 자신이 옛적 삼려대부라고 하면서, 제사지내 줄 때마다 나쁜 용이 와서 다 먹어버리므로 오동나무잎으로 제물을 싸고 오색당사실로 매어서 주면 좋겠다고 했다. 그 후 사람들이 이를 풍속으로 삼아, 오색고명을 넣고 쑥이나 수리취를 넣어 떡을 만들었다고 한다.

의식으로는, 단오에 창포를 넣어 삶은 물로 머리를 감고 액을 물리치기 위해 궁궁이를 머리에 꽂는다. 궁궁이는 독특한 향기를 가지고 있다. 또 창포뿌리를 깎아 비녀를 만들고, 거기에 귀신을 쫓는 연지나 주사를 발랐다. 여름동안 더위를 먹지 않고 건강하게 지낼 수 있다고 믿는 데서 생긴 풍속이기도 하다. 이를 단오장(端午粧)이라 한다.

절식으로는, 단오에 수리취떡과 앵두화채를 먹는다. 수리취는 모양이 보통의 취나물과 같이 장원형이나, 이면이 백색을 띠고 마른 잎은 불이 잘 붙고 지구력이 있다. 또 생것은 두드려 쑥떡에 쑥을 넣는 것과 같이, 멥쌀가루와 섞어 떡을 만든다. 앵두는 단오 때가 한창 철이어서 진상·천신하며 떡과 화채를 만들어 먹는다. 창포로 빚은 창포주(菖蒲酒)를 마시며, 각서(角黍)라고 하는 고기와 둥근 떡을 먹는다.

놀이로는, 단오에 봄철의 큰 명절인 만큼 여러 가지를 하며 즐겼다. 마을에서는 단오 전에 청년들이 집집마다 다니며 짚을 추렴하여 그네를 만들었다. 단오에는 남녀노소를 막론하고 고운 옷을 입고 그네를 뛰었다. 장정들은 넓은 마당에서 씨름을 하며 승부를 냈고, 맨손으로 승부를 가리는 수박(手搏)을 놀이화한 수박희도 했다.

단오제는 전국적으로 열렸다. 그 가운데서 강릉 단오제가 가장 크다. 이는 유네스코 세계무형문화유산에 선정되었는데, 그 과정에서 중국의 반대가 심했다. 단오가 그들의 풍속이라는 것인데, 유래만 중국에서 왔을 뿐 강릉 단오제는 강릉의 고유한 풍속으로 자리 잡아 있다. 한편, 다른 지역에서는 봉산탈춤, 송파산대놀이, 양주별산대놀이 같은 탈춤과 가면극들이 장터에서 공연되었다.

단오의 그네 타기

그네 타기는 거의 15,6미터 높이인 듯하며, 용감한 놀이다. 경상북도 농민 사이에서는 그네 타기도 점치는 요소 중 하나다. 곧 '당일 비가 내려 그네와 갈아입은 좋은 옷에 빗물이 적시는 것은, 풍년의 조짐이 된다.'고 하는 말이 전해진다.

【출처】 http://elearning.kocw.net

3) 유두

유두는 음력 6월 15일에 치르는 명절이다. '소두(梳頭)', '수두(水頭)'라고도 한다. 머리를 감는다든지, 물머리 곧 물맞이라든지 하는 이 같은 말은 유두에 하는 행사를 담은 것이다. 동류수두목욕(東流水頭沐浴)이라는 말이 있는데, "동쪽으로 흐르는 물에 머리를 감고 목욕을 한다."는 뜻이다. 동쪽이 청(靑)을 상징하며, 양기가 왕성하기 때문이다. 또한 유두가 이두(吏讀)식 표기라고 보는 견해도 있다.

유두는 멀리 신라로 거슬러 올라간다. 옛 기록에는 경주사람들이 이 날 동쪽으로 흐르는 물에 머리를 감아 불길한 것을 씻어버린다고 하였다. 산이나 계곡을 찾아 폭포처럼 쏟아지는 물밑에서 물맞이를 한다. 약수터에서 노구메를 드리는 일도 많았다. 노구는 놋쇠로 만든 작은 솥, 메는 밥을 뜻한다. 그러므로 노구솥에 밥을 지어 올리며 기원을 한다는 뜻이다.

가정에 따라 유두천신을 한다. 이 무렵 참외, 수박 같은 과일이 나기 시작하므로, 햇과일과 함께 밀로 만든 국수, 또는 밀전병을 조상에게 제물로 올려 유두제사를 지낸다. 나아가 논과 밭에서 용신제(龍神祭) 또는 밭제를 지낸다. 이는 풍농을 위한 농신제이다. 제사를 마치면 동네 아이들이 떡을 먹는데, 이를 유두알이라고 한다.

물맞이

제주도의 물맞이는 초복을 시작으로 해서 여름의 삼복, 또 칠석이나 백중(7월 15일)에 제주도민은 물맞이를 한다. 특히 7월 15일의 물맞이는 위병, 요통, 열병을 비롯해 내장 질환에 잘 듣는다고 한다. 또 그 물은 약수로도 마신다. 물맞이 장소로서의 산지 물은 이름이 높다.

【출처】 http://elearning.kocw.net

4) 삼복

삼복은 음력 6월에서 7월 사이에 든 초복, 중복, 말복이다. 하지로부터 셋째 경일(庚日)이 '초복(初伏)', 넷째 경일이 '중복(中伏)', 입추 후 첫째 경일이 '말복(末伏)'이다. 복날은 10일 간격으로 들기 때문에, 초복에서 말복까지는 20일이 걸린다. 이처럼 20일 만에 삼복이 들면 복(每伏)이라고 한다. 하지만 말복은 입추 뒤에 오기 때문에, 중복과 말복 사이가 20일이 되는 경우도 있다. 이를 월복(越伏)이라 한다.

복(伏)자는 사람이 개처럼 엎드려 있는 형상이다. 복날은 장차 일어나고자 하는 음기가 양기에 눌려 엎드려 있는 날이라는 뜻이다. 가을철 금(金)의 기운이 대지로 내려오다가, 아직 여름철의 더운 기운이 강렬하기 때문에 일어서지 못하고 엎드려 복종한다는 것이다. 복날 개고기를 먹는 것은 부족한 쇠(金)의 기운을 보충하기 위해서이다. 오행으로 보면 개는 서쪽에 해당하며 금(金)에 속한다. 그래서 더위로 허해진 심신의 균형을 바로 세울 수 있다고 믿었다.

6. 가을의 세시풍속

1) 칠석

칠석은 음력 7월 7일에 치르는 세시명절이다. 헤어져 있던 견우(牽牛)와 직녀(織女)가 만나는 날이라는 전설이 있다. 칠석은 중국의 『제해기(齊諧記)』에 처음 나타난다. 주(周)나라에서 한대(漢代)에 걸쳐 우리나라에 유입되기까지 윤색을 거듭하여 온 것으로 보인다. 특히 우리나라를 거쳐 일본까지 전해졌을 것으로 보이는데, 일본은 지금 우리보다 훨씬 풍성한 칠석행사를 벌인다.

견우와 직녀 설화는, 옥황상제가 다스리는 하늘나라 궁전의 은하수 건너에 부지런한 목동인 견우가 살고 있었다. 옥황상제는 견우가 부지런하고 착하여 손녀인 직녀와 결혼시켰다. 그런데 결혼한 견우와 직녀는 너무 사이가 좋아, 견우는 농사일을 게을리 하고 직녀는 베 짜는 일을 게을리 했다. 그러자 사람들이 천재(天災)와 굶주림으로 고통을 받게 되었다. 이것을 본 옥황상제가 크게 노하여 두 사람을 은하수의 양쪽에 각각 떨어져 살게 하였다. 견우와 직녀는 은하수를 사이에 두고 서로 애만 태울 수밖에 없었다. 부부의 안타까운 사연을 알게 된 까마귀와 까치들은 해마다 칠석날에 이들이 만나도록 하기 위해 하늘로 올라가 다리를 놓아주니, 이것이 오작교(烏鵲橋)다.

견우와 직녀는 이 날 오작교를 건너 일 년 동안 쌓였던 회포를 풀고 다시 헤어져야 한다. 다음날 까마귀와 까치의 머리를 보면 모두 벗겨져 있는데, 그것은 오작교를 놓기 위해 머리에 돌을 이고 다녔기 때문이라고 한다. 하루 전에 내리는 비는 만나서 흘리는 기쁨의 눈물이고, 이튿날 내리는 비는 헤어지면서 흘리는 슬픔의 눈물이라 한다. 또는 낮에 오는 비는 기쁨의 눈물이고, 밤에 오는 비는 슬픔의 눈물이라고 한다. 강원도 양양에서는 칠석에 비가 내리는지 안 내리는지를 살펴 풍흉(豊凶)을 점쳤다. 만약 비가 오지 않으면 흉년, 비가 내리면 풍년이라 보았다. 견우와 직녀가 만나 기쁨의 눈물을 흘렸기 때문이다.

한편, 이날 아침에는 일찍 논에 나가지 않는다. 신(神)이 들에 내려와 들마다 곡식의 생산량을 정해준다고 믿었기 때문이다. 사람이 바깥에 나와 돌아다니면 신(神)이 수확량을 감한다는 이야기가 전한다.

2) 백중

백중은 음력 7월 15일에 치른다. 세벌김매기가 끝난 다음이어서 가장 한가로울 때다. 그러므로 실제로 농사를 짓는 농민들의 여름철 축제다. 주인이 음식과 술을 내기도 하며, 가장 일을 잘한 머슴을 뽑아 특별상을 주기도 했다. 백종(百種), 중원일(中元日), 망혼일(亡魂日)이라는 이름도 있다.

백중은 불교에서 부처의 탄생, 출가, 성도, 열반을 합한 4대 명절에 더하여 우란분재(盂蘭盆齋)가 행해지는 날이다. 그래서 절에서는 치르는 행사가 많다. 민간에서 망혼제(亡魂祭)를 지내고, 절에서는 스님들이 하안거(夏安居)를 끝낸다. 우란분재는 조상 영혼의 천도, 참회와 중생제도에 뜻을 두었다.

백중놀이는 두레 먹기에서 두드러진다. 두레 일꾼들이 모처럼 노동의 피로를 풀어내는 축제였다. 그래서 호미걸이, 호미씻이, 술멕이, 풋굿, 질먹기라는 이름으로 불리는 지역도 있다. 머슴들에게는 백중빔이라고 하여 새 옷을 장만해 주었으며, 모처럼 휴가를 주어 백중장에서 즐기도록 하였다. 농민들에게는 일 년에 두 차례 축제가 존재했다. 겨울철 휴한기인 정월대보름과, 여름철 휴한기인 7월 백중이 그것이다. 지금은 밀양 백중놀이가 본디의 모습을 지켜가고 있다.

3) 추석

추석은 설날과 함께 우리민족이 즐기는 가장 큰 명절로 음력 8월 15일에 치러진다. 가배(嘉俳), 가배일(嘉俳日), 가위, 한가위, 중추(仲秋), 중추절(仲秋節), 중추가절(仲秋佳節)이라고도 한다. 가위나 한가위는 순수한 우리말이며, 가배는 가위를 이두식의 한자로 쓰는 말이다.

중국의 『수서(隨書)』 동이전(東夷傳) 신라(新羅)조에는, "8월 15일이면 왕이 풍류를 베풀고 관리들을 시켜 활을 쏘게 하여 잘 쏜 자에게는 상으로 말이나 포목을 준다."라고 했다. 『구당서(舊唐書)』 동이전(東夷傳) 신라(新羅)조에도, "해마다 정월 초하룻날이면 서로 하례를 하는 예식을 여는데, 왕이 잔치를 베풀고 또 해와 달의 신에게 절한다. 팔월 보름이면 풍류를 베풀고 관리들을 시켜 활을 쏜 자에게 상으로 포목을 준다."라는 기록이 있으며, "신라인들은 산신(山神)에 제사지내기를 좋아하며 8월 보름날이면 크게 잔치를 베풀고 관리들이 모여 활을 쏜다."라고 하였다. 추석의 유래를 가장 잘 밝혀주는 기록이다.

사람들은 '5월 농부, 8월 신선'이라 말한다. 가장 바쁜 철인 5월을 지나, 8월은 농사가 다 마무리 된 때여서, 신선처럼 지낼 수 있다는 뜻이다. 그래서 "더도 말고, 덜도 말고 늘 가윗날만 같아라."라는 속담도 나온다.

추석은 서양의 행사로 보면 농공감사일(農功感謝日)이다. 그러므로 송편을 빚어 차례를 지내고 성묘하는 일이 중요하다. 미리 벌초하고, 추석날 아침에 햇곡으로 빚은 송편과 각종 음식을 장만하여 조상님께 차례를 지내고 성묘를 한다. 일반적으로 추석(8월 15일)에는 성묘를 한다. 정월에도 성묘를 하는 지방이 있지만, 이것은 이 시기에 조상의 신령이 돌아온다는 것을 의미한다.

의례의 올베심리는 주로 호남지역에서 행하는 올벼 천신(薦新)이다. 올기심리, 올계심리, 오리십리, 올비신미라고 부른다. 벼가 다 여문 무렵 혹은 채 여물기 전에 여문 부분을 골라 찧은 쌀이 올벼이다. 술과 조기, 햇병아리, 햇무 같은 것들을 상에 차려 조상에게 바치고, 온 집안 식구가 모여 그 음식을 나누어 먹는다. 또 추석을 전후해서 잘 익은 벼, 수수, 조 같은 곡식의 이삭을 한 줌 베어다가 묶어 기둥이나 문설주에 걸어두는데, 이것을 올게심리라고 한다. 이러한 의례는 이듬해 풍년이 들게 해달라는 기원의 뜻과 풍농을 예축하는 의미를 담고 있다.

추석의 명절식은 송편이다. "가을 맛은 송편에서 오고, 송편 맛은 솔내에서 온다."는 말이 있다. 가을 송편은 햅쌀로 솔내를 맑게 해준다. 특히 올벼로 만든 오려송편이 제격이다. 웃기로 쓰는 송편은 삼각형의 작은 골무만한 것으로 이를 골무송편이라 한다. 송편과 함께 토란국을 차례상에 올리기도 한다. 토란국은 다시마와 소고기를 섞어 끓인다. 화양적은 햇버섯, 도라지, 소고기에 갖은 양념을 하여 볶아 꼬챙이에 끼운 음식이다. 누름적은 화양적과 같은 방법으로 하되, 밀가루나 달걀을 묻혀 지진 음식이다. 이 음식들 역시 차례상에 올린다.

추석 무렵에는 송이버섯의 향기가 유난히 좋다. 송이회, 송이전, 송이전골이 일품이며, 음식의 고명으로도 송이버섯을 많이 사용한다. 한편, 겨울의 저장용 반찬거리를 마련할 시기여서 박고지, 호박고지, 호박순, 고구마순도 거두어 말리고 산채를 말려 묵은 나물을 준비한다. 추석의 놀이로는 강강술래, 줄다리기,

소놀이, 거북놀이, 소싸움 같은 놀이를 한다. 특히 강강술래와 같은 원무(圓舞)가 중심을 이룬다. 한가윗날 보름달 아래서 노는 원무는 한층 운치가 있다. 풍농을 기원하고 예축하는 신앙적인 의미가 함께 들어 있다.

(1) 강강술래

강강술래는 풍요를 상징하는 달에 비유되는 놀이다. 농경사회에서 보름달은 풍요를 상징하며, 이는 여성과도 관련된다. 여성은 생산의 주체이므로 여성 자체가 풍요를 상징하는 존재이며, 정월대보름의 만월(滿月)은 만삭의 여성으로 비유된다. 따라서 대보름날의 강강술래 놀이는 여성들이 풍요의 달 아래에서 논다는 의미에서 풍요의 극치를 의미한다.

강강술래는 원무만 하는 것이 아니다. 고사리껑자(꺾자), 덕석몰이, 청어영짝(엮자), 문열어라, 기와밟기, 가마등, 닭살이, 남생이놀아라 같은 여러 놀이가 있다. 이것을 모두 하는 것은 아니고, 몇 개씩 어울려서 한 놀이를 이룬다. 강강술래가 주로 전라도에서 즐기는 놀이인 반면, 경상도에서는 이와 같은 놀이로 월월이청청, 놋다리밟기가 있다. 또 남자들이 원무를 중심으로 노는 놀이로 쾌지나칭칭이 있다.

(2) 소놀이와 거북놀이

소놀이는 멍석을 쓰고 소 모양으로 가장하여 집집마다 찾아다니며 즐겁게 놀아주고 음식을 나누어먹는 풍년을 기원하는 놀이이다. 두 사람이 서로 궁둥이를 맞대고 엎드린 후 그 위에 멍석을 씌운다. 앞사람은 멍석 밑에서

거북놀이

잘 깎은 막대기 두 개를 내밀어 마치 뿔처럼 보이게 하고, 뒷사람은 동아줄을

한 가닥 늘어뜨려 마치 소꼬리처럼 보이게 한다. 이때 농부 한 사람이 앞에서 소의 고삐를 잡고 끌고 간다. 소 뒤에는 풍물패가 따르며 흥을 돋우고, 소를 앞세운 일행은 부잣집을 찾아간다. 대문 앞에서 소고삐를 잡은 사람이 “소가 배고파서 왔습니다. 여물과 뜨물을 주시오.”라고 소리치면, 주인은 음식을 차려 대접한다. 이렇게 여러 집을 찾아다니며 마을사람 모두가 즐겁게 보낸다. 거북놀이는 소 대신 거북으로 가장하여 노는 놀이다.

(3) 씨름

추석의 놀이로 빼놓을 수 없는 것이 씨름이다. 씨름은 5월 단오, 음력 7월 백중에도 하지만, 추석놀이로 많이 즐긴다. 장사는 그 자리에서 더 이상 도전자가 없을 때까지 겨루어 뽑는데, 이기게 되면 ‘판막음했다’고 한다. 대체로 마을과 마을의 대항전이 많았다. 그만큼 경쟁심이 높았는데, 추석 무렵 알찬 수확을 과시하는 놀이기도 하다.

(4) 소싸움

청도 소싸움

봄부터 여름 내 소먹이는 머슴들이 산등성이와 강변에서 소싸움을 붙여 그 마을에서 가장 힘센 소를 뽑는다. 이렇게 뽑힌 소에게는 극진한 대접을 하는데, 심지어 보약까지 먹인다. 상머슴이 고삐를 잡고 싸움판에 소를 끌고 들어가 싸움을 붙인 후 한쪽 소가 밀리거나 달아나면 지는 것으로 정한다. 소싸움은 여름 내 어느 집 머슴이 소를 잘 먹이고 건강하게 했는가를 가리는 싸움이기도 하다. 그래서 이긴 소는 목과 뿔을 비단과 종이꽃으로 장식하고, 그 위에 머슴이 타고 마을로 돌아온다. 그러면 주인집에서 거나하게 술을 한

잔 대접한다. 경북 청도의 소싸움이 유명하다.

(5) 줄다리기

정월대보름 못지않게 추석에도 줄다리기를 많이 한다. 『동국세시기(東國歲時記)』에는 이를 조리지희(照里之戲)라고 하였다. 조리지희에서는 줄이 끊어지도록 만들어서 노는 데에 익살을 부린 것이다.

동래의 줄다리기

정월 15일에는 남부의 각지에서 줄다리기를 하였다. 경상남도 동래도 15일에 성대하게 행하였다. 다만, 「동래읍지」에서는 5월 5일의 단오날에 읍내의 남녀가 그네타기를 하고, 또 줄다리기를 하여 풍흉을 점쳤다고 한다.

다른 명절에 날씨를 보고 농사 점을 보는 것과 마찬가지로, 추석 때도 그 날의 날씨와 사정을 보아 점을 친다. 8월 초순이면 대개 백로(白露)가 들고, 곧 서리가 내리는 중추(中秋)이다. 추석에 비가 내리면 흉년이 든다. 특히 이듬해 보리농사가 흉작이다. 또 달이 보이지 않으면 개구리가 알을 배지 못하고, 토끼도 새끼를 배지 못한다. 메밀을 비롯한 곡식도 흉작이다. 구름이 너무 많거나 구름이 한 점도 없으면, 그 해 보리농사가 흉년이다. 구름이 적당히 떠서 벌어져 있어야 풍년이라고 믿는다.

【출처】 http://elearning.kocw.net

4) 중양절

중양절은 음력 9월 9일이다. 이 날을 중구(重九)라고도 한다. 시기적으로는 삼월 삼짇날 강남에서 온 제비가 이때 돌아간다. 중양절 또한 중국에서 유래한 명절로, 그곳에서도 매년 음력 9월 9일에 행하는 한족(漢族)의 전통 절일이다. 중양절은 중국에서는 한나라 이래 오랜 역사를 가지고 있으며, 당송(唐宋) 대에는 추석보다 더 큰 명절로 지켜졌다.

등고회(登高會)는 중양절의 중요한 행사이다. 우산(牛山)에 올라 눈물을 흘렸다는 제나라 경공(景公)에 대한 기록을 근거로, 중국에서는 이미 전국시대부터 행해졌다고 주장한다. 우리나라에서도 신라 이래로 군신들의 연례 모임이 이날 행해졌으며, 특히 고려 때는 국가적인 향연이 벌어지기도 했다. 조선 세종 때는 중삼 곧 3월 3일과 중구를 명절로 공인하였다. 양(陽)이 가득한 날이라고 하여 수유주머니를 차고 국화주를 마시며 높은 산에 올라 모자를 떨어뜨리는 것이 등고의 풍속이다. 서울 사람들은 남산과 북악에 올라가 음식을 먹으면서 놀았다고 한다.

한편, 중양절은 농촌이 한창 바빠지는 때이기도 하다. 남자는 그 해 논농사를 결산하는 추수를 하고, 여자는 마늘을 심거나 고구마를 수확한다. 퇴비 만들기, 논물 빼기, 논 피사리 등은 남녀 공동 작업이다. 지방에 따라서는 목화도 따야 하고 또 콩, 팥, 조, 수수, 무, 배추 같은 밭작물의 파종과 수확이 겹친다. 그러므로 농촌에서는 중양절이라고 하여 특별한 행사를 벌이기보다는 평상 때와 똑같이 보내는 곳이 더 많다. 그러나 양수가 겹친 길일(吉日)이므로, 여유가 있는 계층에서는 이 날을 즐겼다. 중양절은 국화가 만발할 때이므로 국화주, 국화전을 만들어 먹는다. 또 추석이 햇곡으로 제사지내기 이른 시기이기 때문에, 추수가 마무리되는 중양절에 따로 중구차례를 지냈다.

7. 겨울의 세시풍속

1) 시제

시제는 한식 또는 음력 10월에 5대조 이상의 묘소에서 지내는 제사이다. 그러나 우리나라에서는 고려시대부터 묘제를 중시하여 사시마다 묘소에서 절사를 지냈기 때문에 사시제와 중복되는 경우가 많았다. 2월에는 한식, 5월에는 단오, 8월에는 추석, 11월에는 동지와 중복된다. 그래서 설, 단오, 추석, 동지에는 사당에서 차례를, 한식 및 10월에는 묘제를 지내기도 하였다. 사시묘제가 점차 한식과 10월 초하루로 축소됨에 따라 이를 사시묘제로서 시제라고 하였다. 시제 대상도 5대조 이상의 묘제로서 굳어졌다.

2) 동지

작은설인 동지는 24절기의 스물두 번째에 해당한다. 1년 중 밤이 가장 길고 낮이 가장 짧은 날이다. 대체로 양력 12월 22일이나 23일 무렵에 든다. 동지가 음력 11월(동짓달) 초순에 들면 애동지, 중순에 들면 중동지, 그믐 무렵에 들면 노동지라고 한다. 태양력인 동지에다가 태음력을 잇대어 태음태양력으로 세시풍속을 만들고 뜻을 부여하였다. 민간에서는 동지를 흔히 아세(亞歲) 또는 작은설이라 하였다. 이 날부터 태양이 다시 살아나기 때문이다. "동지를 지나야 한 살 더 먹는다.", "동지팥죽을 먹어야 진짜 나이를 한 살 더 먹는다."라는 말이 나왔다. 이를 동지첨치(冬至添齒)라고 한다.

동지에는 동지팥죽을 먹는다. 팥을 고아 죽을 만들고 여기에 찹쌀로 단자를 만들어 넣어 끓이는데, 단자는 새알만한 크기로 하기 때문에 새알심이라 부른다. 먼저 사당에 올려 동지고사(冬至告祀)를 지내고, 각 방과 장독, 헛간 같은 집안의 여러 곳에 놓아두었다가 식은 다음에 식구들이 모여 먹는다. 사당에 놓는 것은 천신의 뜻이고, 집안 곳곳에 놓는 것은 축귀의 뜻이다. 팥의 붉은색이 양색(陽色)이므로 음귀를 쫓는데 효과가 있다고 믿었기 때문이다. 사람이 드나드는 대문이나 문 근처의 벽에 뿌리는 것 역시 악귀를 쫓는 주술행위의 일종이다. 그러나 애동지에는 아이들에게 나쁘다고 해서 팥죽을 쑤지 않는다는 주술적인 의미가 있다.

3) 납일

납일(臘日)은 동지 뒤 세 번째 미일(未日)이다. 이 날이 되면 대개 음력으로 12월 연말이므로, 지난 한 해를 돌아보고 조상에게 제사를 지낸다. 한 해 동안의 농사형편이나 그 밖의 일을 고하는 제사를 묘사(廟社)에서 지내는데, 조정에서는 종묘와 사직에 제사를 지내며 나라의 형편에 대해 고했다. 또 사직에서는 농사의 형편을 아뢰고 제사를 지냈다. 이것을 종묘대제(宗廟大祭)와 사직대제(社稷大祭)라고 한다. 이 제사를 납향(臘享)이라 한다.

'납(臘)'자는 사냥한다는 뜻의 '렵(獵)'자에서 유래되었다 하여 사냥하는 풍속이 있다. 이 날 잡은 짐승 가운데 특히 참새는 늙고 약한 사람에게 이롭다고 하여 그물을 많이 쳐서 잡았다. "참새가 소 등에 올라가서, 네 고기 열점과 내 고기 한 점을 바꾸지 않는다."라고 했다는 속담이 있다. 또한 납일에 온 눈의 물은 약용으로도 쓰며, 그 물에 물건을 적셔두면 구더기가 생기지 않는다고 했다. 이 날 내린 눈을 곱게 받아 깨끗한 독 안에 가득 담아두었다가, 녹은 물로 환약을 만들 때 반죽하고, 안질을 앓는 사람이 눈을 씻으면 효과가 있다는 민간처방이 있었다. "책이나 옷에 바르면 좀이 먹지 않고, 김장독에 넣으면 맛이 변하는 일이 없다."고 하였다. 납일에 오는 눈을 '납평치' 또는 '납설수(臘雪水)'라고도 한다.

4) 제석

제석(帝釋)은 음력으로 한 해의 마지막 날 곧 섣달그믐이다. 세밑, 눈썹 세는 날, 제야(除夜) 묵은 설로도 부른다. 섣달그믐은 한 해의 마지막이므로 새벽녘에 닭이 울 때까지 잠을 자지 않고 새해를 맞이한다. 이러한 수세(守歲) 풍습은 송구영신(送舊迎新)의 의미를 가지고 있다.

제석에는 묵은세배(舊歲拜), 수세(守歲), 만두차례, 나례(儺禮), 약태우기, 연말대청소, 이갈이예방, 학질예방과 같은 풍속이 전한다. 제석은 묵은 설이므로 저녁 식사를 마친 후 일가어른들에게 세배를 드린다. 이것이 묵은세배이다. 지역에 따라서는 저녁식사 전에 하기도 하는데, 이 날 만두를 먹어야 나이 한 살을 더 먹는다고 한다. 일부 가정에서는 복만두(보만두)라 하여, 만두 하나 속에

엄지손톱만 한 작은 만두를 여러 개 집어넣어 만든다. 차례가 끝난 후 저녁을 먹기 위해 다시 만둣국을 끓일 때 복만두를 넣는데, 이것이 들어간 그릇을 받는 사람이 신년 복을 가져간다고 점친다. 소를 키우는 집에서는 만두를 소에게 먼저 먹이고, 식구들이 먹는다고 한다.

섣달그믐은 한 해를 결산하는 마지막 날이므로, 밀린 빚이 있으면 이 날 안에 갚고, 그러지 못하면 정월대보름 이전에는 빚독촉을 하지 않는다. 그래서 섣달은 '남의 달'이라 하여 한 해를 조용하게 마무리한다. 성주, 조왕, 용단지 같은 가신(家神)에게도 불을 밝혀주는데, 종지에 기름을 붓고 심지를 만들어 넣어 불을 켰다. 매사를 정리하고 큰 물건을 함부로 사지 않으며, 솥을 사면 거름에 엎어두었다가 그믐날에 부엌 아궁이에 걸면 탈이 없다고 한다. "섣달그믐이면 나갔던 빗자루도 집 찾아온다."라든지, "숟가락 하나라도 남의 집에서 설을 지내면 서러워서 운다."라는 속담은 한 해를 그만큼 잘 정리하라는 뜻이다.

복조리장수

섣달그믐 밤 자정을 넘어서면, 도시에서는 복조리장수가 온다. 조리는 대나무 제품으로 각 가정에서는 쌀을 일면서 돌을 골라내는데 쓴다. 보통은 1년에 쓸 만큼의 조리를 두세 개 묶어 사서 부엌이나 방 귀퉁이에 걸어놓는다. 조리 안에는 돈이나 음식 또는 성냥이나 긴 실을 넣어둔다. 연초에 산 조리는 복을 부르므로 '복조리'라 한다. 다만, 농촌에서는 그 해 처음 열리는 시장에서 사는 것이 보통이다.

【출처】 http://elearning.kocw.net

8. 윤달의 세시풍속

1) 윤달

윤달(閏月)은 가외로 있는 달이다. 공달, 즉 '남의 달'이라고도 한다. 윤달은 태음력에서 계절의 추이를 맞추기 위해 평년의 12개월에다 한 달 더 보탠 달을 말한다. 보통 3년에 한 번 돌아온다. 윤달을 '가웃달'이라고도 한다. 가웃은 접미사로서 수량을 나타내는 되·말·자의 뒤에 붙어 그 단위 절반가량의 남는 분량을 이르는 말이다. 또 다른 풀이로는 '가(加)'와 '웃(上)'의 '달(月)'이 있다. 음력으로 한 달이 더 위에 붙어 있는 달, 곧 '남는 달'이라는 뜻이다. 이 두 가지를 합해보면 가웃달이란 '여분의 달', '앞의 큰 달에 붙어 있는 남는 달', '한 달이 더 위에 붙어있는 달'이라는 뜻이다.

윤달은 남는 달이므로 액이 없다하여, 이 달에만 행하는 세시풍속이 생겨났다. 혼례나 가옥의 건축 및 수선 등이다. 또 수의(壽衣)의 재봉을 하는데, 예로부터 노년의 부모를 위해 수의와 관을 준비해 두는 오랜 관습이 있었다. 액 없는 윤달을 쓰는 대표적인 사례이다. 한편, 절에서는 윤달의 불공을 부처님이 기뻐한다고 여겼다. 그래서 윤달의 절에는 신도가 많이 모인다. 부녀자들이 성곽 위에 올라가 산성(山城)의 능선을 따라 밟으며 열을 지어 도는 성 돌기, 성밟기도 이때에 한다.

2) 생전예수재

예수재(預修齋)는 절에서 하는 불공의 하나로, 사후(死後)를 대비하여 살아있을 때 쌓는 공덕이다. 살아있을 때 한다고 해서 '생전예수재(生前預修齋)'라 부른다. 이는 삼사순례(三寺巡禮), 가사불사(袈裟佛事)와 함께 윤달에 행하는 대표적인 불교민속의 하나다.

예수재는 민간이 주체로 참여하는 불교의례의 전형이다. 이는 종교에 의지하여 내세의 복락을 구하는 민간의 심성과 깊이 결합된 기복불교(祈福佛教)이다. 그러나 '미리(預) 닦는다(修)'라는 말에서 알 수 있듯이, 불자들이 소홀했던 자기수행을 점검하고 선행을 발원하는데 의의가 있다.

자신의 극락왕생만을 위해서가 아니라, 이웃을 위한 보시행으로 공덕을 쌓는 의례이기도 하다. 보시행으로는 방생을 많이 한다. 유족들이 행하는 천도재와 달리, 자신의 노력으로 스스로를 구제하는 자력수행이다. 씻김굿에 산 씻김굿이 있는 것과 비슷하다.

3) 묘소 고치기

묘소를 손보는 일에 면례(緬禮), 사초(私草), 벌초(伐草) 등이 있다. 이런 일은 평소에 하는 것을 몹시 꺼린다. 잘못하면 집안에 우환이 생긴다고 믿기 때문이다. 그래서 묘소 고치기도 윤달에 많이 한다. 윤달이 3월에 들면 잔디뿌리가 잘 내려 이장을 많이 한다. 사초와 벌초를 하고 봉분을 성토한다. 무덤의 무너진 부분을 고치며 객토하고 떼를 입힌다. 산소의 석물을 함부로 건드리지 않는데, 특히 집안에 임신부가 있을 때 더욱 그러하다. 묘비나 상석 등은 윤달에 수리하거나 새로 만들어 놓는다. 여름에 윤달이 들면 면례는 하지 않는다. 윤달이라고 모두 좋은 것은 아니기 때문이다.

04 민속신앙, 세시풍속과 문화관광

민속신앙, 세시풍속과 문화관광과 관련하여 여러 가지 의미가 있다. 세시풍속은 농촌지역을 중심으로 생활공간을 기반으로 한 희로애락을 증감시키려는 노력을 수반하고 있다. 덧붙여서 기복신앙의 관점에서도 생각할 수 있다. 또한 민속신앙이나 세시풍속에 있어서도 문화관광의 자원화를 하는데 큰 역할을 하고 있다. 결과적으로, 관광자원으로서 충분한 가치가 있으며 시기에 맞게 적절하게 변형하여 충분한 놀이로 직접적인 참여가 가능한 관광자원화가 가능하다.

민속신앙, 세시풍속과 문화관광이 자원화를 이루기 위해서는 다음과 같은 특징이 있다.

첫째, 세시풍속은 전통 민속놀이의 직접적인 참여 · 관람의 욕구가 강하다. 관광객이 참여욕구나 학습욕구의 정도 차이는 전통놀이 문화에 대한 계승, 참여가 가능하다.

둘째, 세시풍속은 전통놀이 문화에 대한 재미성, 신명성, 향수성 등 관광자원으로서의 가치가 있다.

셋째, 세시풍속도 전통적인 생활방식에 의해 전통 민속놀이로서 나타나는 것이 큰 특징이다. 만속놀이는 아무런 제약이나 구성도 없이 나타나고 있어 스토리나 의미부여, 구성을 한다면 관광자원으로서의 가치가 있다.

넷째, 세시풍속은 전통 민속놀이로서 볼거리, 놀거리로서 충분한 가치가 있다.

다섯째, 문화적 고유성을 지니고 있기 때문에 대상과 소재로서 관광자원화가 된다면 공간의 고유화 된 이미지를 강화시킬 수 있다.

여섯째, 세시풍속을 기반으로 한 민속놀이는 특정한 공간을 바탕으로 개최되기 때문에, 만속놀이가 펼쳐지는 공간에 대해 그 가치를 증대시킬 수 있다.

일곱째, 관광객들이 방문한 관광목적지에 대한 기억을 남기기 위해선 볼거리, 살거리, 놀거리, 먹을거리 등 여러 가지가 있다. 특히 지역에서만 할 수 있는 고유문화 프로그램은 관광지에 대한 기억으로 남는다.

사례연구

민속명절 '정월대보름' VS 서양의 '데이문화'

올해 2월 14일은 좀 특별한 날이다. 음력으로는 1월 15일, 새해의 첫 보름달이 떠오르는 정월대보름이다. 이 날은 또 '밸런타인데이'이기도 하다. 여성이 좋아하는 남성에게 초콜릿을 선물하며 사랑을 전하는 서구풍습이다. 한국 전통명절인 정월대보름, 서양풍습인 밸런타인데이, 두 날이 묘하게도 겹쳐지는 것이다. 정월대보름은 한식, 설, 단오, 한가위와 더불어 우리민족의 주요 민속명절이다. 정월대보름에 벌어지는 세시풍속은 전체 세시풍속 가운데 1/4을 차지할 정도로 다양하고 풍성하다. 그만큼 의미가 깊다는 뜻이다. 그러나 요즘엔 정월대보름은 잘 모르고 밸런타인데이를 즐긴다. 그래서 어쩌면 2월 14일은 한국사회에서 민족 대대로 이어져 온 전통 민속명절과 어느 틈엔가 새로운 풍속으로 자리 잡은 서구명절의 위상과 현주소를 대조적으로 보여주는 날이다. 급속한 산업화, 서구화에 따른 우리 전통문화의 속살이 단적으로 드러나는 셈이다.

잊혀지는 '세시풍속', 확산되는 '데이문화'

전통 세시풍속은 급속히 쇠락하고 있는 게 안타까운 현실이다. 당초 농경문화와 음력에 바탕을 둔 한국인들은 일 년 내내 24절기에 따라 풍성한 세시풍속을 누리고 한껏 즐겼다. 전국 곳곳의 지역마다 그 특성에 따라 놀이, 음식문화도 다채로웠다. 작고한 민속학자 임동권이 세시풍속을 집대성한 책 『한국세시풍속』을 보면 1년 중 세시풍속 행사는 무려 192개에 이른다.

먼저, 음력으로 새해 첫날인 1월 1일 설에는 설빔을 차려입고, 정성스레 차린 차례상 앞에서 할아버지부터 손자까지 함께 모여 차례를 올렸다. 가족 간, 이웃 간 덕담을 주고받고 갖가지 놀이도 했다. 정월대보름 아침에는 부럼을 깨물며 나쁜 기운을 몰아내고 한 해 동안 좋은 일만 있기를 바랐고, 오곡밥과 묵은 나물을 먹으며 건강도 챙겼다. 이름도 재미난 귀밝이술에는 일 년 내내 좋은 소식만을 듣고 귀도 밝아진다는 소박하고 정겨운 믿음이 담겨 있다. 또 달집태우기를 하고 더위를 팔아치우는 익살스러운 일도 벌였다. 고싸움, 지신밟기, 볏가리대 세우기 등으로 마을주민 모두가 하나 되어 마을의 안녕과 풍요로움을 기원하며 서로가 공동체임을 확인한다. 설이 개인적인 성격이 강하다면, 정월대보름은 공동체적 성격이 짙은 셈이다.

입춘을 지난 삼짇날(3월 3일)에는 화전놀이를 했고, 한식(4월 초)에 이어 5월 5일은 단오다. 단오에 더위를 쫓으라고 부채를 선물로 주고받는 것은 지금 생각해도 아름답고도 운치 있는 미풍양속이다. 세시풍속은 유두와 백중, 한가위 등을 지나 한해의 마지막 날인 섣달그믐까지 계속된다. 대대로 이어진 세시풍속에는 우리 문화의 여러 뿌리가 살아있고, 선조들의 삶의 지혜가 녹아있으며, 많은 이야깃거리가 들어있는 셈이다. 하지만 임동권 선생이 확인한 192개의 세시풍속 중 지금도 명맥이 이어지고 있는 것은 과연 얼마나 될까.

점차 사라져가는 전통명절과 달리 밸런타인데이(Valentine Day)처럼 갖가지 이름을 단 '데이문화'는 빠르게 확산되고 있다. 정체성이 모호하지만 이런 '~데이'는 마치 전통 세시풍속처럼 달마다 1~2개씩 있다. 대표적인 것만 보더라도 3월에는 남자가 좋아하는 여자에게 사탕을 주는 화이트데이, 4월에는 남녀가 검은 옷을 입고 자장면을 먹는 블랙데이, 11월엔 특정 과자를 주고받는 'ㅇㅇㅇ데이' 등이 있다. 세태 변화에 따라 '데이문화'도 우리사회를 반영하는 만큼 새 풍속으로 받아들여야 한다는 주장도 있다. 또한 물론 받아들일 부분도 있다.

하지만 지나치게 상술에 휘둘려 상업적인 것들, 엉뚱한 문제를 발생시키는 것은 경계해야 한다. 밸런타인데이만 해도 일본의 초콜릿 제조·유통 기업이 서구의 밸런타인데이를 차용, 초콜릿 판매를 늘리기 위해 마케팅 차원에서 활용한 것으로 알려져 있다. 이런 날이 누군가에는 상처가 되는 부작용이 일어나기도 한다.

문화사대주의적 양상이 심한 경우도 있다. 성직자들이 귀신 모습으로 악귀를 쫓아내는 켈트족 신앙에서 유래한 것이 미국을 통해서 이 땅에 들어와 자리 잡은 할러윈데이(Halloween Day)도 그 중 하나다. 그래서 관련 세미나 등을 열어 데이 문화의 문제점을 지적하는 뜻있는 시민단체, 지식인들의 행동은 주목받아야 마땅하다. 그렇다면 전통 세시풍속이 사라지는 이유는 뭘까. 모두가 짐작할 만하다. 농경문화, 마을을 중심으로 한 공동체사회가 근대화란 이름아래 극도로 산업화·서구화되면서다. 양력을 쓰고, 밥보다는 빵, 한복보다는 양복, 한옥보다는 아파트처럼 일상 속의 의식주가 통째로 변하면서 생활양식이 바뀐 것이다. 더욱이 한국의 산업화·서구화는 지구상 어떤 나라보다 빠르고, 압축적으로 진행됐다. 아예 정부가 나서 전통적인 여러 풍습을 야만적이고, 미신이라고 비판하며 배척 정책을 펴기도 했다. 세계적으로 유례가 드문 일이다. 경제적 측면에선 '한강의 기적'이란 평가도 얻었지만, 문화적으로 보면 잃은 것이 더 많은 기적이다.

부럼 나누기

달집 태우기

전통문화를 사랑하고 아끼는 많은 사람들, 지식인들은 오래 전부터 세시명절과 그 풍속의 쇠락을 안타까워하고 있다. 한편으로는, 세시풍속의 쇠퇴가 마치 '데이문화' 때문인 양 데이문화 탓으로 돌리기도 한다. 물론 데이문화의 개선도 중요하지만, 더 중요한 것이 있다. 바로 전통 세시명절과 그 풍속을 현대적으로 계승하고 재창조하는 일이다. 전통이니까, 민족문화니까 무조건 지켜야 한다는 맹목적인 복원이 아니다. 다양한 놀이문화, 음식문화, 의미 깊은 사회적 기능 등이 녹아있는 세시풍속에서 지금 이 시대에 유효한 여러 지혜를 찾아내고 거기에 의미를 부여해야 한다. 세시풍속이 그저 옛날 것이 아니라, 현대사회에서도 얼마든지 응용되고 계승할 만한 가치가 있는 것인지를 보여줘야 하는 것이다. 실제 세시풍속은 충분히 그럴만한 가치가 있지만, 앞만 보고 달려온 서구화·산업화 과정에서 우리 모두가 관심을 가지지 않았을 뿐이다.

예를 들어, 정월대보름은 주로 마을단위, 요즘으로 보면 지역단위의 명절이다. 고싸움 등은 놀이이기도 하지만, 지역민들 모두가 서로 기대고 의지하는 공동체성을 확인하는 문화다. 공동체적 삶의 중요성을 강조하는 이런 풍속은 개인화된 현대사회가 낳는 각종 문제를 극복하고 지역공동체를 살리는 새로운 대안이 될 수 있는 것이 아닐까. 아파트 부녀회나 지역을 기반으로 하는 조기축구회 같은 많은 모임 차원에서 지역적으로 응용·활용하면 이웃 간 나누고 배려하는 공동체 문화의 장점을 충분히 챙길 수 있다고 본다. 나아가 세시풍속은 영화나 소설, 뮤지컬, 애니메이션 등 문화콘텐츠의 주요자산도 될 수 있다. 또 여름·겨울방학 때에 맞춰지는 세시풍속은 도시가족들의 농촌체험 프로그램과 연계하여 참가자들에게 더 풍성하고 즐거운 경험을 안길 수 있다. 정월대보름을 맞아 달맞이 명소를 홍보하는 전국의 지자체들은 달맞이 참여자들을 달집태우기 같은 체험 프로그램과 결부시켜 상승효과를 내는 방안의 모색도 가능하다.

실제 세계적으로 유명한 상당수의 축제도 그 나라, 지역의 세시풍속을 바탕으로 한 것이 많다. 브라질의 리우 '카니발'이 그렇고, 새해를 맞아 서로에게 물을 뿌려 행운을 부르고 액을 쫓는 데서 유래한 태국 '송크란'도 마찬가지다. 몽골의 '나담축제', 독일의 '옥토버페스트', 노르웨이 '바이킹축제', 하와이의 '알로하축제' 등도 전통문화를 뿌리로 하여 현대적 계승과 재창조가 이뤄진 것들이다.

이러한 전통적 세시풍속이 의미 있는 문화행사로 활성화되고 확고하게 자리 잡기 위해서는, 정부와 지자체들의 지원이 필수적이다. 여기에 전통문화·축제전문가 등 다양한 분야 전문가들의 콘텐츠 발굴과 현대적 재창조 노력이 합쳐져야 한다. 이젠 세태를 탓하며 전통 세시풍속의 쇠락을 안타까워 할 때가 아니라, 현대적 계승과 발전을 위해 행동에 나설 때다. 이번 정월대보름에 우리사회 각 주체 모두가 이를 깨닫고, 움직이는 계기가 되었으면 좋겠다.

【출처】 http://www.cff.or.kr

CHAPTER 09

음식관광

Understanding of

Culture Tourism

01 음식관광의 개념과 특성

1. 음식관광의 개념

음식은 인간생활의 필수요소로서 인간의 생명유지 및 삶의 즐거움을 가져다 주며, 문화의 한 측면으로써 지역의 문화적 차이를 강조하고 문화의 정체성을 나타내는 초석이다(Delamont, 1994). 또한 음식은 숙박 및 교통, 관광명소, 관광활동과 같이 관광 체험의 가장 기본적이고 결정적인 역할을 한다(Reynolds, 2004). 이처럼 관광과 '좋은 음식의 준비 및 감상(음미와 평가)을 포함한 지식이나 활동'으로 정의되는 미식Gastronomy은 가깝고도 오래된 관계로(Correia et al., 2008), 문화관광과 관련되어 있으며, 관광목적지의 문화를 분명하게 나타내는 것으로 여겨진다(Hjalager & Corigliano, 2000).

음식Culinary Or Food과 관광Tourism이 합쳐진 특수목적관광SIT을 음식관광이라 하며, 관광목적지의 음식에 대한 관광객의 흥미와 연관되어 있다(Mohanty, 2014). 또한 관광의 핵심요소로 관광목적지의 음식문화 · 향토미 · 인정을 경험하고, 음식을 배우고 체험하는 것이 관광활동의 목표로 작용하며, 이러한 음식 관련 관광활동에 대한 참여 형태는 매우 진지하고 적극적으로 일반관광에서의 음식 체험과 차이가 있다(장지원 등, 2014). 최근 음식관광에 대한 다양한 연구가 이루어지고 있으며, 연구자, 기관, 협회 등에 따라 음식관광의 개념 및 용어의 사용에 차이를 보이고 있다. 가장 많이 언급되는 용어로 요리관광Culinary Tourism, 미식관광Gastronomy Tourism 등으로 불리며, 연구자들의 음식관광에 대한 정의는 다음과 같다.

표 9.1 음식관광의 개념

구 분	내 용
International Culinary Tourism Association(ICTA)	음식을 통해 즐거움을 찾는 것으로, 문화관광의 일부이며 고급 레스토랑이 아니더라도 방문지역에서의 독특하고 기억할 만한 식도락을 경험하는 등의 행위이다. 음식관광은 독특한 음식이벤트, 요리학교, 식료품점 및 레스토랑과 와이너리 등 모두를 포함하고 있다.
Canadian Tourism Commission(CTS)	음식, 와인과 관련된 독창성과 진정성을 찾기 위한 활동으로, 음식관광에는 농촌관광활동, 토착민축제, 음식축제, 요리교실, 주말농장, 과수원 체험, 지역특산물 구매, 농산물 직거래장, 음식 / 와인 / 맥주관광, 전통음식 체험, 관광지 내 레스토랑 식사 등이 포함된다.
World, Food Travel Association(WFTA)	각양각지에서 특별하고 기억할 만한 음식과 음료 체험을 추구하거나 즐기는 것이다.
Hall & Mitchell(2001)	SIT의 일종으로 음식의 주요 생산지 방문, 음식축제 참여, 레스토랑이나 특정한 장소에서 음식을 시식하거나 특산물 생산지역의 특성을 체험해 보는 것 등이 동기를 자극하는 중요한 요소로 관광하는 것이다.
Hall & Sharples(2003)	음식 자원을 보유한 지역을 여행하는 것으로, 음식과 관련된 체험 또는 활동이 관광의 주요동기로 작용하는 것이다.
Ignatov & Simith(2006)	음료를 포함한 지역음식의 구입 또는 소비, 식품생산의 관찰 및 연구가 중요한 동기 또는 활동으로 나타나는 관광여행이다.
문화체육관광부(2006)	• 광의의 의미 : 관광객이 관광지에서 경험하는 음식과 관련된 모든 활동으로 음식을 먹는 것, 구입하는 것, 음식 만드는 장소를 방문하는 것, 음식을 만드는 과정을 관찰하거나 배우는 것 등의 모든 활동이 포함된다. • 협의의 의미 : 관광의 주된 목적이 음식과 관련된 활동을 하는 것을 의미하며, 이는 음식의 주요생산지를 방문, 음식축제 참여, 레스토랑이나 특정한 장소에서의 시식, 특산물 생산지역의 특성을 체험해 보는 것이 여행 동기를 자극하는 중요한 요소로 작용한다.

음식관광은 음식Local Food이 한 사회의 가장 중요한 자연 · 문화유산의 하나라는 것을 강조한 것으로써 음식과 관광을 합성한 새로운 개념으로(Horng & Tsai, 2012), 다른 나라 혹은 지역의 문화를 체험하기 위해 일상에서 벗어난 다른 장소에서 특정한 음식과 음료를 즐기고 탐색하기 위한 여행을 말한다. 이는 음식과 음료의 준비, 담음새 및 제공 방식, 먹는 방법을 비롯한 F&B와 관련된 모든 의미 있는 체험을 포함한다(Long, 2004; Wolf, 2004).

또한 음식관광은 음식 관련 체험을 통해 즐거움을 찾는 것으로, 문화관광의 일부라고 할 수 있다. 고급레스토랑이 아니더라도 관광지에서 독특하고 기억할 만한 식도락 경험을 하는 행위로, 음식축제 및 이벤트, 독특한 식품점, 레스토랑, 주말농장, 과수원 체험, 농산물 직거래장, 전통음식 체험, 요리교실, 와이너리 방문 등을 포함한다고 하였다(장지원 외, 2014). 음식 자체보다는 관광활동으로서의 음식 체험에 중심을 둔 견해라고 할 수 있다. WFTAWorld Food Travel Association, 2014는 음식관광에 대해 'Food Tourism'이라는 용어를 사용하면서 음식 및 음료관광Food and Drink Tourism, 즉 Wine Tourism, Beer Tourism, Gourmet Tourism, Commodity Tourism을 모두 포함하는 개념이라고 설명하고 있다.

와인관광Wine Tourism은 '여행하는 동안 와인과 와인 관련 체험을 추구하고 즐기는 것', 맥주관광Beer Tourism은 '여행하는 동안 맥주와 맥주 관련 체험을 추구하고 즐기는 것', 미식관광Gourmet Tourism은 '여행하는 동안 고가의 음식과 음료를 추구하고 즐기는 것', 상품관광Commodity Tourism은 '여행하는 동안 농수산특산품(초콜릿, 커피, 차, 해산물 등)을 추구하거나 즐기는 것'으로 정의했으며, 결과적으로 음식관광은 각양각지에서 특별하고 기억할 만한 음식과 음료 체험을 추구하거나 즐기는 것이라고 정의하였다(WFTA, 2014). 이러한 용어의 사용 및 개념의 차이에도 불구하고, 음식관광은 관광활동의 측면에서 특정지역의 음식 및 음식문화와 관련된 모든 활동을 포함하고, 여행 동기의 측면에서 관광의 주된 목적이 음식과 관련된 활동을 체험하기 위한 관광이라고 할 수 있다.

2. 음식관광의 범위

음식관광은 음식 재료의 주요생산지 방문, 음식축제 참가, 음식의 시식을 위해 특정 장소나 레스토랑 방문, 특산물 생산지역의 특성을 체험해 보는 것 등이 여행의 동기를 자극하는 중요한 요소로서 작용한다(Mitchell & Hall, 2003).

이러한 맥락에서 Hall & Sharples(2003)는 음식에 대한 흥미로 인한 활동 및 행동, 목적지 선택에 영향을 받는 여행자와 여행 경험의 일부로서 음식을 소비하는 여행자를 구별할 필요가 있다고 전제하고, 여행 동기로서의 음식에 대한 관심 정도에 따라 식도락관광Gourmet Tourism, 미식관광Gastronomic Tourism, 요리관광Culinary Tourism, 농촌 · 도시관광Rural & Urban Tourism으로 분류하였다. 음식에 대한 관심도와 관광객의 수를 기준으로 하여, 관광객 수는 적지만 음식이 여행 동기의 1차적 관심을 갖는 형태를 Gourmet Tourism 혹은 Gastronomic Tourism이라고 했으며, 관광객 수는 많아지지만 음식에 대한 관심 정도는 점차 작아지는 형태를 Culinary Tourism과 Rural & Urban Tourism으로 음식관광의 범위를 분류하였다. 그러나 여행기간 동안 일상적으로 반복된 식사를 해야 하기 때문에 익숙한 레스토랑을 찾는 것은 관광에서의 음식 관련 활동과 구분된다.

또한 Tikkanen(2007)은 핀란드의 사례를 중심으로 음식관광을 인간의 욕구가 중요도별로 일련의 단계를 형성한다는 매슬로우의 '욕구단계설'에 연결하여, 니즈와 동기를 중심으로 5가지의 음식관광 범위를 소개하였다. Hall & Sharples (2003)의 음식관광의 분류와 비교할 때 분류기준의 차이로 그 개념에 약간의 차이가 있으나, 중간단계인 사회적 욕구로써의 음식관광은 Culinary Tourism과 유사한 형태로 볼 수 있다.

한편, 한국컬리너리투어리즘협회KOCTA, 2014는 음식관광은 본질적으로 식(食) 자원이 근간을 이루고 있으므로 농업과 음식을 기본 줄기로 하여 그 범위를 제안했으며, 지역을 기반으로 융합하면 새로운 6차산업형 관광상품이 탄생할 수 있다고 하였다.

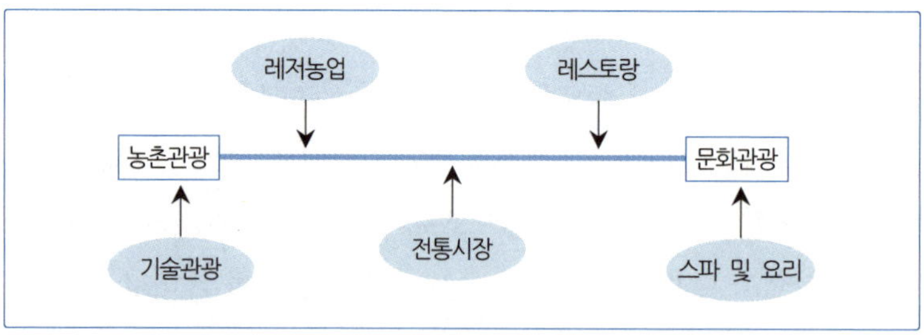

자료 : 한국컬리너리협회(2014). 푸드큐레이터 기획부터 해설까지

그림 9.1 음식관광의 개념도

3. 음식관광의 중요성

관광목적 지역의 다양한 음식 관련 자원을 기반으로 한 관광으로 주목받고 있는 음식관광의 중요성은 다음과 같다.

첫째, 음식관광은 지역의 정체성 및 문화발전에 중요한 역할을 한다. 유물론적 개념으로 볼 때 음식은 문화이며, 여행과 지역생산물의 소비는 현지문화를 공유하는 것을 의미한다. 지역을 대표하는 전형적인 음식을 먹고 지역의 와인을 마시는 것은 현지 주민과 친교를 맺는 방식 중 하나이다(Antonioli, 1995). 대부분의 관광객에게 여행 현지에 대한 지식 및 문화와 음식에 대한 체험은 여행 체험의 가장 매력적인 부분으로써 특정장소에 대한 인식을 자극하고, 지역사회가 그들의 특징과 문화를 유지하도록 장려한다. 이러한 과정은 세계각지에 지역음식의 정체성을 유지하기 위한 지역의 특징과 문화의 씨앗을 전파하고, 미래의 성장을 위한 지속 가능한 식품시스템을 구축하는 것과 비슷하다. 이 과정에서 관광은 핵심역할을 한다(Boyne, Hall & Williams, 2003). 그 예로 캐나다관광협회Canadian Tourism Commission는 음식과 관광이 캐나다 정체성 확립과 문화적 발전에 중요한 역할을 한다는 것을 확인하고, 문화관광 시장에 새롭게 등장한 중요한 구성요소로써 음식관광을 목표로 한다고 하였다(CTC, 2001). 이처럼 음식관광은 문화관광 시장의 중요한 부분을 차지하고 있다. 음식관광 상품을 판매하는 것은 관광목적지의 정체성을 알리고 강화하는데 큰 영향을 미치며, 지역의 문화지도 형성, 더 나아가 지역의 정체성 확립 등에 강력한 단초를 제공해 주는 역할을 한다(Hall & Sharples, 2003).

둘째, 음식관광은 관광목적지의 이미지 및 경제에 중요한 역할을 수행한다. 관광의 생산과 소비를 이루는 핵심 구성요소로써 미식은 관광객을 위한 체험과 시장성 있는 이미지의 중요한 공급원이다(Richards, 2002). 따라서 최근 많은 관광목적지가 관광촉진을 위한 유인요인 및 중요한 틈새시장으로서 로컬푸드Local Food와 지역의 요리를 주시하기 시작했다(Henderson, 2004; Kivela & Crotts,

2005). 우리나라를 포함한 캐나다 및 호주, 홍콩, 싱가포르, 남아프리카, 일본, 태국과 같은 많은 나라에서 음식관광을 위한 전략을 수립하고 이를 추진하기 위해 노력하고 있다. 특히 홍콩과 싱가포르는 음식관광을 촉진하고 있는 아시아 국가들로 자국 관광의 주요 매력을 현지 음식레스토랑에서의 식사와 음식축제에 참여하는 것과 같은 음식 관련 활동과 이벤트에 좀 더 초점을 맞추고 있다(Horng & Tsai, 2010).

셋째, 음식관광은 지역의 식재료 생산, 가공, 외식서비스와 결합하여 지역 기반 경제 활성화를 이끌 수 있다. 음식은 지역의 정체성 및 경제에 실질적인 영향력을 가지며, 음식관광은 지역의 음식생산 및 소비경제를 강화시키고, 지역 전통음식의 맥을 전승하며 지역의 정체성을 유지 · 발전시킬 수 있는 잠재력을 제공한다(윤선희, 2008). 또한 음식관광은 매우 다양한 관광 체험과 품질, 가치를 제공할 수 있으며, 숙박기간 및 지출을 확장하고 1년 내내 관광객을 끌어들일 수 있는 잠재력을 가진다고 하였다(CTC, 2002).

따라서, 국내관광의 민간소비 지출액 구성비 중 음식점이 항공이나 숙박보다 중요한 산업으로 나타나고 있다(한국문화관광연구원, 2006). 음식관광으로 인해 지역경제 개발, 고용창출, 지방세 및 외환 증가 등의 효과가 발생하며(Elmont, 1995), 특히 초보를 비롯한 한시적 고용이 증가하면서 음식의 요리 · 소매 · 유통을 담당하는 관련 산업은 수입품에 대한 의존도를 낮출 수 있게 된다고 하였다(이영주, 2008). 지역의 음식 자원은 사람들이 지역을 방문하는데 큰 영향을 미칠 수 있는 매력요인이며, 음식 관심도가 높은 관광객들에게는 지역음식을 체험하는 것이 특정지역을 방문하는 주요 동기일 수 있다. 뿐만 아니라 최근 음식관광 관련 연구를 통해 음식이 관광의 만족도를 제고하는데 중요한 요인으로 나타나고 있다. 반면, 음식서비스에 대한 불만족은 전반적인 여행불만족으로 이어지고, 결국 재방문 의사에도 영향을 미치게 되므로 이에 대한 고려가 필요하다(유지윤 · 서용석, 2009).

02 한국의 음식관광 자원

1. 전국의 향토음식

한 민족의 전통 식생활 양식은 그 민족이 처한 자연 환경과 사회적 환경에 의해 형성되고 발전되었다. 우리나라는 지리적으로 북위 33~43도, 경도 124~132도에 위치한 반도로 온대기후를 가지고 있는데, 사계절의 구분이 뚜렷하고 지역적으로 기후의 차이가 있어 각 지방마다 지역의 특성을 살린 음식들이 고루 발달되어왔다. 지역별로 살펴보면 다음과 같다.

1) 함경도음식

함경도는 밭곡식이 많고 남한지방의 곡식보다 매우 차지고 맛이 구수하다. 함흥냉면은 홍어, 가자미 등의 생선회를 맵게 비벼먹기도 한다. 다대기라는 말도 이 고장에서 나온 말로, 고춧가루에 갖은 양념을 넣어 만든 것을 말한다. 음식의 모양이 크고 장식이나 기교는 적다.

대표적인 함경도음식
함흥냉면, 강냉이밥, 찐조밥, 감자국수, 옥수수죽, 얼린 콩국수, 콩부침 등

2) 평안도음식

평안도는 해산물이 풍부하고 평야가 넓어 곡식도 풍부하다. 추운지방이므로 겨울에는 육류와 콩, 녹두 등으로 만든 음식을 즐기며, 음식도 먹음직스럽게 큼직하고 푸짐하게 만든다. 특히 겨울에 먹는 음식이 발달되었다. 국수를 즐겨

먹고 겨울에 냉면, 여름에 어복쟁반이라는 더운 국수를 먹는다. 냉면은 동치미 국물에 말고, 꿩탕에 말아먹기도 한다.

대표적인 평안도음식
평양냉면, 어복쟁반, 온면, 만둣국, 고사리죽, 녹두지짐 등

3) 황해도음식

황해도에서는 쌀과 질 좋은 잡곡의 생산이 많아 조밥을 많이 먹는다. 황해도는 곡물 중심의 떡이 다양하게 발달되어 있고, 맛은 구수하며 모양은 소박하다.

대표적인 황해도음식
잡곡밥, 된장떡, 호박김치찌개, 수수죽, 밀범벅, 강엿, 새우찜, 황해도고기전, 오쟁이떡, 좁쌀떡 등

4) 서울음식

서울은 전국 각지에서 생산된 여러 가지 재료가 수도인 서울에 모이기 때문에, 이것들을 활용한 다양한 음식이 발달되었다. 서울음식의 간은 짜지도 맵지도 않은 적당한 맛을 지니고 있다. 양념들은 곱게 다져 쓰고, 음식의 양은 적으나 가짓수를 많이 만든다. 북쪽지방의 음식이 푸짐하고 소박한데 비해, 서울음식은 모양을 예쁘고 작게 만들어 멋을 낸다.

대표적인 서울음식
설렁탕, 잣죽, 떡국, 국수장국, 육개장, 신선로, 구절판, 탕평채, 도미찜, 경단 등

5) 강원도음식

강원도에는 산과 바다가 있어 여러 종류의 산물이 나는데, 산악지방의 감자, 옥수수, 메밀, 도토리 등으로 만든 음식과 해안의 해산물로 된 소박한 음식들이 향토음식으로 꼽힌다. 산악지방은 육류를 쓰지 않는 담백한 음식이 많으나, 해안지방은 멸치나 조개를 넣어 음식 맛을 낸다. 이곳에서는 멥쌀이나 찹쌀로 만든 떡보다는, 감자를 중심으로 한 밭작물과 산채를 이용하여 만든 떡이 발달되어 있다. 따라서 맛이 극히 소박하고 구수한 것이 특징이며, 옥수수의 산지답게 이것으로 만든 엿이 유명하다.

대표적인 강원도음식

감자밥, 메밀막국수, 감자수제비, 강냉이범벅, 감자부침, 오징어구이, 오징어회, 소미역쌈, 소미역튀각, 명태식해, 도토리묵, 감자송편, 감자경단, 찰옥수수시루떡, 메밀총떡, 옥수수엿, 더덕생채, 동태순대, 오징어순대, 감자시루떡 등

6) 경기도음식

경기도는 서해안에서 채취되는 해산물이 풍부하고, 동쪽 산간지대에서는 산채가 많아 여러 가지 식품이 고루 생산되는 지역이다. 개성을 제외하고는 전반적으로 소박하며 양이 많은 편이다. 간은 세지도 약하지도 않은 서울과 비슷한 정도이고, 양념도 많이 쓰는 편이 아니다. 각 지역마다 생산되는 산물을 이용하여 여주에서는 여주땅콩강정, 가평에서는 가평송화다식 등이 발달되었다.

대표적인 경기도음식

조랭이떡국, 오곡밥, 냉콩국수, 팥죽, 개성순대, 삼계탕, 갈비탕, 개성약과, 수수부꾸미, 오미자화채, 개성경단, 개성주악 등

7) 충청도음식

충청도는 농업이 성하고 서해에는 좋은 어장이 있어 곡식과 채소, 그리고 해산물이 풍부하다. 충청도음식은 사치스럽지 않고 양념도 많이 쓰지 않는다. 국물을 내는 데는 고기보다는 닭 또는 굴, 조개 같은 것을 많이 쓰며, 양념으로는 된장을 즐겨 쓴다. 부식에 늙은 호박을 많이 쓰며 음식의 양이 많고 맛이 순하다. 충청도는 곡류가 비교적 풍부한 편이어서 곡류 중심의 떡이 발달되어 왔다. 특히 찹쌀과 콩을 주재료로 하여 만든 소머리떡은 그 맛이 좋기로 유명하다. 또 이 지역에서는 인삼이 많이 재배되고 있어 인삼약과, 수삼정과 등 인삼을 이용한 음식이 많이 만들어지고 있다.

대표적인 충청도음식
소머리떡, 호박범벅, 늙은호박찌개, 호박고지적, 공주깍두기, 호도장아찌, 넙치아욱국, 애호박나물, 호박송편, 수삼정과, 인삼약과 등

8) 경상도음식

경상도는 동해와 남해에 좋은 어장을 가지고 있어 해산물이 풍부하며, 땅이 기름져서 농산물도 넉넉하게 생산된다. 생선을 고기라고 할 정도로 생선을 즐겨먹고, 대체로 음식이 짜고 매운 편이다. 음식은 멋을 내거나 사치스럽지 않고 소담하게 만든다. 경상도는 날씨가 따듯해 고춧가루를 많이 사용한 매운 음식이 많아 아구찜, 가오리찜, 장아찌류 등의 음식이 발달되어 있다. 영국의 엘리자베스여왕이 다녀갔던 안동지역은 양반문화를 중시 여기던 고장으로 양반들만의 음식상, 제사상 등이 구분되어 있기도 하고, 안동식혜가 유명하다.

대표적인 경상도음식

아구찜, 따로국밥, 애호박죽, 조개국수, 추어탕, 곰탕, 토란줄기찜, 콩잎김치, 당귀장아찌, 더덕장아찌, 단풍콩잎장아찌, 유과, 칡떡, 안동식혜, 해물잡채, 장어조림, 부추김치, 파김치, 찹쌀부꾸미 등

9) 전라도음식

전라도는 땅이 기름져서 풍부한 곡식과 각종 해산물, 산채 등 다른 지방에 비해 산물이 많아 음식의 종류가 다양하며, 음식에 대한 정성이 유별나고 사치스러운 편이다. 콩나물 기르는 법과 조리법이 특이하며, 고추장과 술맛이 빼어나다. 간은 다른 지방에 비해 짜게 하는 편으로, 매운맛과 자극적인 맛이 두드러지며 고춧가루, 젓갈 등 양념을 많이 사용하여 저장성이 뛰어난 것이 특징이다.

대표적인 전라도음식

전주비빔밥, 콩나물국밥, 깨죽, 대합죽, 꽃게미역국, 파산적, 콩나물잡채, 대합구이, 홍어찜, 꼬막무침, 죽순탕, 순창고추장, 꽃송편 등

10) 제주도음식

제주도는 자연환경의 영향으로 쌀은 거의 생산하지 못하며 콩, 보리 등의 잡곡을 생산한다. 해산물이 풍부하며 소 · 말 등의 목축이 성하고, 향토음식으로는 돼지고기와 닭고기, 생선을 이용하는 음식이 발달하였다. 제주도음식은 해초가 주된 재료이며, 된장으로 맛을 내고 각각의 재료가 가지고 있는 자연의 맛을 그대로 살리는 것이 특징이다.

대표적인 제주도음식

미역죽, 전복죽, 옥돔죽, 닭죽, 돼지족탕, 옥돔구이, 전복회, 소라회, 고사리전, 전복김치 등

2. 음식관광 자원과 체험

음식은 관광목적지의 지속가능한 경쟁우위를 제공할 수가 있다(Crouch & Ritchie, 1999). 또한 지역음식은 관광의 지속가능성 향상을 위한 큰 잠재력을 가지고 있으므로 관광 및 관련 산업의 기획자는 고객의 욕구충족 및 지역경제 신장을 위해 노력하며, 지역 및 지역음식 자원의 취급에 견실한 프레임워크를 구축해야 한다(Handszuh, 2003). Lgnatov & Smith(2006)는 지속가능한 음식관광을 위해 음식관광 자원을 크게 음식과 관련된 시설, 활동, 이벤트, 조직으로 분류했으며, 음식관광 상품 특성에 따라 자원을 서로 연계하여 복합적으로 구성할 수 있다고 하였다. 이러한 음식자원은 모두 지역을 기반으로 하고 있으며, 관광객은 목적지를 방문하여, 일상생활과 상이한 색다른 체험을 위해 관광을 선택하게 된다(양봉석, 2006).

관광욕구를 충족시키기 위한 목표지향성 행동이 바로 체험활동이다(송화성 · 박석희, 2006). 음식관광은 음식과 관련된 다양한 활동을 체험할 수 있는 관광 상품으로, 일반 관광체험에서 무시될 수 있는 미각체험이 가장 중요시되는 오감체험을 특징으로 하며, 체험과정에 고객의 참여 역할이 중요한 관광 상품이다(Wolf, 2004).

음식관광 자원은 관광객의 관여도에 따라 다양한 음식관광 체험활동으로 창출될 수 있다(이인옥 · 김태희 · 손건, 2012). 이러한 음식관광 자원 중 향토음식을 기반으로 하는 축제이벤트는 지역의 고유성과 전통성을 부각시키면서 외래관광객을 유치할 수 있는 강력한 수단이 된다(이경모 · 손선미, 2006).

표 9.2 음식관광 자원의 분류

시 설	활 동	이벤트	조 직
• 건물구조 – 시설가공시설 – 와이너리 – 양조장 – 농산물직거래센터 – 식품소매점 – 음식관련 박물관	• 소비 • 레스토랑 식사 • 피크닉 • 음료수 구매 • 농산물 수확	• 소비자 전시회 • 음식 및 와인쇼 • 조리기기/주방쇼 • 신제품 시연행사	• 레스토랑 분류 • 음식/와인인증시스템
• 공간 – 농장과수원 – 와이너리 – 식당	• 관광 • 와이너리 • 농촌 • 도시	• 축제 • 음식축제 • 와인축제 • 농촌 수확축제	• 관련협회
• 코스 및 트레일 – 음식 루트 – 와인 루트 – 와식 트레일	• 교육 • 요리학교 • 시식/시음 • 와이너리 방문 • 양조장 방문		• 미디어 • 환대기업 및 협회 • 마케팅기관 조직

사례연구

짜장면과 공화춘

우리나라 최초의 서구식 근대공원인 자유공원 중턱에 위치한 인천 차이나타운은 1884년 중국인이 이 일대 5,000여 평에 청국조계지를 설정하면서 자연스럽게 중국요리집도 생겨나기 시작했다. 특히 인근 인천항에서 일하던 부두노동자가 중국요리의 맛에 이끌려 이곳을 자주 찾게 되었고, 이를 계기로 좀 더 값싸고 손쉽게 먹을 수 있는 음식인 짜장면을 개발하게 되었다. 짜장면은 중국된장인 미옌장(甛麵醬)을 비벼먹는 작장면(炸醬麵)과 달리, 달콤한 캐러멜을 첨가하고 물기를 적당히 유지하여 한국인의 입맛에 맞게 만들었는데, 이것이 곧바로 폭발적인 인기를 얻게 되어 대표적인 '한국음식'으로 자리매김하였다.

짜장면이 초기 개발되어 판매된 곳은 '공화춘(共和春)'이다. 공화춘이 처음 인천 차이나타운에 문을 열게 된 것은 1908년으로, 중국 산동지역 출신인 우희광 선생이 22살의 젊은 나이에 '산동회관(山東會館)'이란 이름으로 첫 영업을 하기 시작하면서부터다. 당시 산동회관은 단순한 중국요리점이 아니라, 개항장이었던 인천항을 오가는 각국의 무역상들이 기거하고 음식을 먹는 중국의 객잔 성격의 공간으로 고향을 그리워하는 많은 화교들이 찾았다. 산동회관이 '공화춘(共和春)'으로 이름을 바꾼 계기는 1911년 1월 15일 청나라가 중화민국으로 바뀌면서, 아시아 최초로 공화국이 됐으니 매우 기쁜 일이며, '봄'이란 한 해의 시작이고 청춘의 활기와 희망을 담고자 하는 의미가 내포되어 개칭(改稱)을 한 것이다. 그 후 공화춘은 차이나타운을 대표하는 중국요리집으로 호황을 누렸으나, 화교들의 재산권 행사를 제한한 정부의 화교정책에 밀려 1983년 폐업하고 말았다.

2층 구조물의 69평 규모인 '공화춘(共和春)'은 중국 산동지방의 장인이 참여하여 지은 중정형(中庭型)의 중국식 건축물로, 외부는 벽돌로 마감하고 내부는 다양한 문양과 붉은색을 사용하여 화려하게 장식하였다. 공화춘은 눈목자(目)형 건축물로 앞·뒤에 일(一)자형 건축물이 있고 그 사이 공간에 4개의 건축물이 연결된 것이 주된 특징이며, 1층 기단부는 화강석을, 2층 창호는 목제창으로 만들었다. 2006년 4월 등록문화재 246호로 등록 지정되었다.

하루 700만 그릇이 팔린다는 국민음식 짜장면의 최초 발원지인 옛 '공화춘(共和春)'은, 인천광역시 중구에서 2010년 매입하여 짜장면을 주제로 한 국내 최초 유일의 짜장면 박물관으로 2012년 4월 28일에 개관하였다. 현재까지 약 20만 명의 국내·외 방문객이 찾고 있으며, 특히 주말을 이용한 수도권 가족방문객들이 인천 차이나타운에서 중국음식으로 외식을 하고 월미도, 연안부두, 한·중문화관, 인천개항장 근대건축전시관, 인천개항박물관 등 주변관광지와 인천개항장 테마박물관을 연계하여 관람을 함으로써 수도권 대표관광지로서 명성을 높여가고 있다.

짜장면박물관은 짜장면과 공화춘에 관련한 전시유물을 다량 보유하고 있으며, 과거 공화춘(共和春) 주방과 접객실을 그대로 재현하여 인천에 살고 있는 화교들과 중·장년층에게 향수를 제공하고, 젊은 층에게 근대 음식문화의 호기심을 자극하고 있다. 짜장면박물관은 다사다난(多事多難)했던 근대 우리의 생활모습을 돌이켜보는 소중한 경험이 될 수 있다.

【출처】 https://www.icjgss.or.kr

Understanding of

Culture Tourism

CHAPTER 10

문화관광 마케팅

Understanding of

Culture Tourism

01 문화관광의 재 이해

문화는 자연과 대립되는 개념으로, 인간이 자연을 가공하여 창출해낸 모든 것을 의미한다. Williams(1983)는 문화를 세 가지 측면으로 설명하고 있다.

첫째, 지적 · 정신적 · 심미적인 개발의 일반과정이다.
둘째, 한 인간이나 시대 또는 집단의 특정한 생활양식이다.
셋째, 지적인 작품이나 실천행위, 특히 예술적인 활동이다.

김민주 외(2005)는 "문화란 크게 말해 특정한 사회나 집단의 구성원들이 공유하고 있는 행동양식이나 사고방식"이라 하였다. 그리고 "문화의 일부분에 해당되는 예술은 보다 창의적인 소수에 의해 만들어지는 고급 작품의 성격이 짙은 것을 의미한다."고 하였다.

문화에 대한 이러한 정의를 볼 때, 문화마케팅이란 "문화를 토대로 한 조직의 모든 마케팅활동"이라 정의할 수 있다. 문화라는 개념 자체가 인간이 이루어 낸 모든 것을 포함하는 포괄적인 개념이기 때문에, 문화마케팅 또한 '문화를 기반으로 이루어지는 모든 마케팅활동'이라 할 수 있다.

문화마케팅의 개념에 대한 정의들을 살펴보면 다음과 같다. 김민주 외(2005)는 "문화마케팅이란, 문화예술을 파트너십으로 바라보고 적극적으로 활용하여 기업, 소비자와 문화계가 동시에 윈-윈 할 수 있는 전략"이라고 하였다. 콜버트Colbert(2012)는 "문화마케팅이란 제품과 많은 소비자들 간의 접촉을 꾀하고 문화사업의 임무와 일치하는 목표에 도달하기 위해 제품에 관심을 가질 만한 시장에 접근하는 한편, 가격 · 유통 · 판촉과 같은 상업적 변수를 제품에 맞게 적용하는 기술"이라고 정의하였다. 이동철 외(2009)는 "문화마케팅을 사회구성원이 공유하는 문화적 요인들, 예를 들면 관습 · 가치관 · 문화유산 · 기타 상징물 등을 상품화하거나 이를 기업들이 이미지 제고에 활용하는 마케팅적 활동" 이라고 하였다.

문화마케팅에 대한 정의들은 대체적으로 문화마케팅을 기업들의 문화 후원 활동이나 문화상품을 마케팅 전략에 접목시키는 정도로만 설명하는 경우가 많다. 이러한 정의는 문화마케팅의 일부만을 설명한다는 한계를 갖는다. 문화마케팅은 한 사회의 문화 트렌드에 관한 마케팅활동 뿐만 아니라, 문화예술 자체를 창출하고 확산시키는 것 그리고 문화와 제품을 결합시키는 것에 이르기까지 문화를 기반으로 한 모든 마케팅활동을 포함하는 넓은 개념이다.

최근 한류문화, 웰빙문화에서부터 컬덕Cult-duct[4]에 이르기까지 문화와 연관된 마케팅활동의 전 영역을 문화마케팅의 범위라 할 수 있다. 문화를 통해 개인과 조직의 가치를 높이고자 한다면, 그 모든 활동이 문화마케팅 안에 포함될 수 있으며 문화마케팅을 실행하는 주체 또한 다양할 수 있다. 오늘날 마케팅을 기업활동으로 국한하기보다는 조직과 개인이 교환을 창출하며 최대의 만족을 얻기 위해 행하는 모든 활동으로 해석하고 적용하는 점을 감안했을 때, 문화마케팅 또한 기업 활동으로만 접근하기보다 정부를 비롯한 다양한 형태의 조직과 개인이 문화를 기반으로 가치를 창출하며 교환하는 활동이라 정의내릴 수 있다.

문화마케팅에 관한 연구에 관심이 높아지는 이유 중 하나는, 문화를 통해 다양한 가치가 실현될 수 있다는 점을 발견했기 때문이다.

문화예술이 갖는 경제적 의미에 대해 이케아미준池上惇(1998)은 문화예술은 네 가지 산업적 특성을 가진다고 하였다.

첫째, 예술활동은 각종 재료와 노동, 자본이 결합된 생산활동으로서 하나의 경제활동이며 산업활동이다.

둘째, 예술창작활동에 의해 만들어진 작품은 대부분 시장에서 판매되어 시

4 문화를 의미하는 '컬쳐(Culture)'와 상품을 뜻하는 '프로덕트(Product)'의 합성어로 상품이나 브랜드에 문화를 결합한 문화융합상품을 말한다.

장의 가치를 지닌다.

셋째, 예술작품 복제와 같은 문화의 산업화 현상이 있다.

넷째, 각종 문화활동은 그것이 행해지는 지역에서 경제적으로 중요한 의의를 갖는 경우가 많다.

공연이나 예술축제는 지역의 소비활동을 촉진하고 지역경제의 활성화에 기여한다. 문화를 보는 시각에 변화를 주었는데, 문화를 통한 경제적 가치를 인식하게 하면서 문화를 사회와 조직의 중요한 성장수단으로 보게 하였다. 문화예술 산업이 활성화되어 지역과 국가경제에 미치는 영향을 보면 문화예술 산업화의 중요성을 더욱 명확히 볼 수 있다.

1997년 한해 뉴욕관광 수입의 23%는 브로드웨이 극장들이 벌어들였고, 런던의 웨스트앤드 극장들이 창출하는 고용인은 4만 3천명에 이른다고 분석하였다. 이러한 결과들은 문화예술 분야가 가지는 경제적이고 산업적인 측면을 잘 나타내 준다(이동철 외, 2008).

02 문화마케팅의 두 측면

일반적으로 사용되는 문화마케팅은 마케팅을 위한 문화Culture for Marketing와 문화를 위한 마케팅Marketing for Culture으로 설명할 수 있다(김소영 · 곽영식, 2003).

1. 문화를 위한 마케팅

문화를 위한 마케팅이란, 문화가 마케팅의 대상이 되는 경우를 말한다. 문화

자체의 가치를 높이며 알리고자 하는 의도 가운데 행해지는 마케팅활동을 뜻한다. 문화예술 기관들은 거의 이에 해당되며, 최근에는 문화예술 기관만이 아니라 국가와 지역단체들에 의해서도 문화를 위한 마케팅활동을 활발하게 전개하고 있어 마케팅활동의 주체 범위는 더욱 확대될 전망이다.

우리나라의 문화예술 분야에는 많은 변화가 일고 있다. 순수예술 영역을 넘어 다양한 장르의 문화상품들이 창작 · 보급되면서 문화예술 영역은 계속 확대되어가고 있다. 고급예술에 해당되던 전시, 공연행사의 주 소비층이 중산층으로 이동해 감으로써 더 많은 소비자가 생겨나고 있으며, 문화예술기관 수의 증가는 문화예술기관들로 하여금 경쟁적으로 더 좋은 작품을 통해 관람객을 확보해가려는 노력을 불러일으키고 있다. 앞으로 우리나라의 문화상품 시장은 계속 성장할 것으로 예측된다.

2002년 한국문화예술진흥원이 조사한 우리나라 공연시장 규모를 예로 보면, 2003년 약 1,564억 원, 증가율 11%로 1996년부터 계속적으로 시장규모가 증가한다고 하였다(김민주 외, 2005). 문화트렌드를 활용한 성공적인 마케팅 사례를 보면 문화체육관광부의 한류 문화사업을 들 수 있다. 문화체육관광부는 한류문화 지원을 위해 한류관광객을 겨냥하여 한국문화를 체험할 수 있는 한류메카를 만들어 국제적 관광명소를 육성하는 정책을 펴고 있다. 또한 베이징, 상하이 등 해외 거점도시에 '한류체험관'을 설치하여 한류문화 보급을 꾀하고 있다. 이러한 정부활동의 목적은 한류문화를 세계에 널리 알리고 보급하여 국가경쟁력을 높이는 데에 두고 있다. 문화의 다양성과 창의성을 감안할 때, 앞으로 각 문화상품에 대한 이해를 기초로 한 마케팅전략에 대한 연구가 계속 이루어져야 한다.

2. 마케팅을 위한 문화

문화를 통한 마케팅은 문화가 마케팅의 대상이 아니라 마케팅 대상을 위해 문화가 사용되는 경우이다. 강윤정(2010)은 "문화를 통한 마케팅에 대해 기업이 마케팅의 주체가 되며, 광고 속에 문화코드를 활용하는 것에서부터 전반적인 기업이미지 제고를 위한 활동, 그리고 직원들의 문화 복지혜택에 이르기까지 기업의 사업 목표를 달성하기 위한 일련의 마케팅 활동을 의미한다."고 하였다.

문화를 통한 마케팅 활동은 기업의 이미지 제고, 브랜드 인지도 증가, 매출 증대, 가격프리미엄 획득, 조직문화 고양 등의 영리적 목적을 실현한다는 점과, 동시에 소비자들에게 다양한 문화 체험의 기회와 문화 혜택 제공과 같은 비영리적인 목적을 실현시킴으로써 그 가치를 높이 평가받고 있다. 예로서, 기업들이 특정문화 행사를 지원하거나 자선사업을 하는 경우, 또는 제품에 예술작품을 접목시키는 것 등을 들 수 있다. 국내 많은 기업들이 예술인들을 지원 · 육성하는 지원활동을 기업의 사회적 책임 이행이라고 표방하지만, 결국 그러한 활동이 기업 이미지에 긍정적인 영향을 미칠 것을 예상하기 때문에 지원하는 것이다. 즉 금호아시아나 그룹의 경우, 금호문화재단 설립 후 금호아트홀, 금호미술관을 중심으로 음악 · 미술 분야를 중점적으로 지원하고 있으며, 광주비엔날레, 예술의 전당에 지원하는 등 순수 예술지원 활동의 선도에 있다.

이러한 활동이 '인재경영'이라는 그룹의 주요 경영방침에 소비자의 신뢰를 얻는데 도움이 되며, '한국의 메디치가로 추앙받는 기업'이라는 이미지를 얻는 것을 가능케 하고 있다.

03 문화마케팅의 구분

문화마케팅을 구분하여 설명한 연구는 거의 없다. 안길상 외(2008)는 문화마케팅을 사용하는 상황에 따라 구분하여 설명하였다. 문화산업 마케팅(문화콘텐츠 마케팅), 비영리조직 마케팅, 스폰서십 마케팅, 문화가치 마케팅으로 구분하였다. 연극, 공연예술, 영화, 게임 등과 같은 문화산업의 사업성을 높이는데 마케팅 기업을 도입한 것을 문화산업 마케팅 혹은 문화콘텐츠 마케팅이라 정의하였다. 정부나 지자체 등이 미술관, 박물관, 지역축제, 명소 등을 통해 활성화하는데 마케팅 기법을 도입한 경우를 비영리조직 마케팅 혹은 사회 마케팅이라 하였다. 그리고 기업이 이미지 제고를 목적으로 문화나 예술활동을 지원하는 것을 스폰서십 마케팅이라 하였다. 마지막으로, 문화가치 마케팅은 제품이나 서비스의 차별화 원천을 문화가치에서 찾는 것이라 하였다.

문화마케팅을 크게는 마케팅의 최종적인 대상에 따라 개념을 구분하여 정리하였으며, 마케팅 대상의 구분에 따라 마케팅 주체에도 차이를 보인다. 그러나 마케팅 목표는 조직에 따라 차이가 존재하지만, 모든 조직이 영리적 · 비영리적 목표를 모두 포함한다는 공통점이 있다.

표 10.1 문화마케팅에 관한 개념적 구분

구 분	문화산업 마케팅	공공기관	문화스폰서 마케팅
대상	문화예술 산업	문화예술 상품	기업, 제품, 서비스
주체	국가, 지자체	문화예술기관, 지자체	기업
목표	산업육성을 통한 시장기회 및 이윤창출	문화예술의 보급, 문화예술기관의 존립 및 발전	제품

문화마케팅의 영역은 그림 10.1과 같다.

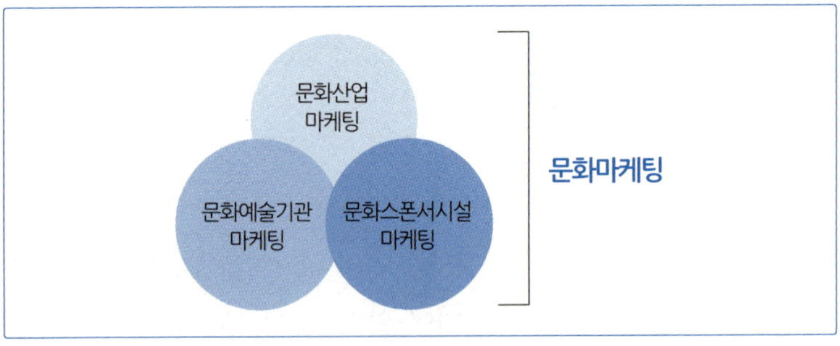

그림 10.1 문화마케팅 영역

문화마케팅과 구분된 개념으로 문화산업 마케팅을 제안하였다. 문화산업이란, 협의의 개념으로는 오락적 요소가 상품의 부가가치 형성에 커다란 역할을 하는 산업을 뜻하며, 광의의 개념으로는 문화와 예술분야에서 창작되거나 상품화되고 유통되는 모든 단계의 산업을 뜻한다.

문화산업 마케팅은 문화와 예술을 상품화하고 생산하여 시장에서의 거래를 활성화시켜 문화와 예술분야를 육성시키고자 하는 목적을 갖는 거시적인 관점의 마케팅 활동을 뜻한다. 이러한 문화예술 마케팅은 국가차원에서 활발하게 진행되는 경우를 볼 수 있다.

영국은 문화, 예술 등 영국 전통분야에 개인의 창의성과 재능을 결합시킨 창조산업Creative Industry 분야를 집중적으로 육성하여 큰 성공을 거두었다. 전통문화 · 공연 · 음악 · 영화 · 게임 · 출판 · 방송 · 애니메이션 등 다양한 산업에 대해 금융지원과 세제혜택 등의 지원을 통해 문화산업 육성에 많은 노력을 기울이고 있다. 미국과 일본에서는 오락산업Entertainment Industry, 캐나다는 예술산업Art Industry, 우리나라는 문화산업 혹은 문화 콘텐츠산업이 이에 해당되는 경우이다. 영화산업, 게임산업, 공연산업 등 문화산업은 여러 분야에서 발전하고 있으며, 앞으로도 다양한 문화 예술분야의 육성을 위한 마케팅활동은 계속 이루어질 것으로 예상된다.

두 번째로 제시하고 있는 개념으로, 문화기관 마케팅이 있다. 문화기관 마케팅은 문화 자체가 마케팅의 대상이 되는 조직들의 마케팅활동을 뜻한다. 문화 자체가 조직의 상품이 되기 때문에 문화의 소비와 보급을 확대시키는 것은 물론, 이를 통해 조직의 존속과 발전을 이루려는 것이 문화기관들의 마케팅활동의 목표라 할 수 있다. 이러한 문화기관에는 순수예술기관과 정부, 지자체, 연극, 뮤지컬 극단 등 매우 다양하다. 이러한 문화기관들은 비영리적 목적과 영리적 목적을 모두 추구하고 있으며, 기관의 성격과 상황에 따라 비중의 차이를 보일 때가 있다.

문화기관 마케팅을 흔히 문화예술기관 마케팅이라고 하는 경우가 많다. 그러나 문화예술기관 마케팅은 순수예술을 위해 활동하는 기관들의 마케팅활동만을 지칭하는 것이기 때문에, 문화예술기관 마케팅을 문화기관 마케팅으로 이해하기보다는 문화기관 마케팅의 한 부분이라 이해하는 것이 옳다. 정부나 지자체들의 예를 들면, 이러한 기관들도 활발한 문화마케팅을 통해 국가와 지역을 알리고 문화유산을 보존 · 발전시키는 노력을 하는 경우나, 지역경제 활성화를 위해 지역축제를 개최 등 지역문화를 상품화하여 지역발전을 추구하는 경우를 흔히 볼 수 있다.

문화예술기관 마케팅에 대한 관심이 증대되는 것은 대중문화의 급속한 성장으로 고급예술 문화가 생존차원에서 많이 대중화되고 있고, 지금까지의 지원이 줄어들어 문화예술기관들이 자체적인 조직의 존속과 발전을 위한 노력이 더욱 필요한 시기가 되었기 때문이다.

세 번째로 제시한 문화스폰서십 마케팅은, 지금까지 가장 연구가 활발하게 이루어지고 있는 기업의 문화마케팅에 해당된다. 기업문화 마케팅은 기업이 주체가 되어 기업의 목적을 달성하기 위해 문화를 활용하는 경우를 뜻한다. 기업문화 마케팅은 문화를 활용한 기업의 마케팅전략 중 하나이다. 기업문화 마케팅은 문화를 단순히 마케팅활동 수단 정도로만 인식하는 것에서, 점차 기업의 사회적 책임경영을 이루게 하는 경영전략의 도구로 인식하게 되었다(한국메세나협의회, 2006).

문화에 대한 기업의 인식 변화의 큰 흐름은 자선적 관점에서 마케팅 전술적 관점으로 변화를 보이고 있다(남정숙 외, 2008). 기업이 문화를 지원하는 데서 동반자적인 입장으로 발전하긴 했지만, 기업의 이러한 활동의 궁극적인 목적은 기업의 이미지 제고와 기업의 상품판매를 위한 것이라 할 수 있다. 따라서 기업의 다양한 문화마케팅 활동의 최종적인 목적은 문화의 발전보다는 문화를 통해 기업의 존속 및 발전을 꾀하는 것이기 때문에, 문화스폰서십의 성격으로 정의하여 '문화스폰서십 마케팅'이라 정의하였다.

04 문화마케팅의 개념과 의의

1. 문화마케팅 개념

1) 문화마케팅의 정의

문화마케팅의 범위는 대중문화와 예술분야를 물론 지역문화까지 확대되어 이루어질 수 있다. 문화산업에 대한 개념은 국가마다 조금씩 차이를 보이고 있지만, 문화를 하나의 콘텐츠로 보고 이를 산업으로 발전시켜 사회구성원 모두에게 기회와 경쟁력 그리고 수익을 가져다주고자 하는 목표는 동일하다고 볼 수 있다.

산업은 단순히 취미활동이 아니라 경제적 활동을 의미하며 어느 정도의 규모에 달했다는 것을 의미한다. 1999년에 제정된 우리나라 「문화산업진흥기본법」은 문화산업을 "문화상품의 생산, 유통, 소비와 관련된 산업"으로 정의하였다. 문화상품을 예술성, 오락성, 대중성 등의 문화적 요소가 체계화되어 경제적 부가가치를 창출하는 유형, 무형의 재화와 서비스 및 이들의 복합체라고 개념화하였다. 우리나라 문화산업의 최근 동향에서 공연예술 및 전기통신, 정보처리 등의 성장세가 두드러지는 것으로 나타났다. 그 중 영화산업, 애니메이션산업, 게임산업, 공연산업 등은 이제 하나의 산업으로서 규모와 가치를 갖게 되었다. 다른 나라의 경우, 이미 문화산업에 대한 투자와 지원을 통해 부가가치를 창출하는 경우를 쉽게 볼 수 있다(문화체육관광부, 2007).

영국의 창조산업 경우는 전통문화 · 공연 · 음악 · 영화 · 게임은 물론 출판 · 애니메이션 · 방송 등 다양한 분야를 산업으로 육성하기 위해 금융지원과 세제혜택은 물론 규제 해소, 지적재산권 확보 등의 지원을 아끼지 않았다. 그 결과 창조산업의 부가가치는 연평균 7% 정도의 성장을 보였고, 관련 기업수는 2002

년 기준 12만개가 넘고 고용효과도 200만 명이 넘었다(김민주 외, 2005). 영국은 이미 보유하고 있던 문화예술 관련지식과 능력을 부가가치로 만드는데 성공한 대표적인 나라다. 문화산업의 발전은 기업으로 하여금 문화를 활용하여 부가가치를 창출할 수 있는 가능성을 증가시키고, 사회구성원들에게는 다양한 문화소비의 기회를 주며 사회 전반적인 복지에 긍정적인 영향을 주는 것을 알 수 있다.

2. 문화예술기관 마케팅

1) 문화예술기관 마케팅의 정의

이동철 외(2008)는 "문화란, 인간의 총체적인 삶의 양식이며 사회구성원인 인간에 의해 습득된 지식 · 신념 · 기술 · 도구 · 도덕 · 법 · 관습 및 그 밖의 능력과 습관 등을 포함하는 총합체"라 하였다. 문화예술은 이러한 문화에서 예술적 차원을 포함하는 것을 말한다.

문화예술(文化藝術)의 의미를 살펴보면, 문화예술은 문화와 예술을 융합한 복합어이다. 문화라고만 하기에는 범위가 너무 넓고, 예술이라고 하기에는 범위가 너무 좁기 때문에 문화와 예술을 융합하여 예술활동이 있는 문화를 나타내는 것이다. 일반적으로 예술은 미적(美的) 작품을 형성시키는 인간의 창조활동으로서 문화의 한 부분이라 할 수 있다. 문화예술의 종류에는 문학예술, 영상예술, 공연예술, 전통예술, 음악예술 등 예술 및 문화활동 모두가 포함된다.

문화예술이 상품으로서의 가치를 지니기 위해서는 예술성, 오락성, 대중성 등의 문화적인 요소가 체화(體化)되어야 하며, 경제적인 부가가치를 창출할 수 있는 유 · 무형의 재화나 서비스가 포함되어야 한다. 그리고 문화예술 자체가 상품으로서의 가치를 지니며 더 높은 가치를 창출하는 것에 목적을 두고 활동하는 조직에는 문화예술기관들이 있다. 이들 기관들은 문화예술을 목적 달성을 위한 수단으로 활용하는 기업들과는 달리 문화예술 자체의 가치를 높이는 것에 일차적인 목적을 두고 있으며, 문화예술을 상품화하고 가치를 높여 얻게 된 수익을 통해 기관을 유지 · 발전시켜야 하는 형태를 띤다. 즉 문화예술기관 마케팅이란, 문화예술을 마케팅의 대상으로 하는 조직활동을 의미하는 것이다.

문화예술에 대한 기관들의 마케팅활동에 대해 O'sullivan & Dunkerton(1995)는 "기관이 어떠한 유형의 관객을 확보하고 있으며 확보하길 원하는지, 패키지로 묶음행사를 적절하게 제공하면서 표적 관객을 관람에 참여시키기 위해서는 어떻게 동기를 제공할 것인지를 결정하는 것"으로 정의하였다. 이동철 외(2008)는 "문화예술기관 마케팅에 대해 문화나 예술콘텐츠를 어떻게 하면 널리 알리고 소비하게 할 수 있는지를 분석하고 전략을 세우는 마케팅활동"이라고 정의하였다. 강윤정(2010)은 "문화예술 마케팅은 문화예술인 혹은 문화예술기관이 관객과의 공감을 통해 새로운 관객을 개발하고, 기존 관객의 구매를 유지시키며 이를 더욱 활성화시키는 일련의 마케팅활동을 의미한다."고 하였다.

문화예술기관 마케팅의 목적은 문화예술을 보급 · 발전시켜 소비를 확대시키는 것은 물론 이를 통해 조직의 존속과 발전을 이루려는 것이라 할 수 있다. 문화예술은 그 특성에 따라 공연예술과 시각예술로 구분하여 설명되어지기도 한다. 공연예술이란 오페라 · 발레 · 클래식 음악을 공연장에서 보여주는 경우를 말하며, 시각예술은 회화 · 조각 · 공예 · 사진 · 유물 등 정적인 예술품을 미술관이나 박물관에서 전시하는 활동을 말한다. 시각예술과 공연예술은 각각의 특징에 따라 전략에 있어서는 차이가 있을 수 있으나, 기본적인 마케팅전략은 일치한다고 볼 수 있다. 문화기관 마케팅의 전략은 시장세분화를 통해 고객에 대한 이해를 먼저 하고, 각 고객층에 맞는 다양한 패키지 개발과 프로모션 전략이 필요하다. 또한 잠재소비자에 대한 이해와 이들에 대한 접근을 시도하여 기회를 창출해 가야 한다. 그리고 시장의 유통구조에 대한 이해와 대응 또한 전략에 포함시켜야 한다.

이러한 마케팅의 도입과 실행은 문화예술기관으로 하여금 조직의 사명과 목표를 이루게 할 뿐만 아니라 조직의 존속과 발전을 가능케 한다.

2) 문화예술 마케팅기관의 유형

문화예술 마케팅기관의 주체가 되는 조직들을 살펴보면, 순수예술기관과 정부 · 지자체 · 연극 · 뮤지컬극단 등 매우 다양하다. 이러한 문화예술기관들은 비영리적 목적과 영리적 목적을 모두 추구하고 있으며, 기관의 성격과 상황에 따라 두 가지 목적에서 비중의 차이를 보일 때가 있다.

(1) 영리적 기관

문화예술기관의 주체를 순수예술기관에 국한시키는 경우가 있는데, 이는 순수예술기관은 문화예술기관의 한 예라 할 수 있다. 문화와 예술을 창작 · 보급하는 기관들의 형태가 매우 다양하고 그 수도 증가하는 추세이다. 순수예술기관은 아니지만, 새로운 문화예술 작품을 창작하고 보급하여 문화예술의 발전을 가져올 뿐만 아니라 이를 통해 조직의 존속 및 성장을 이루는 사례들 또한 많이 있다. '난타'를 세계적인 문화예술 상품으로 만든 (주)PMC뮤지컬 '루나틱'을 성공적으로 이끌고, 또 지속적인 관객을 확보한 창작뮤지컬 기획사 (주)쇼엘이 그 경우라 할 수 있다.

이러한 문화예술기관들은 새로운 문화예술을 개척 · 발전시키고 소비자들에게 더 다양한 문화 경험과 문화 소비의 기회를 제공했다는 의의를 갖는다. 이들은 시장의 긍정적인 반응을 통해 얻게 된 수익으로 조직을 유지 · 발전시켜오고 있고, 새로운 문화예술을 창작할 수 있는 수익원을 확보하고 있다.

(2) 비영리적 기관

영리적 문화예술기관과는 달리 지원을 통해 운영되고 순수예술을 보급하며 발전시키는 것을 조직의 목적으로 삼는 비영리적 기관들이 존재한다. 이러한 비영리적 기관의 대표적인 예가 순수예술기관이다. 이들은 정부나 지자체 등의 지원을 받으며 운영되고 경영관리와 통제를 받는 것이 일반적이다. 박물관, 미술관 등이 그 예라 할 수 있다. 이러한 기관들은 지원을 통해 운영되었기 때문에 문화예술의 경쟁력과 기관의 경쟁력을 갖추어야 할 필요성을 느끼지 못했다. 그러나 최근 지원방식의 변화와 축소, 많은 예술기관들의 등장으로 인한 경쟁의 심화, 고급문화와 대중문화의 모호한 구분, 소비자의 문화에 대한 기대 상승 등으로 순수예술기관들은 생존까지 위협을 받게 되었다. 이러한 변화들은 순수예술기관들로 하여금 체계적인 마케팅을 통해 예술작품은 물론 조직의 경쟁력을 갖추어야 한다는 사실을 인식하게 하였다.

순수예술분야라 할지라도 순수예술활동에만 만족하기보다는 작품을 통해 더 많은 가치를 창출할 수 있는 기회를 만들어갈 수 있어야 하는 것이다. 김민주 외(2005)는 "대중문화의 급속한 성장으로 고급예술문화가 생존차원에서 많이 대중화되고 있으며, 소비자의 제한된 시간을 놓고 다양한 경쟁상품들이 경쟁을 벌이는 시점이기 때문에 고급예술들도 대중의 관심을 얻기 위해 다양한 노력이 필요한 시대가 되었다."고 하였다. 문화예술의 산업적 측면에 대해 이동철 외(2008)는 "예술작품도 복제되거나 대량생산되어 유통될 수 있는 대중문화의 성격을 가지며, 이를 바탕으로 연관사업으로도 발전 가능성이 있다."고 지적하였다. 따라서 고급문화를 지향하는 순수예술기관은 예술적 이상을 존중하면서도 대중문화에 기반을 둔 문화소비자들에게 다양한 편익을 제공하며 참여를 유도할 수 있는 문화예술 상품 기획에 관심을 가져야 한다고 하였다.

현재 순수예술기관들은 문화예술에 대한 시장지향적 관점을 가지고 경영해야만 생존할 수 있는 시대가 된 것이다. 이미 순수예술기관들 사이에서는 문화예술이 미래의 관객을 개발해야 한다는 인식이 증대되고 있다(Kotler & Scheff, 1997). 우리나라의 많은 순수예술기관들도 경쟁상황에서 살아남기 위해 마케팅전략을 실행하고 있으며 성공사례도 계속 증가하고 있다. 서울시립교향악단의 경우, 경영전문가의 영입과 함께 시장지향적인 경영을 시도하여 소비자의 높은 관심과 반응을 유도하였다. 서울시립교향악단은 적자상태에서 벗어나 안정적인 재정을 확보하게 되었고, 수준을 높이고 경쟁력을 갖추게 되었다는 평가를 받았다.

순수예술기관들도 순수예술의 특성을 훼손시키지 않으면서도 소비자들의 관심과 참여를 유도하여 문화예술의 소비를 촉진시키고, 문화예술 상품의 가치와 기관의 가치를 높일 수 있는 경영을 실천해야 한다. 환경과 소비자들에 대한 이해와 관객 개발을 위한 연구, 시장세분화를 통한 고객관리 등 마케팅전략을 다각도로 적용할 필요성이 더욱 커져가고 있다. 문화예술기관들은 촉진만을 마케팅활동의 전부로 인식하던 것에서 벗어나, 소비자가 원하는 혜택을 제공하는 문화예술 상품을 생산하려는 변화를 계속 해나가야 할 것이다.

소비자에게 문화예술 상품으로 영향을 미치고 있는 비영리적 기관에는 순수예술기관 외에도 정부나 지자체 등이 있다. 정부나 지자체와 같은 공공기관들은 문화를 위한 마케팅활동을 통해 문화유산을 보존·발전시키는 것은 물론이고 국가와 지역발전을 이루고 있다.

3. 문화스폰서십 마케팅

1) 문화스폰서십 마케팅의 정의

문화스폰서십 마케팅은 일반적으로 가장 많이 사용되고 있는 기업의 문화마케팅에 해당된다. 지금까지 문화마케팅 활동을 기업들이 가장 활발하게 언급하고 실행했기 때문에, 문화마케팅을 기업이 행하는 마케팅으로만 이해되는 경우가 많았다. 그리고 소비자들이 접하는 문화마케팅 활동들이 대부분 기업이 주체가 되어 이루어지는 것이 많았고, 문화마케팅과 관련된 연구들도 주로 기업을 대상으로 한 것이 많았기 때문에 더더욱 문화마케팅을 기업의 마케팅 전략으로만 인식하게 되었다. 그러나 앞에서 언급한 것과 같이 문화를 기반으로 마케팅활동을 하는 조직들은 기업 외에도 많이 조직들이 존재하기 때문에 문화마케팅을 기업이 행하는 마케팅 전략으로만 국한하여 이해해서는 안 된다. 따라서 문화를 기반으로 행하는 기업의 마케팅활동에 대한 정의가 더욱 명확하게 이루어져야 할 필요가 있다.

문화스폰서십마케팅은 기업이 주체가 되어 기업의 목적을 달성하기 위해 문화를 활용하는 경우를 뜻한다. 즉 문화스폰서마케팅은 문화를 통한 기업의 마케팅활동을 의미한다. 기업은 다양한 형태로 문화를 활용한 전략을 펼치고 있다. 초기에는 문화예술을 후원하는 단순한 스폰서 형태로 시작되었으나, 점차 문화예술의 중요성과 파워를 인식하게 되면서 기업의 활용범위가 확대되었다. 문화예술을 마케팅 수단으로만이 아닌 기업의 사회적 책임경영을 이루게 하는 경영전략으로까지 인식하게 된 것이다. 사회는 기업에게 사회와 환경을 생각하는 기업시민으로서의 역할을 기대하고 있으며, 기업은 고객뿐만 아니라 이해관계자 모두를 대상으로 하는 마케팅이 활발하게 전개해야 하는 시대를 맞게 되었다. 기업들은 이러한 사회적 책임과 기대를 충족시키기 위해 문화예술을 활용하기 시작했다. 기업이 문화예술을 활용했던 처음 상황과는 달리, 이제는 문화예술의 가치를 더욱 높이 평가하는 시대가 되었기 때문에 기업들의 전략도 보다 다양해지고 있는 추세다.

김우정(2003)은 “기업들은 이미지 제고와 브랜드 정체성을 구축하는 중요한 마케팅 도구로 문화예술을 적극적으로 활용하고 있으며, 현대적 의미의 문화마케팅은 기업이윤의 사회 환원이라는 기존 개념과 더불어 문화예술의 감성코드를 활용한 마케팅전략, 세계화시대의 문화경영전략 등을 아우르는 종합적인 기업문화전략으로까지 발전했다.”고 보았다. 기업의 문화에 대한 인식 변화의 큰 흐름은 자선적 관점에서 마케팅 전술적 관점으로 여기서 다시 마케팅전략으로 투자적 관점의 변화를 보이고 있다(남정숙 외, 2008). 기업의 문화마케팅을 보다 넓은 관점에서 보면, 기업이 문화를 광고 · 판촉수단으로 활용하여 제품과 서비스에 문화이미지를 담아내는 마케팅활동도 해당된다고 할 수 있다

(한국마케팅연구원, 2005).

1990년대 이후부터는 기업들은 문화예술을 전략적 파트너십 관점에서 적극 활용하여 사회공헌, 마케팅, 기업문화 등 기업경영 전반에 걸친 전사적 차원에서 실시하는 발전을 보이고 있다(남정숙 외, 2008). 기업의 다양한 전략의 변화를 통해 초기보다는 문화예술이 기업의 마케팅전략에 차지하는 비중이 더욱 높아지게 되었다. 그러나 이러한 문화예술에 대한 기업의 시각변화가 기업의 궁극적인 목표를 변화시키는 것은 아니다. 즉 기업이 문화예술을 위해 경영되는 것이 아니라, 기업의 목표를 위해 문화예술을 활용하는 경영을 하는 것이다. 기업의 문화예술에 대한 의존도가 높아졌다고 해서 문화를 활용하는 근본적인 입장이 바뀐 것도 아니다. "기업의 문화마케팅이란, 문화를 활용하여 소비자와의 관계를 통해 부가가치를 창출하는 일련의 마케팅활동"이라고 정의하고 있다(김소영 · 권순원, 2008). 즉 고객 확보, 기업의 긍정적 이미지 확립, 매출증가 등 기업이 추구하는 이러한 목적을 이루기 위한 전략에서 문화예술을 활용하는 것이다.

기업이 행하는 모든 문화마케팅 활동은 문화를 위한 마케팅이 아닌 문화를 통한 마케팅활동인 것으로 기업의 모든 문화마케팅 활동은 문화스폰서십의 성격을 띤다고 할 수 있다. 단지 기업이 문화를 활용하는 방법에 대한 관점이 전술적 관점에서 전략적 관점으로의 변화가 있는 것이지, 기업의 근본적인 목표가 변화한 것은 아니다.

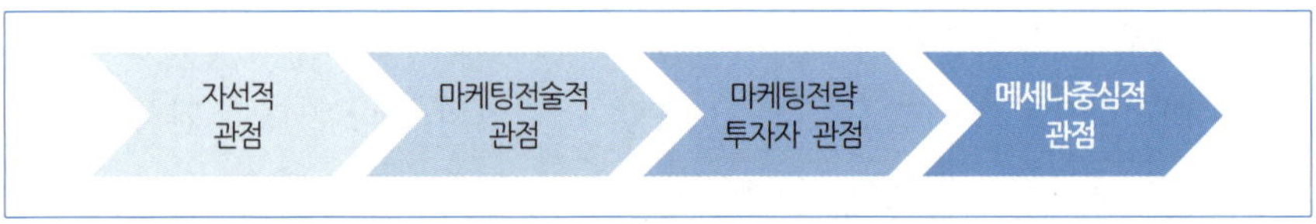

자료 : 남정숙(2008). 문화기업의 비밀 : 컬처노믹스시대의 문화마케팅, 매세나협의회

그림 10.2 기업문화마케팅 패러다임의 변화

2) 문화스폰서십 마케팅의 유형

문화마케팅에 대한 연구는 대부분 기업들의 문화마케팅에 관한 것이 주를 이루고 있다. 기업이 문화를 어떻게 활용할 수 있는지, 그 효과는 어떠한지에 대한 연구들이 이루어졌다. 이러한 연구들을 기초로 하여 문화예술기관에 경영전략에 대한 연구가 이루어졌다. 그래서 기업이 활용한 전략들을 문화예술기관에 적용시켜 문화예술기관에 적합한 마케팅전략을 제안하는 연구가 함께 이루어지기 시작했다.

기업문화마케팅에 있어서 기업들이 문화를 활용하는 것에 있어서 심상민(2005)은 5가지 유형을 제안하였다. 문화를 마케팅에 활용하는 방식에 따라 5가지 유형으로 분류했다.

문화마케팅 5S	유형별 개념	사 례
문화판촉 (Sales)	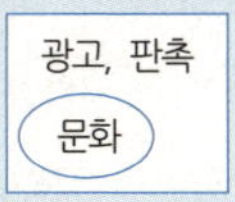	• 벤츠 : 영화, 드라마 등 PPL기업 사용 • 태평양 : '산소 같은 여자' 등 문화가 흐르는 광고 활용
문화지원 (Sponsorship)	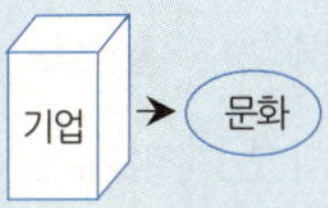	• IBM : 박물관, 미술관, 문화 관련 단체를 지원 • 하나은행 : 문화행사 지원
문화연출 (Synthesis)	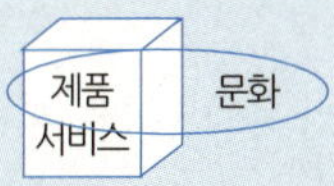	• 스타벅스 : 커피 이상의 분위기, 멋, 문화를 상징 • TTL : 배타적이고 신비스러운 판타지로 승부
문화기업 (Style)	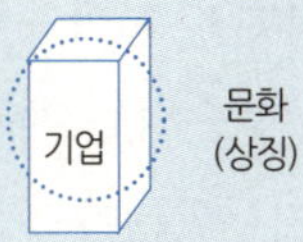	• 소니 : '하이테크 & 하이터지'의 독창적인 기업스타일 연출 • 에버랜드 : 한국 미래형 놀이문화 상징
문화후광 (Spirit)	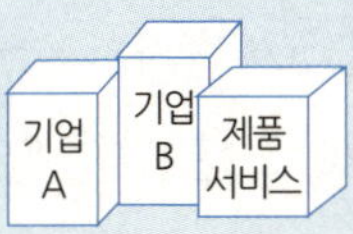	• 프랑스 : 문화, 예술, 국가 이미지가 기업마케팅에 반영 • 한국 : 한류와 디지털이 부상

자료 : 심상민(2002). 콘텐트비즈니스의 새 흐름과 대응전략, 삼성경제연구원

그림 10.3 문화마케팅의 5가지 유형 및 사례

문화판촉Sales이란, 문화를 광고·판촉 수단으로 활용하는 것을 뜻한다. 문화지원Sponsorship은 자사를 홍보하거나 이미지를 개선하는 방법으로 문화활동, 문화단체를 지원하는 활동을 뜻했다. 문화연출Synthesis은 제품·서비스에 문화이미지를 체화해 차별화하는 기업전략을 가리키며, 문화기업Style은 새롭고 독특한 문화를 상징하는 기업으로 포지셔닝 하는 전략을 뜻한다. 마지막으로, 문화후광Spirit은 국가의 문화적 매력을 후광효과로 향유하는 수준을 의미하고 있다. 이러한 제안은 기업들이 문화를 통해 기업이 추구하는 목표를 어떻게 이룰 수 있는지를 보여주고 있다.

김소영(2006)은 기업의 문화마케팅 활동을 전략적·투자적 관점의 정도와 문화마케팅 실행기간 장·단기의 두 차원으로 포지셔닝하여 문화커뮤니케이션, 문화지원, 문화투자, 문화브랜드, 문화기업 4가지 형태로 기업의 문화마케팅 전략을 분류하였다.

문화커뮤니케이션은 문화를 마케팅커뮤니케이션 수단으로 활용하는 것으로, 문화예술을 통해 기업이 의도하는 이미지나 메시지를 명확하게 전달하는 것이다. 문화 지원은 문화를 활용해서 기업을 홍보하는 것뿐만 아니라 사회환원 차원의 공익성 부각을 통해 기업에 대한 호의나 평판을 제고하기 위해 문화예술을 지원하는 활동으로 보았다. 국내 기업들의 문화마케팅은 대부분이 이 형태에 해당된다고 보았다.

문화 투자는 문화마케팅 실행기간이 문화지원에 비해 좀 더 길고 전략적·투자적 관점이 좀 더 강한 성격을 갖는다고 보았다. 문화 투자는 내부고객인 종업원에게 혜택을 제공함으로써 생산성 증대, 우수직원 채용 및 종업원 만족도 증가를 통해 조직문화 고양이라는 효과를 거두었는가도 보았다.

마지막으로 문화브랜드, 문화기업은 기업과 예술가가 상호 호혜의 관점에서 관계를 구축한다고 보았다. 기업의 경영활동에 문화와 예술을 체화하는 형태를 갖는다.

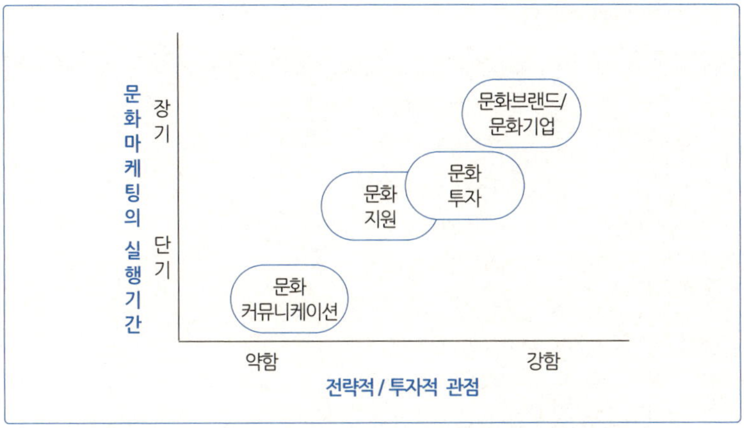

자료 : 김소영(2006). 21세기형 메세나 문화마케팅, 한국문화예술위원회

그림 10.4 문화마케팅의 변화

3) 문화스폰서십 마케팅의 효과

아더앤더슨컨설팅Arthur Andersen LLP은, 기업들의 문화를 통한 마케팅효과가 크게 3가지로 분류된다고 하였다. 첫 번째 효과는, 사회적으로 바람직한 기업이라는 인식, 즉 기업의 정당성을 확보하는 것으로 기업 활동의 용이성 증대, 기업 간 유대관계 증진, 투자유치 가능성 제고 등 세 가지 효과로 구분하였다. 두 번째 효과는, 시장우위 효과로 매출증대, 브랜드인지도 제고, 고객유지, 가격 프리미엄 획득이라는 네 가지 혜택으로 나뉘며, 이 중 브랜드인지도 제고의 효과가 크게 나타난다고 하였다. 세 번째 효과는, 종업원 혜택으로 문화마케팅을 통한 종업원의 생산성 향상, 창의적 사고 및 만족도 증대와 같은 효과를 들었다.

이 중에서 직원 간의 관계가 크게 향상시키는 것으로 나타났다. 이 제안은 기업이 문화를 통해 얻는 효과가 단순한 이미지제고 차원이 아닌, 조직 자체의 효율성을 증대시키는 보다 다양한 가치를 얻을 수 있다는 점을 확인시켜주고 있다.

표 10.2 기업문화 마케팅의 효과

구 분	효 과	정 도
기업의 정당성	기업활동 용이성	중
	기업이미지 제고	강
	투자유치 가능성 증대	약
시장우위	매출증대	중
	기업의 인지도 증가	강
	고객유치 및 유지	중
	고객 프리미엄 획득	중
종업원 혜택	생산성 증대	약
	직원확보 및 유지	약
	종업원만족도	약
	직원 간 관계증진	강

자료 : AFCH & Arther Anderson(1999). Making Arts & Culture Work in Business : The Business Case for Cultural Inves.

2007년 영국 'Art & Business'에서는 기업의 문화를 통한 다양한 마케팅전략의 효과로서 직원의 도덕성 향상, 매체 홍보, 타깃소비자 파악, 커뮤니티활동 증가, 창의력 증대 등이 있다고 하였다. '2006년 한국 메세나협의회 연차보고서 및 2007년 중소기업 예술지원인식 조사보고서'에서는 대기업과 중소기업의 예술 활용 사례와 활용 효과가 조사된 바 있는데, 대기업은 46.1%가 메세나활동을 위해, 34.9%가 기업이미지 제고를 위해 문화와 예술을 활용하고 있는 것으로 나타났다.

'2007년 중소기업 예술지원 인식조사보고서'에 의하면, 중소기업은 브랜드 홍보, 내부문화 발전, 직원 교육, 고객 커뮤니케이션, 기업이미지 제고에 예술이 기여한다고 했으며, 그 중에서도 브랜드 홍보와 내부문화 개선 및 기업이미지 제고에 도움이 되는 수단이라고 응답했다. 문화와 예술이 제품과 서비스, 조직문화, 커뮤니케이션 등 경영활동 전반에 걸쳐 긍정적인 영향을 미치게 된다는 이러한 결과들은, 앞으로 기업들로 하여금 문화예술을 기반으로 한 경영

활동에 더욱 중점을 두게 할 것이다. 기업문화마케팅에 대한 국내기업의 성과는 한국메세나협의회의 '2006년 연차보고서'에 따르면, 국내 기업의 문화마케팅 활동에 대한 전반적인 성과를 보면, 7점 만점 중 평균 5.42점의 성과를 얻은 것으로 나타났다. 조사대상 기업의 80%가 기업의 문화마케팅이 긍정적인 성과를 거두었다고 응답했다.

05 문화마케팅과 관광행동

문화마케팅에 대한 요소는 지역에 대한 인식은 장소마케팅 전략이 어떻게 그것을 인식하고 사용하느냐에 따라 지역문화를 발전시키는 실천적 · 생성적 패러다임이 될 수도 있고, 지역문화를 오히려 파괴시키는 관념적 · 퇴행적 패러다임이 될 수도 있다.

문화마케팅을 통한 관광목적지의 장소마케팅 전략은 도시문화의 발전이냐 혹은 파괴냐를 둘러싼 다양한 의미와 담론 및 실천들이 끊임없이 생성되고 부딪히며 교섭하는 장(場)이라 할 수 있다.

문화마케팅은 일반적으로 문화라는 매개체를 통한 마케팅 방법이다. 오늘날 기업들은 이미지 제고와 브랜드 정체성을 구축하는 중요한 마케팅 도구로 문화예술을 적극적으로 활용하고 있다. 장소의 상품화를 통해 나타나는 지역 간 경쟁에서 소정의 성과를 거두기위해서는 고유의 영역자산을 발굴하는 것이 무엇보다 중요하다. 장소에 착근되어 있는 자원이야말로 타 지역과의 차별성을 부각시킴으로써 해당지역의 경쟁력을 높이는데 기여할 수 있기 때문이다.

지역의 문학콘텐츠 역시 지역마케팅에 활용되고 있는 다양한 유형의 영역자산 가운데 하나에 해당한다. 실제로 몇몇 지방자치단체를 중심으로 문화를 통해 지역의 이미지를 쇄신하고 지역을 널리 알리기 위한 노력이 다각도로 나타나고 있다. 마케팅의 대상이 되는 문인으로는 이미 작고한 작가에서부터 현재 활동 중인 작가에 이르기까지 다양하다. 널리 알려져 있는 출향작가가 있는 경우, 생가 혹은 작품 속 배경을 복원하거나 문학관을 건립하는 시도가 나타나고 있다. 작가의 문학을 계승하는 취지에서 축제나 백일장을 개최하기도 하며, 작가의 이름을 딴 문학상을 제정해 시상하기도 한다.

그림 10.5 봉평 이효석문학관

더욱이 유행으로 볼 수 있는 작가들이 편안하게 작품 활동에 매진할 수 있는 작업실을 지어 무상으로 제공하는 등, 현역 작가를 지역으로 직접 유치하기도 한다. 그 예는 다음과 같다.

작가 이외수에게 집필실을 제공(2006~2017년)했으며, 경남 통영시에서는 이곳 출신 원로작가 박경리의 자료를 모아 문화관을 건립할 계획이다. 경기 양평군에서는 황순원의 소설 '소나기' 속 배경을 재현하기 위해 소나기마을을 조성하기로 했고, 전남 장흥군에서는 출향작가 이청준의 생가를 복원한데 이어 작가 송기숙, 한승원의 생가를 옛 모습대로 꾸밀 예정이다. 특히 70여명의 문인을 배출하여 거대한 문맥을 형성하고 있는 장흥의 주민들은 문학고장으로서 지역을 널리 알리기 위해 2002년 천관산 문학공원을 조성하여 작가들의 글을 새긴 문학비를 세워놓았다(동아일보, 2006.8.1). 이 같은 결과는 문학콘텐츠를 관광자원화 하기 위한 방법 중 하나인 것이다.

이 같은 각 지역의 노력은 지역과 연고를 가진 지명도 높은 문인을 지역의 상징으로 삼아 지역브랜드를 제고하기 위한 것이다. 문인은 배우나 가수 등과 같은 연예인에 비해 도시적 소비 문화나 국적불명 문화의 이미지가 덜하면서도, 화가나 음악가보다는 대중적인 친화력이 높다. 또한 문학작품의 영향력은 일시적인 것이 아니라 세대를 넘어 지속될 수 있다. 각 지자체가 지역의 이미지를 고급화하는데 문인만큼 좋은 상징이 없다고 보는 것은 이 같은 이유에서다(동아일보, 2006.1.26).

이러한 문학마케팅을 통해 지역은 대내적으로 지역문화 진흥 및 인프라 조성 효과를 지향하고 있다. 대외적으로는 문학적 이미지를 바탕으로 지역의 지명도를 제고할 뿐만 아니라 방문객 증대를 통한 지역관광의 활성화를 기대하고 있다. 평창군의 민 · 관 주체들은 지역이 배출한 이효석 선생의 대표소설 '메밀꽃 필 무렵'의 콘텐츠를 바탕으로 문학의 고장으로서 지역의 이미지를 만들고 관광객을 유치하고자 노력하고 있다. 효석문화마을의 조성에 이은 문학관 건립, 생가복원에서부터 이효석의 문학을 소재로 한 축제에 이르기까지 문학마케팅에 활용되는 구체적인 수단 역시 다양하다.

사례연구

국제 피아노축제로의 도약

달성군과 달성문화재단은 2017년 9월 30일(토)과 10월 1일(일) 오후 7시, 「2017 달성 100대 피아노」를 개최한다. 화원동산 사문진나루터에서 개최되는 「달성 100대 피아노」는 올해로 6회째를 맞았다.

1900년 3월 26일 대구 달성군 화원읍 성산리(사문진)에 도착한 선교사 사이드보담 부부의 피아노는 미국 샌프란시스코를 출발하여 일본과 부산을 거쳐 낙동강 짐배에 실려 들어오게 된 한국 최초의 피아노다. 역사 속 이 작은 이야기는 오늘 「달성 100대 피아노」라는 문화콘텐츠로 부활했고, 다시 사문진으로부터 출발하여 전 세계로의 여정을 시작했다. 「달성 100대 피아노」는 양일 간의 '공연'에서 벗어나 '국제축제'로의 확장을 표방하고 한국문화예술위원회 지역대표공연예술제의 연이은 선정과 대구광역시의 국·시비 지원을 기반으로 지난해부터 이탈리아 Piano City Milano 축제와의 MOU를 체결하였다. 상호교류의 일환으로 올 봄 2017 Piano City Milano 축제에 지난 5년간 100인 피아니스트 공연의 연출을 맡아온 풍류아티스트 임동창이 초청받아 허튼가락 연주로 색다른 선율과 리듬의 한국정서를 전하며 이탈리아 관객들의 귀와 마음을 사로잡은 한편, 「2017 달성 100대 피아노」 축제를 축하하기 위해 Piano City Milano에서 피아니스트가 올가을 한국을 찾을 예정이다. 대구 문화관광의 중심으로 급성장하고 있는 달성의 대표문화콘텐츠 「달성 100대 피아노」는 세계를 향해 두드리는 웅장한 하모니이며 발걸음이다.

최정상 출연진, 깊이 있는 예술성

축제의 본 공연 첫째 날(9.30)은 그 어느 때보다 깊은 예술성을 담았다. 한국인이 가장 사랑하는 감성 피아니스트 유키 구라모토의 뉴에이지 음악, 국민 바리톤 김동규의 오페라 아리아와 가곡, 대구의 오페라 디바 소프라노 마혜선의 따뜻하고 풍부한 음색, 국내 최고의 트럼페터 안희찬의 화려한 선율, 남성 4인조 피아니스트 그룹 앙상블 클라비어의 피아노 배틀 등 최정상 출연진이 들려줄 레퍼토리는 「2017 달성 100대 피아노」를 찾은 많은 관객들에게 사문진 강바람을 따라 깊이와 감동을 더할 것이다.

예술감독 금난새와 100인 피아니스트의 웅장한 하모니

「달성 100대 피아노」의 화룡점정이라 부를 수 있는 100인 피아니스트 공연의 혁신적 변화를 위해 올해는 성남시립예술단 예술총감독 겸 상임지휘자, 뉴월드필하모닉오케스트라 음악감독, 서울예술고등학교 교장으로 세계적인 실력을 자랑하는 금난새 예술감독이 지휘봉을 잡았다. 100대의 피아노가 한 무대에 올라 한계와 편견을 깨고 가능성을 확장해 나가는 100인 피아니스트는 문화계의 블록버스터라 불릴 만큼 웅장한 스케일과 하모니의 감동으로 명실공히 대한민국 대표공연으로 자리매김해 나가고 있다.

7월 21일부터 8월 21일까지 한 달간의 공개모집을 통해 금난새 예술감독과 함께 할 '100인 피아니스트'를 모집하며 8월 27일 오디션, 9월 22일부터 24일까지 합숙연습을 거쳐 10월 1일(일) 오후 7시, 탄탄한 실력을 갖춘 100인 피아니스트의 장엄한 무대를 선보일 예정이다. 클래식 장르로 수많은 대중을 사로잡은 금난새 예술감독의 지휘와 뉴월드오케스트라의 협연으로 블록버스터 100인 피아니스트 공연은 「2017 달성 100대 피아노」의 대미를 장식할 것이다. 한편, 10월 1일 공연에는 록밴드 '부활'의 보컬 출신이자 KBS 불후의 명곡 프로그램으로 가창력의 정점을 찍고 2017 제11회 대구국제뮤지컬페스티벌의 남우주연상을 수상한 가수 정동하의 무대도 함께 할 것이다.

찾아가는 마중콘서트

한편, 달성문화재단은 「달성 100대 피아노」 축제를 홍보하고 성공적인 개최를 기원하기 위해 2016년부터 마중콘서트를 기획하고 있다. 마중콘서트는 지역의 피아니스트 및 예술가들을 초청하여 특색 있는 공연으로 피아노음악의 이해를 돕고 축제분위기를 조성하여 축제성을 배가한다. 2017년 마중콘서트 제1회는 '강정 세레나데'라는 제목으로 「강정 대구현대미술제」 개막을(7월 15일) 기념하며 강정보 디아크광장에서 열렸고, 제2회는 '토이피아노'라는 제목으로 8월 19일(토) 오후 2시 국립대구과학관에서 대구 최초 국제아동극 축제인 「아이조아 페스티벌」의 연계행사로 진행한다. 그리고 9월 9일(토) 오후 7시 다사교회에서 '음악의 사랑과 나눔', 9월 16일(토) 오후 7시 화장사에서 '힐링랩소디'라는 제목으로 마중콘서트가 연이어 개최된다. 지역의 다양한 장소로 찾아가 피아노음악의 매력을 전하는 마중콘서트는 「2017 달성 100대 피아노」의 전초기지 역할을 톡톡히 수행하며 '피아노의 도시 달성'의 이미지를 구축해가는 사문진의 마중물이 될 것이다.

달성 100대 피아노 상시공연장

「2017 달성 100대 피아노」의 무대는 화원동산 사문진에 마련된 상시공연장이다. 지난해 폭우 등의 경험에 비추어 우천에 대비하고 안정적인 무대시설을 확보하기 위해 달성군에서는 야외공연장을 건립 중에 있다. 그 외에도 주차장 확보와 교통문제 등 관람객들의 편의를 위한 만반의 준비를 갖추고 있으므로, 올가을 사문진 강바람 따라 울려퍼질 웅장한 하모니에 동참하여 잊지 못할 추억을 만들고자 하고 있다.

【출처】 http://www.dsart.or.kr

CHAPTER 11

제4차 산업혁명과 문화관광

Understanding of

Culture Tourism

01 제4차 산업혁명의 의미

1. 제4차 산업혁명의 특징

기원전 3500년 전 고대 사람들이 무거운 물건을 쉽게 옮기기 위해 나무조각 3개를 엮은 '바퀴'를 만들지 않았다면, 지금의 자동차는 존재하지 않았을지도 모른다. 벨Alexander Graham Bell이 최초의 실용적인 전화기를 발명하지 않았다면, 오늘날의 스마트폰은 존재하지 않고 여전히 마차나 말, 횃불 등을 통해 장거리 의사소통을 했을지도 모른다.

이렇게 인류역사 변화의 중심에는 새로운 기술의 등장과 기술적 혁신이 자리하고 있고, 새로운 기술의 등장은 단순히 기술적 변화에 그치지 않고 전 세계의 사회 및 경제구조에 큰 변화를 일으켰다. 이 기술적 혁신과 이로 인해 일어난 사회·경제적 큰 변화가 나타난 시기를 '산업혁명'의 시기라고 부른다.

인류역사적 관점에서 보면, 현대사회의 산업혁명과 같은 과학기술적 사건은 매우 최근에 발생했다. 최초의 인류인 '호모사피엔스'가 등장한 시기가 20만 년 전에서 7~8만 년 전이고, 농경 중심의 사회에서 현대사회로의 첫 번째 전환점이라고 할 수 있는 제1차 산업혁명이 약 200여 년 전에 발생했다는 점은 우리 사회가 매우 짧은 시간동안 발전하고 변화했다는 것을 보여준다. 또한 현대사회로 진입할수록 새로운 기술과 기술적 혁신이 나타나는 주기가 극단적으로 빨라졌으며, 기술의 파급속도 또한 급격하게 빨라지고 있다.

1876년 벨Bell이 발명한 유선전화기의 보급률이 10%에서 90%로 도달하는데 걸린 기간이 73년이나 걸렸으나, 1990년대부터 상용화된 인터넷이 확산되는데 걸린 시간은 20년에 불과했다. 휴대전화가 대중화되는 기간이 14년이라는 점은 기술발전의 속도와 더불어 기술의 파급력이 급진적으로 빠르다는 점을 보여주고 있다. 즉 새로운 기술이 등장하고 기술적 혁신이 나타나는 주기가 점차 짧아지며, 그 영향력은 더욱 커지고 있는 것이다. 이는 현재 우리가 스마트폰이 없는 일상생활을 상상한다면 쉽게 이해할 수 있다.

우리사회는 지금까지 산업혁명으로 인한 변화를 경험했고, 현재 제3차 산업혁명 시대를 살고 있다. 제1차 산업혁명은 '기계혁명'이라고도 불리며 18세기 중반 증기기관의 등장으로 가내수공업 중심의 생산체제가 공장의 생산체제로 변화된 시기를 말한다. 제2차 산업혁명에서는 전기동력의 등장으로 '에너지혁명'이라고도 불리며 대량 생산체제가 가능해졌다. 그리고 우리는 컴퓨터 및 정보통신기술ICT의 발전으로 인한 '디지털혁명'이라는 제3차 산업혁명의 시대를 지내고 있으며, 이로 인해 정보화·자동화 체제가 구축되었다.

산업혁명은 역사적 관점에서 보자면 아주 짧은 기간 동안에 발생했으나, 그 영향력은 개인 일상생활에서부터 전 세계의 기술, 산업, 경제 및 사회구조를 뒤바꾸어 놓을 만큼 거대하다. 그리고 새로운 기술의 등장과 기술적 혁신은 계속 진행 중에 있으며, 또 다른 산업혁명을 야기하고 있다.

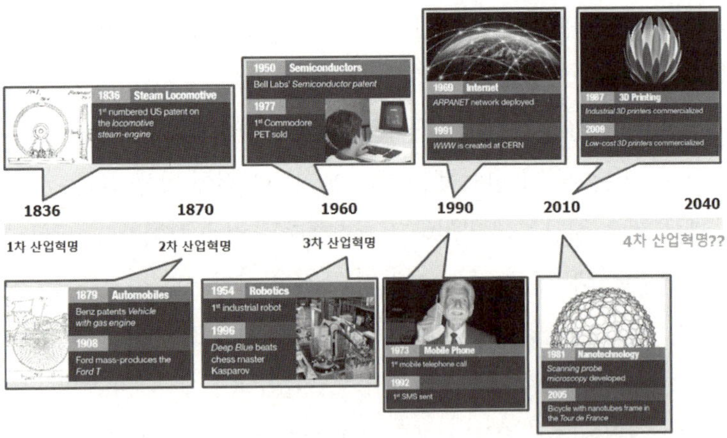

그림 11.1 기술혁명의 변천

제3차 산업혁명의 시대가 지나고, 지난 2016년 1월 다보스포럼WEF; World Economic Forum에서는 산업혁명이라는 화두가 세상에 던져졌다. WEF는 『The Future of Jobs』 보고서를 통해 제4차 산업혁명이 가까운 미래에 도래할 것이고, 이로 인해 일자리 지형 변화라는 사회구조적 변화가 나타날 것이라고 전망하고 있다. 또한 제4차 산업혁명을 "디지털혁명에 기반한 물리적 공간, 디지털적 공간 및 생물학적 공간의 경계가 희석되는 기술융합의 시대"라고 정의하면서, 사이버물리시스템CPS; Cyber-Physical System에 기반한 제4차 산업혁명은 전 세계의 산업구조 및 시장경제 모델에 커다란 영향을 미칠 것으로 전망하고 있다.

우리가 인지하고 있지 못하는 사이에 제3차 산업혁명 시대를 살고 있는 것과 같이, 제4차 산업혁명 또한 알지 못하는 사이에 우리를 둘러싸고 있다. 10여 년 전 지하철에서 쉽게 볼 수 있었던 '신문 접어서 보기'라는 에티켓은 '휴대전화를 진동모드로 하고 조용히 통화하기'로 바뀔 만큼 제3차 산업혁명의 주요기술인 컴퓨터와 정보통신기술ICT은 이미 우리의 일상생활 속에 녹아들어 있다. 지금까지 새로운 기술의 등장과 기술적 혁신에 따른 사회적 변화는 생활의 편의성, 생산성 향상 및 새로운 일자리 창출 등의 긍정적인 변화가 주를 이루었다. 그러나 제4차 산업혁명에서는 생산성 향상이라는 긍정적인 측면과 더불어 일자리 감소라는 부정적 변화가 급격하게 나타날 것으로 전망된다.

WEF의 보고서를 기점으로 수많은 미래학자와 연구기관들은 제4차 산업혁명과 미래사회 변화에 대한 전망들을 논의하기 시작했고 독일, 미국, 일본 등의 주요 국가들은 미래변화에 선제적으로 대응하고 미래사회를 주도하기 위해 정부차원에서 다양한 전략과 정책을 수립하여 추진하고 있다. 따라서 우리나라도 다양한 논의를 기반으로 제4차 산업혁명의 도래에 따른 미래사회 변화에 대응하기 위한 전략을 마련해야 할 시점이다. 이를 위해서는 제4차 산업혁명과 미래사회의 변화, 그리고 주요국의 대응방안 등에 대해 면밀하게 분석할 필요가 있고, 이를 기반으로 우리나라 환경에 적합한 대응방안 및 전략을 모색할 필요가 있다.

2. 제4차 산업혁명, 그리고 미래사회의 변화

1) 제4차 산업혁명의 주요변화 동인

제4차 산업혁명의 특성을 찾기 위해 제4차 산업혁명을 일으키는 원인을 살펴보고자 한다. 많은 미래 전망보고서들은 제4차 산업혁명과 미래사회의 변화가 기술적 측면의 변화 동인과 사회 · 경제적 측면의 변화 동인으로 인해 야기될 것으로 전망하고 있다. 특히 「The Future of Jobs(WEF, 2016)」는 '업무 환경 및 방식의 변화', '신흥시장에서의 중산층 등장' 및 '기후변화' 등이 사회 · 경제적 측면에서의 주요변화 동인이고, 과학기술적 측면에서는 '모바일 인터넷', '클라우드 기술', '빅데이터', '사물인터넷IoT' 및 '인공지능A.I.' 등의 기술이 주요변화 동인이 될 것으로 보고 있다.

보스톤컨설팅Boston Consulting Group, 옥스퍼드대학Oxford Univ. 및 CEDACanadian Engineering Development Association 등 주요 컨설팅 기업, 대학 및 연구기관들도 미래사회의 변화 동인과 미래사회 변화에 대한 연구를 수행하여 다음과 같은 결과를 제시하고 있다. 보스톤컨설팅은 「인더스트리 4.0」에 기반하여 독일 제조업 분야에서 나타나는 노동시장의 변화를 연구하였는데, 기술적 측면의 변화 요인들이 일자리 지형에 직접적인 영향을 미쳐 기술발전을 적용함으로써 제조업 생산성이 크게 향상될 것으로 전망하고 있다. 그리고 이러한 변화의 중심에는 빅데이터, 로봇 및 자동화 등의 기술이 자리할 것으로 예측하고 있다(Boston Consulting, 2015).

옥스퍼드대학의 Martin School은 유럽에서의 미래 일자리 지형 변화를 연구했는데, 유럽 노동시장이 '글로벌화'와 '기술적 혁신'으로 인해 변화될 것으로 전망하고 있다(송부용, 2017).

과학기술의 발전이 단순 업무에서부터 복잡한 업무까지 자동화시켜 일자리뿐만 아니라 업무 영역에서도 커다란 변화가 나타날 것으로 전망하고 있다. 특히 SW 및 빅데이터 등 정보통신기술ICT의 발달로 업무 영역이 자동화되고, 자율주행 기술 및 3D프린팅 기술 등의 등장으로 일자리 지형이 크게 변화할 것으로 예측하고 있다(송부용, 2017).

CEDAThe Cross Examination Debate Association는 호주 노동시장의 미래 변화에 대한 연구를 수행했는데, 과학기술적 측면과 과학기술 외적 측면에서의 변화 요인을 제시하고 있다. 과학기술 외적으로는 글로벌화, 인구통계학적 변화, 사회변화 및 에너지부족 등이 변화 동인으로 제시되었고, 과학기술적 측면에서는 클라우드서비스, 사물인터넷IoT, 빅데이터, 인공지능 및 로봇기술 등이 변화요인으로 제시되고 있다(CEDA, 2015). 또한 세계적 민간기업인 제너럴일렉트릭GE; General Electronics Corp.은 미래 공급체인의 발전과 고객니즈 충족과 관련된 기술을 연구했는데, 다양한 과학기술의 보고서는 다양한 과학기술의 발달이 기업의 공급체인을 더욱 발전시키고 고객의 다양한 욕구를 충족시켜 경제 규모를 크게 만들 것으로 전망하고 있다. 특히 클라우드, 자동화기술, 예측분석 및 선행제어를 위한 스마트시스템 등의 기술이 미래에 생산성을 높일 기술로 제시되고, 기계 센서와 커뮤니케이션 기술, 3D프린팅 기술 등은 고객의 니즈를 충족시킬 수 있는 기술이 될 것으로 예측하고 있다(GE, 2016).

이러한 다양한 미래 전망자료를 종합 · 분석해 보면, 과학기술 측면에서 제4차 산업혁명과 미래사회 변화를 야기하는 주요변화 요인이 정보통신 기술을 기반으로 두고 한 것이다. 이를 보면 제4차 산업혁명이 가지고 있는 여러 가지 특성 중 하나가 정보통신 기술을 기반으로 하고 있음을 파악할 수 있다.

2) 제4차 산업혁명의 특징

제4차 산업혁명은 '초연결성Hyper-Connected', '초지능화Hyper-Intelligent의 특성을 가지고 있고, 이를 통해 "모든 것이 상호 연결되고 보다 지능화된 사회로 변화" 시킬 것이다.

우리 사회는 이미 초연결사회로 진입하고 있다. 사물인터넷, 클라우드 등 정보통신기술ICT의 급진적 발전과 확산은 인간과 인간, 인간과 사물, 사물과 사물 간의 연결성을 기하급수적으로 확대시키고 있고, 이를 통해 '초연결성'이 강화되고 있다. 2020년까지 인터넷 플랫폼 가입자가 30억 명에 이를 것이고, 500억 개의 스마트 디바이스로 인해 상호간 네트워킹이 강화될 것이라는 전망은 초연결사회로의 진입을 암시하고 있다(삼성증권, 2016). 또한 인터넷과 연결된 사물Internet-connected Objsects의 수가 2015년 182억 개에서 2020년 501억 개로 증가하고, M2MMachine to Machine, 사물-사물 시장규모도 2015년 5조2,000억 원에서 2020년 16조5,000억 원 규모로 성장할 것으로 전망되고 있다. 이러한 시장 전망은 '초연결성'이 제4차 산업혁명이 도래하는 미래사회에서 가장 중요한 특성임을 보여주고 있다.

제4차 산업혁명은 '초지능화'라는 특성이 존재한다. 즉 제4차 산업혁명의 주요변화 동인인 인공지능A.I.과 빅데이터의 연계 및 융합으로 인해 기술 및 산업구조가 '초지능화'된다는 것이다. 2016년 3월 이미 우리는 '초지능화' 사회로 진입하고 있음을 경험하였다. 인간 '이세돌'과 인공지능컴퓨터 '알파고Alphago'와의 바둑대결이 그것이다. 바둑판 위의 수많은 경우의 수와 인간의 직관 등을 고려할 때 인간이 우세할 것이라는 전망과는 달리 '알파고'의 승리는 사람들에게 충격으로 다가왔다. 이 대결은 초지능화 사회의 시작을 알리는 단초가 되었고, 많은 사람들이 인공지능과 미래사회 변화에 대해 관심을 갖기 시작했다.

사실 2011년에도 이미 인공지능과 인간과의 대결이 있었다. 미국 ABC방송국의 인기 퀴즈쇼인 〈제퍼디Jeopardy!〉에서 인간과 IBM의 인공지능컴퓨터 왓슨Watson과의 퀴즈대결이 있었는데, 최종 라운드에서 왓슨은 인간을 압도적인 차이로 따돌리며 우승했다. 이 대결은 인공지능컴퓨터가 계산도구에서 벗어나 인간의 언어로 된 질문을 이해하고 해답을 도출하는 수준까지 도달했음을 보여주는 사례로 회자되고 있다.

산업시장에서도 딥 러닝Deep Learning 등 기계학습과 빅데이터에 기반한 인공

그림 11.2 인공지능과의 바둑대국

지능과 관련된 시장이 급성장할 것으로 전망되고 있다. 트렉티카보고서에 따르면, 인공지능시스템 시장은 2015년 2억 달러 수준에서 2024년 111억 달러 수준으로 급성장할 것으로 예측되고 있고(Tractica, 2015), 인공지능이 탑재된 스마트 머신의 시장 규모가 2024년 412억 달러 규모가 될 것으로 보고 있다(BCC Research, 2014). 이러한 기술발전 속도와 시장성장 규모는 '초지능화'가 제4차 산업혁명시대의 또 하나의 특성이라는 점을 말해주고 있다.

지금까지 제4차 산업혁명의 주요변화 동인을 살펴보았고, '초연결성'과 '초지능화'라는 제4차 산업혁명의 특성을 이해하였다. 이제는 이러한 특성을 통해 미래사회가 어떻게 변화할 것인지에 대해 살펴볼 필요가 있다. 미래사회 변화의 방향에 대한 분석함으로써 우리는 보다 합리적이고 우리나라 현실에 맞는 대응방안을 모색할 수 있다.

표 11.1 각국의 제4차 산업혁명 내용

구 분	특 징
독일	빅데이터, 로봇, 자율주행 물류자동차, 스마트 공급망, 자가조직화 기술 등
영국	바이오 및 나노 테크놀로지, 차세대컴퓨터, 가상현실, 홀로그램, 3D프린팅 등
미국	클라우드, 자동화 기술, 센서 및 커뮤니케이션 기술, 3D프린팅, 소프트웨어, 사물인터넷, 자율주행자동차 등
호주	클라우드, 사물인터넷, 빅데이터, 인공지능, 로봇 등

3) 제4차 산업혁명에 따른 미래사회 변화

많은 미래학자들과 전망보고서들은 제4차 산업혁명에 따른 미래사회 변화가 크게 기술 · 산업구조, 고용구조 그리고 직무역량 등 세 가지 측면에서 나타날 것으로 예측하고 있다.

앞서 언급하였듯이, 미래사회 변화는 기술의 발전에 따른 생산성 향상 등 긍정적인 변화도 존재하는 반면, 일자리 감소 등과 같은 부정적인 변화도 존재한다. 따라서 미래사회의 다양한 변화를 면밀하게 살펴봄으로써 우리는 보다 현실적이고 타당한 대응방안을 모색할 수 있다.

기술·산업적 측면에서 제4차 산업혁명은 기술 및 산업 간 융합을 통해 산업구조를 변화시키고 새로운 스마트 비즈니스 모델을 창출시킬 것으로 판단된다. 제4차 산업혁명의 특성인 '초연결성'과 '초지능화'는 사이버물리시스템CSP 기반의 스마트 팩토리Smart Factory 등과 같은 새로운 구조의 산업생태계를 만들고 있다.

예를 들어, 사이버물리시스템은 생산과정의 주체를 바꾸게 되는데, 기존에는 부품·제품을 만드는 기계설비가 생산과정의 주체였다면, 이제는 부품·제품이 주체가 되어 기계설비의 서비스를 받아가며 스스로 생산과정을 거치는 형태의 산업구조로 변화한다는 것이다. 이로 인해 이미 제조업 분야에서 인간의 노동력 필요성이 점차 낮아지고 있어 '리쇼어링Reshoring' 현상이 나타나는 등 산업 생태계가 변화하기 시작했다. 이러한 변화가 반영하듯, 보스턴컨설팅그룹BCG은 2013년 보고서에서 미국이 다시 생산기지로 적합해지고 있다고 진단했다. 이미 제너럴일렉트릭GE; General Electric Corp.은 세탁기와 냉장고, 난방기 제조공장을 중국에서 켄터키주(州)로 이전했고, 구글Google도 미디어플레이어인 넥서스Q를 캘리포니아 주세너제이에 만들고 있다. 그리고 독일은 2011년 제조업의 혁신과 부흥을 위해 정보통신기술ICT과 제조업을 융합하여 사이버물리시스템 기반의 '인더스트리 4.0Industry 4.0' 전략을 선제적으로 추진하고 있다. 또한 사물인터넷IoT 및 클라우드 등 '초연결성'에 기반을 둔 플랫폼 기술의 발전으로 O2OOnline to Offline 등 새로운 '스마트 비즈니스모델'이 등장할 것이다.

공유경제Sharing Economy 및 온디맨드경제On Demand Economy의 부상은 소비자 경험 및 데이터 중심의 서비스 및 새로운 형태의 산업 간 협업 등으로 이어지고,

정보통신기술ICT과 '초연결성'에 기반한 새로운 스마트 비즈니스 모델이 등장할 것으로 전망되고 있다. 또한 제4차 산업혁명의 주요변화 요인이자 기술 분야인 빅데이터, 사물인터넷, 인공지능 및 자율주행자동차 등의 기술개발 수준 및 주기를 고려할 때 향후 본격적 상용화로 인해 새로운 시장이 나타날 것으로 예상하고 있다.

두 번째로, 제4차 산업혁명으로 인해 '고용구조의 변화'가 나타날 것이다. 즉 제4차 산업혁명을 야기하는 과학기술적 주요변화 동인이 미래사회의 고용구조인 일자리 지형을 변화시킬 것으로 전망하고 있는 것이다. 특히 자동화기술 및 컴퓨터 연산기술의 향상 등은 단순·반복적인 사무행정직이나 저숙련 업무와 관련된 일자리에 직접적으로 영향을 미쳐 고용률을 감소시킬 것으로 예측되고 있다. 옥스퍼드대학의 Martin School은 컴퓨터화 및 자동화로 인해 미래에 사라질 가능성이 높은 직업에 대한 연구를 수행했는데, 현재 직업의 47%가 20년 이내에 사라질 가능성이 높은 것으로 도출되었다. 특히 텔레마케터, 도서관사서, 회계사 및 택시기사 등의 단순·반복적인 업무와 관련된 직업들이 자동화기술로 인해 사라질 것으로 전망하고 있다(Oxford Univ. 2013). 호주는 노동시장의 39.6%(약 5만 명의 노동인력)가 수십 년 내 컴퓨터에 의해 대체될 것으로 예상하고 있고, 그 중 18.4%는 업무에서의 역할이 완전히 사라질 가능성이 높은 것으로 보고 있다(CEDA, 2015).

독일 제조업 분야에서는 기계가 인간의 업무를 대체함에 따라 생산 부문 120,000개(부분 내 4%), 품질관리 부문 20,000개(부문 내 8%) 및 유지 부문 10,000개(부문 내 7%)의 일자리가 감소하고 생산계획 부문의 반복형 인지업무Routine Cognitive Work도 20,000개 이상의 일자리가 사라질 것으로 예측되고 있다. 이러한 현상은 2025년 이후 더욱 가속화될 것으로 전망되고 있다(Boston Consulting Group, 2015). 미국의 경우에도 인공지능, 첨단로봇 등 물리적·지적 업무의 자동화로 인해 대부분 업무의 특정 부분이 자동화 될 것으로 보고 있다.

구체적으로는 저숙련 및 저임금 노동인력이 수행하는 단순 업무와 더불어 재무관리자, 의사, 고위간부 등 고숙련 · 고임금 직업의 상당수도 자동화되어 인간이 하는 업무의 45%가 자동화될 것으로 전망되고 있다(Mckinsey, 2016).

그러나 일자리 지형변화와 관련하여 부정적인 전망만 있는 것은 아니다. 제4차 산업혁명과 관련된 기술직군 및 산업분야에서 새로운 일자리가 등장하고, 고숙련High-skilled 노동자에 대한 수요가 증가할 것이라는 예측도 존재한다. 특히 산업계에서는 인공지능, 3D프린팅, 빅데이터 및 산업로봇 등 제4차 산업혁명의 주요변화 동인과 관련성이 높은 기술 분야에서 200만개의 새로운 일자리가 창출되고, 그 중 65%는 신생직업이 될 것이라는 전망도 있다(GE, 2016). 또한 독일 제조업 분야 내 노동력의 수요는 대부분 IT와 SW개발 분야에서 경쟁력을 가진 노동자를 대상으로 나타날 것이고, 특히 IT 및 데이터 통합분야의 일자리 수는 110,000개(약 96%)가 증가하고, 인공지능과 로봇 배치의 일반화로 인해 로봇 코디네이터 등 관련분야 일자리가 40,000개 정도 증가할 것으로 전망되고 있다(Boston Consulting Group, 2015).

제4차 산업혁명에 따른 기술 · 산업 측면의 변화와 일자리 지형의 변화는 여기에서 멈추지 않고 고용인력의 직무역량Skills & Abilities 변화에 영향을 미치고 있다. WEF보고서에 따르면, 제4차 산업혁명은 고용인력이 직무역량 안정성(Skills Stability)에도 영향을 미치고, 산업분야가 요구하는 주요능력 및 역량에도 변화가 생겨 '복합문제 해결능력Complex Problem Solving Skills' 및 '인지능력' 등에 대한 요구가 높아질 것으로 전망되고 있다(WEF, 2016).

다수의 전망보고서에서도 IT 및 STEMScience, Technology, Engineering, Mathematics 분야의 지식이 효율적인 업무수행을 위해 필요함을 강조하고 있다(Oxford Univ., 2016). 미국 제조업계에서는 2018년까지 전체 일자리의 63%가 STEM 분야의 교육이수를 요구하고, 첨단 제조분야의 15% 이상이 STEM 관련 고급학위를 필요로 할 것으로 전망하고 있다(GE, 2016). 또한 미래사회의 고용인력은 새로운 역할과 환경에 적응할 수 있는 유연성과 더불어 지속적인 학제 간 학습Interdisciplinary

Learning이 필요하고, 다양한 하드스킬Hard Skills을 활용할 수 있어야 한다고 말하고 있다. 로봇이나 기계를 다루는 전문적인 직업 노하우를 정보통신기술과 접목할 수 있는 역량과 더불어 다양한 지식의 활용을 기반으로 소프트스킬Soft Skills이 미래사회에서 더욱 중요한 역량이 될 것으로 보고 있다(Boston Consulting Group, 2015).

직무역량과 더불어 자동화 또는 인공지능 등 기술 및 기계의 발전으로 노동력이 대체되더라도 창의성 및 혁신성 등과 같은 인간만의 주요 능력 및 영역은 자동화되지 않을 것으로 전망되고 있다. Mckinsey는 미국 내 800개 직업을 대상으로 업무활동의 자동화 가능성을 분석한 결과, 800개 중 5%만이 자동화 기술로 대체되고, 2,000개 업무활동 중 45%만이 자동화 될 것으로 분석하고 있다. 그리고 인간이 수행하는 업무 중 창의력을 요구하는 업무전체 업무의 4%와 감정을 인지하는 업무는 자동화되기 어려울 것으로 보고 있다(Mckinsey, 2015).

다양한 미래 전망보고서들이 제시하고 있는 제4차 산업혁명에 따른 미래사회 변화를 종합 · 분석해 보면, 제4차 산업혁명은 '기술 · 산업구조' 및 '고용구조'와 같이 사회 외적인 측면에만 영향을 미치는 것뿐만 아니라 '역량'이라는 사회 내적인 측면이자 인간 개개인의 특성에도 영향을 미치고 있음을 알 수 있다. 이는 미래사회 변화에 대비하기 위해서 사회 외적인 측면에서의 대응과 사회 내적인 측면에서의 대응이 병행되어야 함을 의미한다.

02 제4차 산업혁명에 대비한 전략적 대응방안

제4차 산업혁명과 미래사회 변화는 이미 우리의 가시권 안에 들어와 있다. 많은 미래 전망보고서들이 이야기하고 있듯이, 정보통신기술에 기반한 주요

변화 동인으로 인해 기술 · 산업구조가 변화하고, 일자리 지형이 변화하며, 미래사회에서 요구되는 직무역량도 변화할 것으로 전망하고 있다. 그리고 이러한 변화는 우리 후손뿐만 아니라 수년 내 우리가 직접적으로 직면하게 될 현실이다. 따라서 중 · 단기적으로는 미래사회 변화에 대응하기 위한 방안을 마련할 필요가 있고, 보다 장기적 관점에서 미래사회 변화를 주도하기 위한 전략을 수립할 필요가 있다.

1. 제4차 산업혁명에 대비한 범정부 차원의 전략수립

독일, 일본 등 해외 주요국은 제4차 산업혁명에 직접적으로 대응하기 위해 다양한 정책과 전략을 수립하여 추진하고 있는 중이다. 상기 언급된 것처럼 독일은 정보통신기술ICT과 제조분야의 융합을 통해 「인더스트리 4.0(2011.9)」이라는 제조업 혁신전략을 이미 추진하고 있다. 이를 통해 '대기업 - 중소 / 중견기업 간 협업 생태계 구축', 'IoTInternet of Things / CPSCyber Physical System 기반의 제조업 혁신' 및 '제품개발 및 생산공정 관리의 최적화와 플랫폼 표준화' 등을 추구하고 있어 단순 생산기술 고도화에만 초점을 맞추고 있지 않다는 것을 알 수 있다. 일본의 경우에는 제4차 산업혁명을 주도하기 위해 「신산업구조비전(2016.4)」을 수립하고 범정부 차원의 7대 국가전략을 선정하여 제4차 산업혁명을 성장의 기회로 활용하고 있다. 특히 「신산업구조 비전」은 '기술(데이터 관련 환경정비 등)', '산업 및 고용(산업구조 및 취업구조 전환 원활화)' 및 '인력양

표 11.2 제4차 산업혁명과 7대 문화전략 분야

분 야	7대 전략
기술	데이터 활용 촉진을 위한 환경 정비, 이노베이션 신기술 개발 가속화
산업 및 고용	산업구조 및 취업구조 전환 원활화
인력양성	인재육성 등 고용시스템 유연성 향상
사회 및 경제	금융기능 강화, 지역경제 활성화, 제4차 산업혁명을 위한 경제사회시스템 고도화

성(인재육성 등 고용시스템 향상)' 등 전 분야에 걸친 범정부 차원의 제4차 산업혁명 대응전략을 수립하였다.

우리나라도 제4차 산업혁명에 대비하여 범정부 차원에서의 국가 혁신전략을 수립할 필요가 있다. 현재 우리나라도 「차세대 정보컴퓨팅기술개발 사업」 및 「제조업 혁신 3.0전략」 등 미래기술과 관련된 사업 및 전략을 추진하고 있으나, 제4차 산업혁명에 따른 미래사회 변화에 대한 국가 차원의 거시적이고 체계적인 대응에 한계가 존재한다. 이에 일본 등 해외 사례를 참고하여 부처별 · 분야별 단편적 전략 또는 단순 생산시스템 고도화에서 벗어나 국가 기술 · 산업 · 경제 · 사회 전반 측면에서 제4차 산업혁명에 대응할 수 있는 범정부 차원의 혁신전략을 수립할 필요가 있다.

2. ICT 기반의 신성장 동력발굴을 통한 과학기술 경쟁력 강화

미국은 제4차 산업혁명에 대비하는 측면에서 대통령 과학기술자문회의가 8대 ICTInformation and Communication Technology 연구개발 분야를 선정 · 제시하였다. NITRDThe Newtwork and Information Technology R&D 평가보고서를 기반으로 2017년 회계연도 기간 중 중점적으로 채택해야 할 분야로 '사이버 보안', 'IT와 헬스', '빅데이터 및 데이터 집약형 컴퓨팅', 'IT와 물리시스템', '사이버 휴먼시스템' 및 '고성능컴퓨팅' 등 8개 분야를 선정했고, 이를 집중적으로 추진하고 있는 중이다. 또한 미국 대통령실은 미래사회 변화에 대응하기 위해 '스마트 아메리카 프로젝트Smart America Project'를 추진하여 IoT를 활용한 스마트시티 구축을 위한 연구를 추진 중이다. 이러한 미국의 선제적 대응은 자국 내 정보통신기술 기반의 과학기술 경쟁력을 강화함으로써 기술 · 산업적 측면에서 제4차 산업혁명 시대의 주도권을 선점하기 위한 전략으로 볼 수 있다.

우리나라도 정보통신기술 기반의 신성장 동력발굴을 통한 과학기술 경쟁력 강화를 위한 방안 마련이 필요하다. 여기에서 우리는 전 세계적으로 빠른 기술 진화 속도와 맞물려 자율주행자동차 및 인공지능 등 부가가치가 높은 기술 분야의 상용화가 가시화되고 있는 것과, O2OOnline to Offline 기반의 산업 생태계가 조성되고 있다는 기술·산업적 측면의 변화에 주목할 필요가 있다. 따라서 미래 기술 및 산업구조가 '초연결성'과 '초지능성'을 중심으로 개편된다는 점을 고려하여 ICT와 제조업의 융합 및 ICT와 서비스산업의 융합 등을 통한 국가 차원의 신성장 동력을 발굴하고 육성할 필요가 있다.

제4차 산업혁명을 대비하고 미래사회 변화를 선도하기 위해 국가 차원에서 전략 분야를 선정하고, 해당기술 및 산업 분야로의 투자 확대 등을 통해 과학기술의 경쟁력 강화를 도모해야 한다.

3. 창의적 · 혁신적 과학기술인력 양성체계 구축

범정부 차원의 정책 수립 및 신성장 동력 발굴에 따른 과학기술 경쟁력 강화라는 두 개의 전략이 중·단기적 관점에서의 전략이라면, 장기적 관점에서 제4차 산업혁명에 대응하기 위한 전략으로 과학기술 인력양성 체계를 구축할 필요가 있다. 제4차 산업혁명의 주체는 인간이라는 점에서 미래사회 변화를 주도하고, 주체적으로 대응하기 위해서는 미래사회가 요구하는 역량을 갖춘 인력의 양성이 필요하다.

첫 번째, 미래기술에 대한 대응 및 활용 역량을 강화하기 위해 정보통신기술에 기반한 SW에 대한 교육을 확대·강화하고 스마트 교육 환경을 구축할 필요가 있다. 이미 영국은 2014년을 '코드의 해The Year of Code'로 지정하여 5~16세를 대상으로 SW교육을 의무화하여 SW교육을 진행하고 있고, 미국은 K-12 교육과정에서 '컴퓨터과학'과 관련된 커리큘럼을 개발하여 운영 중에 있다. 또한 미국은 교육혁신 계획인 'ConnetED(2013)'를 추진하여 학생들이 초고속인터넷 및 최첨단 학습도구를 활용하도록 지원하고 있고, 세계수준의 IT교육 인프라 제공을 목표로 'Education Cloud Program'을 추진하고 있는 중이다. 유럽의 경우에도 'Opening up Education(2014)'를 추진하여 초·중등 과정에서 정보통신기술에 대한 학생들의 흥미유도 및 창의성 증진을 위해 디지털교육 자료를 확대하는 등 IT기반의 교육 환경을 구축하고 있는 추세이다. 따라서 우리나라도 2018년 초·중등 SW교육 의무화를 진행하여 SW에 대한 접근성 증진 및 역량 강화를 위해 수준별 프로그래밍 및 코딩 중심의 SW교육 체계를 구축하려 하고 있다. 이와 더불어 SW기반의 교육 및 콘텐츠 활용을 위해 ICT기반의 교육환경 구축이 필요하다.

두 번째, 제4차 산업혁명은 미래사회 인력이 갖추어야 할 역량이 변화할 것을 요구하고 있다는 점에서 기존 교육시스템에서 벗어나 창의적이고 융합적인 역량을 갖춘 인재의 양성을 위해 역량 키우기 중심의 교육시스템 전환이 필요하다. 이미 미국 등 주요국을 중심으로 미래사회의 인재를 양성하기 위한 교육시스템 전환이 시작되고 있는 중이다. 특히 미국에서는 미네르바스쿨Minerva School과 같은 새로운 유형의 대학이 설립·운영되고 있고, 하버드대학교Harvard Univ. 및 매사추세츠 공과대학M.I.T. 등과 같은 세계 명문대학을 중심으로 'MOOC Massive Open Online Course'와 같은 새로운 교육방식이 도입되고 있다. 기존의 지식 습득에 초점이 맞춰진 교육시스템에서 벗어나 창의성, 융합성 및 문제해결 능력 등과 같은 역량에 초점을 맞춰 교육시스템을 운영하고 있는 것이다. 또한 스탠포드대학교Stanford Univ.는 과학기술 분야의 지식과 디자인적 사고를 융합한 'D-School at Stanford'를 운영하여 학생들의 창의성과 혁신성 등의 역량을 키우는데 집중하고 있다. 이에 우리나라도 앞으로는 무학제·무학과·무학년 개념의 온·오프라인 학제 등 새로운 교육시스템을 도입하고, 이공학적 소양과 디자인적 사고를 갖춘 창의적·융합적 과학기술 인재의 육성을 위해 지식 중심이 아닌 '역량 키우기' 중심의 교육시스템으로 전환할 필요가 있다.

03 현재와 미래의 문화관광 전략

1. 문화관광 산업의 현재와 미래전략

스마트 기술(예: 자동화, 앱, 온라인 리뷰, 소셜미디어, IoT, 증강현실, 가상현실, 인공지능, 로봇 등)을 비롯해 디지털 기술을 기반으로 다양한 산업이 융합되기 시작하면서, 즉 제4차 산업혁명이 현실화되고 호텔업계는 또 다른 변화를 맞이하게 된다. 검색서비스가 주인 인터넷 검색엔진사이트 그리고 각종 숙박업체에 대한 온라인 리뷰를 남기는 온라인 리뷰사이트가 호텔 예약 채널서비스를 제공한다.

대표적인 사례가 구글(www.google.com)과 세계 최대 온라인 리뷰사이트 트립어드바이저(www.tripadvisor.com)다. 두 업체 모두 주요서비스는 OTA Online Travel Agency의 호텔 예약대행서비스와는 거리가 멀었던 비즈니스 모델이었다. 구글은 말 그대로 인터넷 검색사이트이고, 트립어드바이저는 투숙객들이 자신들이 묵었던 호텔에 대한 후기를 남기고 살펴보는 사이트다. 하지만 이제는 2개의 사이트에서 다양한 호텔을 검색할 수 있고, 여러 OTA 업체가 제공하는 가격을 한눈에 비교할 수 있고, 나아가 마음에 드는 객실을 해당 OTA 사이트로의 재접속 없이 바로 예약할 수 있다.

제4차 산업혁명 시기에 호텔업계가 주목해야 하는 사항은 여기에 그치지 않는다. 공유경제서비스의 대표적 사례인 에어비앤비Airbnb까지 출현했기 때문이다. 에어비앤비는 공유경제를 기반으로 숙박 공유서비스를 제공하는 업체로, 자신이 소유한 거주공간을 일정금액을 받고 타인과 공유하고자 하는 주인Host과 일정금액을 지급하고 타인의 공간을 공유하고자 하는 손님Guest을 이어주는 온라인 플랫폼서비스를 제공한다.

숙박 건물 하나 없는 에어비앤비는 2014년 약 11조 원에 달하는 투자금을 유치했는데, 이는 유명호텔 체인 하얏트호텔Hyatt Hotel의 기업 가치보다 높은 금액으로 평가된다. 에어비앤비는 기존 호텔산업에 미치는 영향력이 검증된 상황이며 날로 그 영향력을 키워가고 있다. 더욱이 에어비앤비는 최근 에어비앤비 트립이라는 이름의 여행 경험서비스를 제공하기 시작했다. 호텔 업계뿐만 아니라 여행사 업계까지 영역을 확장하고 있다. 마이클 포터는 새로운 진입자가 기존의 호텔산업의 전반을 변화시키고 있다고 하였다. 또한 숙박업을 전문서비스 영역에서 일반인들이 제공하는 서비스 영역으로 대체시키고 있다.

다른 사례로, 페이스북Facebook의 새로운 서비스시티 가이드를 들 수 있다. 지난 2017년 3월 페이스북은 스마트폰 애플리케이션 업데이트를 통해 시티 가이드라는 기능을 추가하였다. 페이스북의 시티 가이드는 사용자에게 다양한 관광도시 또는 관광지를 보여주는데, 중요한 점은 사용자의 페이스북 친구들이 방문한 혹은 추천한 곳을 보여준다는 점이다.

추천 정보는 여기서 그치지 않는다. 추천해 주는 특정도시를 선택한 경우, 친구들이 방문 또는 추천한 호텔, 식당 그리고 관광지를 추가로 보여준다. 혹은 그동안 사용자가 '게시, 좋아요, 공유기능'을 사용하여 관심을 표현한 데이

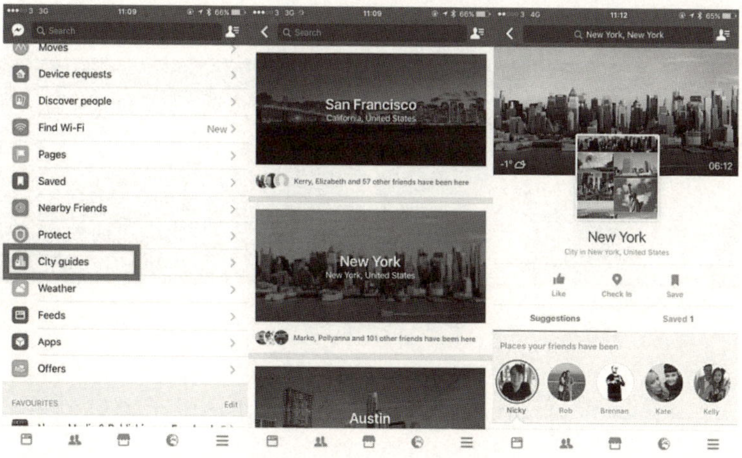

그림 11.3 페이스북의 시티가이드

트를 토대로 추천을 해주기도 한다. 여행을 계획 중인 페이스북 사용자는 자신이 믿을 수 있는 친구들의 추천을 통해 어디로 여행을 갈지, 어디서 잠을 잘지, 어디서 무엇을 먹을지 선택할 수 있게 되었다. 여행을 하는 페이스북 사용자는 더 이상 단순히 자신의 여행소식, 사진을 게시하는 것만이 아니라 자신의 관광 경험을 상세히 기록하고, 자신의 친구들에게 추천할 수도 있게 되었다. 여행지의 관광업체들 입장에서는 유용한 마케팅 도구가 될 수 있는 채널이 생긴 셈이다.

페이스북의 시티가이드는 사용자와 친구들과의 연결성, 사용자의 관심사라는 기존에 제공하던 서비스와 관광지 정보를 융합한 사례로 볼 수 있다.

2. 제4차 산업혁명의 현재까지 사례

1) VR 체험관

VRVirtual reality 기술을 활용한 가상현실 속 동물과 놀이와 모험을 즐길 수 있는 체험관의 예는 다음 그림 11.4와 같다.

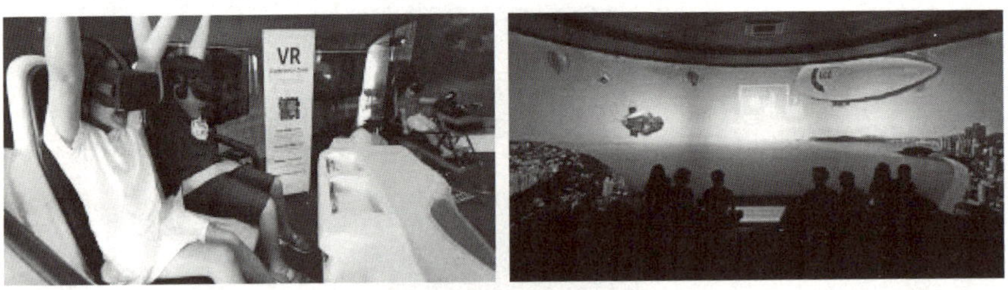

그림 11.4 VR 체험관

VR기술을 활용한 가상공간에서의 교육에 관련된 예는, 다음의 그림 11.5와 같다.

 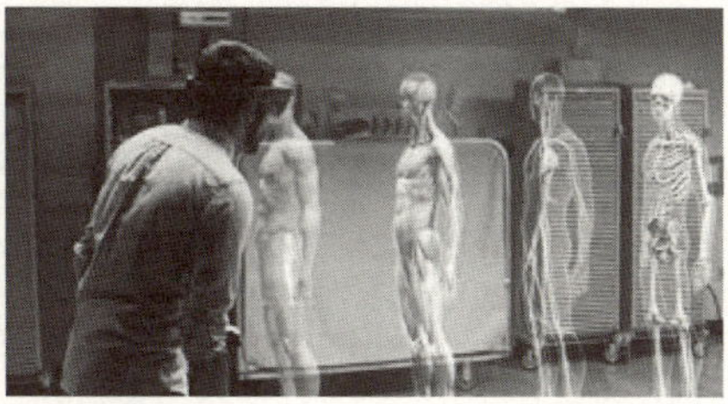

그림 11.5 VR 체험교육

결국 가상기술이 문화관광에 다음과 같은 효과를 미치고 있다.

첫째, 융·복합을 통한 지역관광의 신가치, 신시장을 창출한다.

둘째, 문화예술, 문학, 테마공원 등 음식, 디자인 등 영역 간 융합에 의한 신 관광 매력을 창출한다.

셋째, 콘텐츠산업 등 타 산업과 접목한 고부가가치 융·복합 관광을 실현한다.

제4차 산업을 통한 비약적이고 발전적인 역할을 하고 있는 가상현실 등은 문화관광의 중요한 역할을 하는 직·간접적 경험을 통해서 관광산업의 발전을 위해 많은 역할을 할 것으로 기대한다.

사례연구

제4차 산업혁명시대의 관광산업 전략

채희락(수원문화재단 정책팀장 / 관광학박사)

2016년 시대적 화두인 제4차 산업혁명을 제시했던 세계경제포럼(WEF : World Economic Forum)이 2017년 1월 17일부터 20일까지 스위스 다보스에서 개최되었다. 소통과 책임의 리더십(Responsive and Responsible Leadership)이 주요 의제였다. 제4차 산업혁명의 본격화, 보호무역주의, 글로벌 경제성장 둔화와 불확실성 증폭, 포퓰리즘(Populism), 기후변화 대응실패와 폭력 및 충돌에 대한 경제적 손실을 2017년 세계 주요 이슈로 꼽았다. 지난해에 이어 제4차 산업혁명은 주요 관심사 중 하나였다. 제4차 산업혁명의 주요기술들인 사물인터넷(Iot), 모바일, 인공지능, 빅데이터 등이 융합되면서 비약적인 기술발전이 본격적으로 이루어질 것이라고 전망했다.

제4차 산업혁명은 스마트(Smart)와 연결성(Connected)이 핵심요소다. 현재는 생산자-시스템-소비자라는 처리방식이 통용되고 있지만, 미래에는 제품, 소비자, 서비스가 상호작용하면서 데이터를 만들어내게 된다. 이렇게 형성된 데이터를 효과적으로 활용하는 것이 핵심 경쟁력이 될 것이다.

제4차 산업혁명시대의 관광, 어떻게 준비해야 할 것인가. 미래의 관광에 대한 선택적 의사결정 과정을 상상해 보자. 효진이와 희준이는 역사와 관련된 문화관광, 특수목적 관광을 계획하고 있다. 모듈화 된 빅데이터를 활용하여 역사와 문화관광이라는 키워드로 관심 있는 몇 군데의 관광지를 추려낸다. 관광지에 직접 가지 않아도 가상현실(Virtual Reality) 여행을 통해 정보를 얻을 수 있다. 이를 통해 관광목적지를 선정한다. 익스피디아, 아고다닷컴, 호텔스닷컴, 카약, 트래블하우 등을 활용하여 항공편과 현지 관광지의 호텔, 렌터카, 현지투어 가격 등을 종합 비교하고, 카드사 혜택 등을 활용하여 사전 예약을 한다. 여행 중에도 부족한 정보는 사물인터넷을 활용하여 실시간으로 얻을 수 있다. 뿐만 아니라 예약 과정과 현지에서 사용한 카드내역은 새로운 빅데이터로 생성되고, 카드사는 이를 분석하여 맞춤형 정보를 지속적으로 제공한다. 여행사라는 관광산업 매개체의 도움 없이 자신이 직접 기획하고 만들어가는 메이커스(Makers) 시대 미래관광의 모습이 아닌가 생각해 본다.

이미 개별관광객 재방문의 경우에는 70% 이상이 관광과 관련된 인터넷사이트를 활용하여 정보를 획득하고 예약 후 여행을 하고 있다. 다만, 최초방문의 경우에는 관광목적지의 안전 등에 대한 불확실성 때문에 선뜻 의사결정 하기에는 어려움이 있다. 그러나 제4차 산업혁명시대에는 관광목적지 빅데이터의 분석과 사물인터넷, 가상현실에 의한 사전 경험으로 많은 부분이 보완되어 활성화 될 것으로 예상된다.

현재, 우리나라 관광산업의 제4차 산업혁명에 대한 준비는 어떠한가? 생산자 – 시스템 – 소비자라는 전통적인 관계구조의 파괴가 예상되는 제4차 산업혁명시대에 관광객의 목적지 선택 과정의 다양성과 전문성에 대한 준비가 되어있는가? 제4차 산업혁명으로의 준비는커녕 제3차 산업혁명의 정보기술(IT) 조차 미비하다는 평가가 주를 이룬다. 그나마 민간관광 산업체는 자원관리프로그램, ERP(전사적 자원관리), CRS(컴퓨터 예약시스템), 부킹시스템, 재고관리시스템과 같이 IT와 연동하는 시스템 중심 구조의 운영방식을 도입하고 있으나 일부에 그치고 있다. 관광목적지의 경우, 대부분 관광자원을 소개하는 홈페이지 제공의 수준에 머물고 있으며 없는 경우 또한 태반이다.

개별관광에 기반을 둔 온라인여행업체(OTA : Online Travel Agency)가 비상을 하고 있다. 예견된 결과였다. 관광에 대한 소비자의 접근성, 채널의 다변화는 더욱 심화될 것이다. 기존 주력 관광 상품판매 채널은 효율성을 잃고, 사물인터넷 기반의 다양한 채널이 활성화 될 것으로 예상된다. 과거 산업혁명과 달리 제4차 산업혁명은 보다 빠르게 우리 생활 속으로 파고들 것이다. 접근성과 다양성에 기반을 둔 관광 플랫폼의 준비가 필요한 시기다.

【출처】 경기신문, 2017년 2월 1일자 기사

REFERENCES

KDI경제정보센터(2013). 문화관광을 통한 도시의 재생.

강동진(1999). 근대역사환경 보전의 패러다임 모색,『국토계획』, 34(1): 127-143.

강윤정(2010). 기업의 문화마케팅이 기업이미지, 기업-소비자 동일시, 충성도에 미치는 영향, 숙명여자대학교대학원 석사학위논문.

경기신문(2017). 숨n숨 제4차 산업혁명시대의 관광 산업전략, 2017.2.1.

고욱 · 이인화 · 전봉관 · 강심호 · 전경란 · 배주영(2003).『디지털 스토리텔링』, 황금가지.

고정민(2012). 한류문화와 관광,『한국관광정책』, 49: 33-40.

공민철(2008). 도시의 정체성과 도시건축설계, 연세대학교 공학대학원 석사학위논문.

관계부처합동(2012). 제1차 산업융합 발전 기본계획(안).

권희영(2001).『한국사의 근대성 연구』, 백산서당.

김경호 · 고승익(2000).『관광학원론』, 형설출판사.

김경희(2010). 기독교 성지순례 참가동기 및 매력속성이 만족에 미치는 영향: 관여도의 조절효과를 중심으로, 경기대학교 관광전문대학 석사학위논문.

김규영 · 이정은(2018).『NCS 적용한 4차 산업을 위한 여행경영실무』, 지식인.

김규찬 · 이성민 · 김현주 · 윤주(2017). 4차 산업혁명과 문화 · 관광산업 정책방향, 한국문화관광연구원.

김동식(2002). 근대건축문화유산의 보존과 활용에 관한 연구: 문화재 지정 근대건축물을 중심으로, 청주대학교대학원 박사학위논문.

김미애 · 안종수(2001). 지역문화자원의 개발에 관한 연구. 한국관광학회 학술대회 발표논문집, 237-251.

김민규 · 유성호(2005). 세계화시대의 문화공존과 충돌, 한국사회학회 심포지움 논문집.

김민주 · 이보아 · 홍영주 · 박성신 · 용호성 · 오진이(2005).『컬덕시대의 문화마케팅』, 미래의 창.

김민철 · 양승훈(2008). 스토리텔링 기법을 이용한 잠수함관광 활성화: 국내 · 외 잠수함관광회사의 웹사이트를 중심으로,『관광학연구』, 32(3): 275-295.

김사헌(1987). 국제관광수요 결정요인에 관한 연구: 방한외래객 및 관광객 수요추정 모형을 중심으로,『한국여가레크리에이션학회지』, 4: 33-47.

______(2006).『국제관광론: 국제관광 현상의 사회문화론적 해석』, 백산출판사.

_____(2008). 어리의 관광시선론 재론: 시선주의의 비판과 확장,『관광학연구』, 32(6): 85-103.

김성기(1997).『관광자원론』, 기문사.

김소영(2006). 21세기형 메세나 문화마케팅,『Korean Culture & Art Journal』, 13-18.

김소영 · 곽영식(2003). 기업이미지와 문화예술분야 적합도 모델을 이용한 기업메세나 전략에 관한 연구,『문화경제연구』, 6(1): 103-133.

김소영 · 권순원 · 이연주(2009). 기업의 문화마케팅 유형화,『한국콘텐츠학회논문지』, 9(1): 254-269.

김연화(2007). 관광웹사이트에서의 스토리텔링 의의에 관한 연구,『사회과학연구』, 13.

김영미 · 김종은(2011). 문화유산 관람 선택 속성이 관광만족도와 행동의도에 미치는 영향,『관광연구저널』, 25(3): 237-253.

김영수 · 변창욱(2006). 지역발전지수의 개발과 지역 간 발전격차 분석, 산업연구원.

김우정(2003). 문화마케팅의 성공을 위한 8가지 전략과제, 문화예술(https://m.blog.naver.com).

김일용(1983). 도시관광 활성화를 위한 개발체계 탐색,『서라벌대학논문집』.

김정신(2004). 근대문화유산의 보전 현황과 법제도 개선방안,『건축역사연구』, 13: 181-188.

김정옥(1997).『관광자원관리론』, 대왕사.

김종은 · 김상범(2003). 관광자원요인 분석에 따른 관광지 평가모델에 관한 연구: 산악관광자원을 사례로,『관광레저연구』, 18(2): 41-60.

김지영(2009). 예술관광으로서 클래식 공연의 관람동기 분석,『관광연구논총』, 21(1): 71-92.

김창수(2015). 인천시 스토리텔링자원 및 활용현황과 활성화방안 연구, 인천발전연구원.

김태영(2008). 경남지역 관광스토리텔링 활성화방안, 경남발전연구원.

_____(2009). 종교관광 활성화 방안, 한국문화관광연구원.

김향자 · 유지윤(2000). 도시관광 진흥방안 연구, 한국관광연구원.

김희연(2009). 관광객 참여를 기반으로 한 관광 스토리텔링 모형 연구: 인터랙티브 디지털 스토리텔링 기법을 적용하여, 경희대학교대학원 석사학위논문.

남정숙(2008). 문화기업의 비밀: 컬처노믹스 시대의 문화마케팅, 메세나협의회.

남정숙 · 김민주 · 김소영 · 이병권(2008). 문화기업의 비밀: 컬처노믹스 시대의 문화마케팅, 한국메세나협의회.

도경록(2000). 종교관광 참여자의 만족, 한양대학교대학원 석사학위논문.

동아일보(2006). 전남 장흥 '한국문학의 本鄕 꿈꾼다, 2006.8.1.

_____(2006). 지자체 마케팅 최고브랜드는 문인, 2006.1.26.

류창현(2012). 도시재생 측면에서의 근대산업유산 보존과 활용에 관한 연구, 창원대학교대학원 석사학위논문.

문화재청(2004). 광릉산림생태조사 연구.

문화체육관광부(1999). 문화산업발전 중장기 발전계획.

__________(2000). 국민생활체육활동 참여 실태조사.

__________(2001). 권역별 관광개발계획 수립방향 및 지침에 관한 연구.

__________(2007). 문화산업백서.

__________(2008). 문화관광축제 종합평가보고서.

박명희(1994). 역사유적의 관광매력성 개발방안에 관한 연구, 『관광레저연구』, (6): 9-22.

박석희(2004). 세시풍속의 농촌관광 자원화 가능성과 방법, 『농어촌관광연구』, 11(1): 74-90.

박소연(2007). 문학콘텐츠를 활용한 지역문화 거버넌스를 중심으로, 『문화정책논총』, 18: 167-191.

박양우 · 김유리(2011). 융합시대의 예술경영 연구 방향에 대한 탐색적 시론, 『예술경영연구』, 20: 53-84.

박용민(2006). 도시공간의 관광활성화에 관한 연구, 『여행학연구』, 27: 101-127.

박지수 · 박승호(2006). 엔터테인먼트 로봇의 스토리텔링이 사용자 친밀감에 미치는 영향에 관한 연구, 『디지털디자인학연구』, 11: 77-86.

박찬욱(2013). 『사회통합의 방향』, 저스티스.

삼성증권(2016). 『2016 삼성증권 보고서』

소병희(2013). 문화관광을 통한 도시의 재생, KDI 경제정보센터.

손대현(1993). 『관광론』, 일신사.

_____(1995). 사람은 관광하는 동물이다 : 관광의미론, 『관광학연구』, 18(2): 187-206.

_____(1996). 『관광마케팅론 : 이론과 실제』, 일신사.

손장원(2007). 인천만국공원 내 근대건축물 복원사업연구, 『한국디지털건축인테리어학회논문집』, 7(1): 51-58.

송경희(2002). 아시아국가의 텔레비전 : 방송구조 · 프로그램 · 수용자, 한국방송영상산업진흥원.

송고운(2006). 브랜드 정교화를 통한 장기적 브랜드 성장에 미치는 스토리텔링의 유용성 평가, 홍익대학교대학원 석사학위논문.

송부용(2017). 4차 산업혁명 주도 실리콘밸리의 교훈과 경남 제조업의 준비, 『경남발전』, 138: 88-99.

송정란(2006). 『스토리텔링의 이해와 실제』, 문학아카데미.

송화섭(2002). 문화재 해설사 양성방안 연구, 한국교육개발원.

송화성 · 박석희(2006). 라이프스타일이 농촌어메니티 자원 선호 및 농촌관광활동 참여에 미치는 영향, 『농어촌관광연구』, 13(2): 85-106.

신동희(2011). 『스마트융합과 통섭 3.0』, 성균관대출판부.

신은주(2011). 문화예술상품 소비자의 가치인식과 추구혜택의 개념구조 및 속성과의 관계, 충남대학교대학원 박사학위논문.

신지원(2009). 스토리텔링 기반으로 한 IMC 전략사례 연구, 홍익대학교 영상대학원, 석사학위논문.

심상민(2002). 콘텐트비즈니스의 새 흐름과 대응전략, 삼성경제연구원.

안길상 · 심상민 · 이종철(2008). 『문화마케팅』, 한경사.

안병곤(2014). 초등수학 교과서에서 스토리텔링에 대한 효과, 『한국초등수학교육학회지』, 18(1): 19-35.

안희자 · 심원섭(2013.) 창조경제시대 산업 간 융합을 통한 관광산업 발전방안, 한국문화관광연구원.

양봉석(2006). 문화관광지의 관광체험과 고유성, 관광만족의 관계 연구, 동아대학교대학원 박사학위논문.

염유희(2006). 스토리텔링을 통한 영화콘텐츠 활성화방안, 한국외국어대학교대학원 석사학위논문.

예명숙(2006). 도시관광지 이미지 포지셔닝 연구 : 부산지역 주요관광지를 중심으로, 동아대학교대학원 박사학위논문.

오경환(2002). 조경공간 이미지 형성에 관한 연구, 서울대학교대학원 박사논문.

오상훈(1998). 제주시 도시관광발전 정책에 관한 연구, 『동아시아연구논총』, 1.

원도연(2014). 이명박 정부 이후 문화정책의 변화와 문화민주주의에 대한 연구, 『인문콘텐츠』, 32: 219-245.

원융희(1999). 『관광과 문화』, 학문사.

______(2007). 『음식으로 찾아가는 문화여행』, 자작나무.

유세경 · 이경숙(2001). 동북아시아 3국의 텔레비전 드라마에 나타난 문화적 근접성, 『한국언론학보』, 45(3): 230-267.

유승호 · 김민규(2005). 세계화시대의 문화공존과 충돌. 한국사회학회 심포지엄 논문집, 179-194.

유지윤(2006). 관광산업 복 · 융합화 촉진방안 : 의료관광을 중심으로, 한국문화관광 정책연구원.

유지윤 · 서용석(2009). 방한관광객 음식서비스 품질의 인과모형 : 중 · 미 · 일 방한관광객을 중심으로, 『관광레저연구』, 12(1): 165-182.

윤선희(2008). 음식관광 관여와 지역애착도가 여행지음식 추구성향에 미치는 영향, 대구대학교대학원 박사학위논문.

윤양수(2008). 도시관광의 새로운 전개, 『도시문제』, 43: 8-9.

윤 주(2007). 지역개발정책에서 관광과 문화, 『관광연구논총』, 19(2): 201-224.

이경모(2005). 『SIT : 미래관광의 대안모색』, 대왕사.

_____(2010). 크루즈 관광산업의 발전방향, 『해양국토』, 21(7): 32-44.

이경모 · 손선미(2006). 방문객 특성에 따른 음식문화축제 방문의도 차이분석 : 문화관광부 지정 3대 음식문화축제를 중심으로, 『외식경영연구』, 9(4): 209-226.

이광원(2008). 『관광자원론』, 기문사.

이남희(2006). 문화콘텐츠의 인프라구축 현황과 활용에 대하여, 『오늘의 동양사상』, (14): 263-284.

이동철 · 박옥련 · 김주희 · 이현지(2008). 『글로벌시대의 문화마케팅』, 법문사.

이무용 · 이유진(2008). 현대미술과 관광의 관계 고찰을 통한 예술관광의 이론적 체계모형 연구, 『문화경제연구』, 11(2): 27-45.

이상열 · 이원희(2013). 문화 · 관광의 융합 활성화를 위한 정책협력 방안연구, 한국문화관광연구원.

이세리(2008). 영화 · 드라마 로케이션 촬영지 스토리텔링을 통한 관광산업 활성화 방안 연구 : 전라북도 로케이션 촬영지를 중심으로, 전주대학교 국제경영대학원 석사학위논문.

이순자(2008). Herzberg의 2요인이론에 의한 문화관광해설사의 직무만족 · 불만족 결정요인 연구 : 정준상관분석 적용, 계명대학교대학원 박사학위논문.

이영주(2005). 도시관광과 도시관광개발, 강원발전연구원.

이웅규 · 김은희(2002). 『관광과 문화』, 대왕사.

이인옥 · 김태희 · 손건(2012). 음식관광 체험활동 선호도와 음식관련 성격 특질이 참여의도에 미치는 영향에 관한 연구, 『외식경영연구』, 15(5): 225-248.

이장춘(1996). 『복지관광정책론』, 대왕사.

_____(2000). 『관광 : 통일 · 한민족의 비전』, 백산출판사.

이재섭 · 김장하(2000). 관광개발에 대한 지역주민 인식조사 – 양양군을 중심으로, 『관광경영연구』, 4(3): 147-167.

이정은 · 김효경 · 김규영 · 천덕희(2017). 『관광자원론』, 한올출판사.

이정표(2009). 스토리텔링을 활용한 관광콘텐츠 지역개발 효과에 관한 연구, 경기대학교대학원 석사학위논문.

이주형 · 송광인 · 최영기 · 류인평(2006). 『문화와 관광』, 기문사.

이준웅(2003). 한류의 커뮤니케이션 효과, 『한국언론학보』, 47(5): 5-35.

이지현(2005). 상호작용적 이벤트공간에 관한 연구, 홍익대학교 산업미술대학원 석사학위논문.

이진석(2010). 배낭여행의 서비스품질과 만족, 행동의도 간의 관계연구 – 배낭여행의 유형별 조절효과를 중심으로, 『관광경영연구』, 44: 157-182.

이진희(2006). 서귀포시 생태관광 활성화방안에 관한 연구, 『관광연구저널』, 20(2): 251-264.

이한용(2008). 문화관광축제를 통한 외래관광객 유치방안: 지역축제를 중심으로, 한국항공대학교대학원 석사학위논문.

이형문(2012). 문화자본과 예술관광의 관계, 강원대학교대학원 박사학위논문.

이후석 · 이승곤 · 오민재(2005). 드라마촬영지 관광객의 관광동기와 관광이미지 간의 관련성 연구, 한국관광학회 학술대회 발표논문집, 155-168.

이흥재(2002). 『문화예술과 도시경제』, 문자향.

임재해(1999). 지방문화와 지역축제: 지방문화로의 정착방안, 『지방행정』, 48(552): 37-43.

임종원 · 박철(1995). 지역문화상품 개발을 위한 지방중소기업의 마케팅전략에 관한 연구, 『중소기업연구』, 17(2): 223-251.

장 미(2010). 도심재생을 위한 역사문화자원 활용정책에 관한 연구, 목포대학교대학원 석사학위논문.

장윤배(2010). 도시재생기법의 적용사례와 도입방안 연구, 『정책연구』, 1-93.

장지원 · 김태희 · 이인옥(2014). Kano모델을 이용한 음식관광지 선택속성 분류에 관한 연구: 한국 및 중국 대학(원)생을 중심으로, 『호텔경영학연구』, 23(3): 225-244.

장혜원(2013). 문화관광자의 가치체계에 관한 연구, 제주대학교대학원 박사학위논문.

전고필(1996). 광주 · 전남지역 문화관광자원의 상품화 방안에 관한 연구, 경기대학교대학원 석사학위논문.

전상인(2010). 『아파트에 미치다: 현대한국의 주거사회학』, 이숲.

정명희(2013). 창조경제와 지역관광정책, 『한국관광정책』, 52: 42-49.

정민섭 · 박선희(2006). 근대문화유산의 관광자원화 방향에 관한 연구, 『컨벤션연구(MICE관광연구)』, 6(3): 29-50.

정윤경(2003). 영상매체시장 변화에 따른 영화의 홀드백과 시장성과 관계연구,『한국방송학보』, 17(2): 327-357.

정태용(1994). 한국건축에 나타난 근대성에 관한 연구: 19세기에서 1960년대까지 시기별 성격변화를 중심으로, 서울대학교대학원 박사학위논문.

조명래(2001). 도시, 갈등, 시민성, 『한국사회』, 4: 31-82.

지식경제부 · 한국생산기술연구원(2011). 산업융합 100대 사례집.

차재호 · 나은영 역(1995). 『세계의 문화와 조직』, 학지사.

채서묵(1994). 『관광사업론』, 백산출판사.

최병두(2006). 살기 좋은 도시를 위한 지역공동체 복원방안, 『국토지리학회지』, 40(4): 513-528.

최승담(2000). [특집]도시 국제관광 기반의 강화: 문화관광 활성화를 통한 도시국제관광 기반 강화전략, 『도시문제』, 35(381): 35-43.

최인호(2008). 대중문화 콘텐츠를 활용한 관광지 스토리텔링, 『한국콘텐츠학회논문지』, 8(12):

396-403.

최혜실(2007). 『문화산업과 스토리텔링』, 다할미디어.

표성수(1993). 여행사의 전사적 품질경영에 관한 연구, 『경기대학교대학원 논문집』, 10: 31-48.

한국관광공사(1979). 제28차 PATA 총회 및 제19차 워크숍.

__________(1979). 한국관광진흥장기 종합계획.

__________(1996). 한국문화유산 관광상품화 방안연구.

__________(1998). 관광쇼핑상품 실태분석과 개선방안.

__________(1999). 10대관광지 장애인 편의시설 실태조사결과보고서.

__________(2005). 2005년 PATA 한국지부총회 및 한국관광총회.

__________(2008). 관광스토리텔링, 그 빛을 발하다.

한국마케팅연구원(2005). 『마케팅』, 39호.

한국메세나협의회(2006). 2005년 연차보고서.

한국문화관광연구원(2006). 음식관광산업화 촉진방안.

한국컬리너리협회(2014). 푸드큐레이터 기획부터 해설까지.

한성호(2002). 예술관광의 체계정립 및 활성화 방안에 관한 연구, 『관광정책학연구』, 181-199.

한숙영 · 김사헌(2007). 유산과 유산관광의 개념에 관하여 : 문헌연구를 중심으로. 『관광학연구』, 31(3): 209-223.

함석종(2000). 관광지에 있어서 관광자의 쓰레기 처리행동과 대책, 『관광학연구』, 24(1): 225-241.

허 경(2010). 미셸푸코의 근대와 계몽, 『근대철학』, 5: 5-37.

허희옥(2006). 내러티브 사고양식인 스토리텔링 기법을 이용한 멀티미디어교육 콘텐츠 개발, 『교육공학연구』, 22(1): 195-224.

홍석준(2008). 근대 문화유산 관련 담론을 통해 본 도시정체성의 형성과 변화, 『한국학연구』, 19: 77-106.

홍성화(2009). 제주지역 1차산업과 관광산업과의 융복합화 방안 - 농촌관광을 중심으로, 제주관광학회 학술대회, 9-24.

황교선(2008). 문화예술과 연계한 지방자치단체 활성화 정책 연구, 추계예술대학교 박사학위논문.

황성윤(2003). 관광지선택 만족도에 영향을 미치는 요인에 관한 연구 : 온라인상의 소비자를 대상으로, 계명대학교 교육대학원 석사학위논문.

AFCH, & Arthur Anderson(1999). Making Arts & Culture Work in Business-The Business Case for Cultural investigation. AFCH & Arthur Anderson.

Alderfer, C.(1972). Existence, relatedness, & growth. New York: Free Press.

Antola, L., & Roger, E. M.(1984). Telecsion Flows in Lation America. Communication Research, 11(11): 183-202.

Antonioli Corigliano M.(1995). Enoturismo : Caratter-istiche Della Domanda, Strategie Dell' offertae Aspettiterritoriali e Ambientali. Franco Angeli: Milano.

Ashworth, G. J.(1989). Urban Tourism : An Imbalance in Attention. Progress in Tourism, Recreation and Hospitality Management, 1: 33-54.

BCC(2014). BCC Research 2014.

Beal, D., E. Rueda-Sabater, & Heng, S. L.(2015). Why Well-Being Should Drive Growth Strategies : The 2015 Sustainable Economic Development Assessment. Boston Consulting Group. May 2015.

Berg, L. D., Borg, J., & Meer, J. V.(1995). Urban tourism : performance and strategies in eight European cities. Avebury.

Bernecker, P.(1964). Fundamentals of Tourism. Geneva.

Boston Consulting Group(2015). Innovation in 2015. Boston Consulting Group.

Boyne, S., Hall, D., & Williams, F.(2003). Policy, support and promotion for food-related tourism initiatives : A marketing approach to regional development. Journal of Travel & Tourism Marketing, 14(3-4), 131-154.

Butler, R. W.(1990). The influence of the media in shaping international tourist patterns. Tourism Recreation Research, 15(2): 46-53.

Canadian Tourism Commission(CTC)(2001). Statement of Objectives : National.

__________________________________(2002). Acquiring a Taste for Cuisine Tourism : A Product Development Strategy. Ottawa.

Central Dredging Association(CEDA)(2015). ANNUAL REPORT 2015.

Chhabra, D., Healy, R., & Sills, E.(2003). Staged Authenticity and Heritage Tourism. Annals of Tourism Research, 30(3): 702-719.

Choi, G.(2013). The Influence of Shamanism in the Korean Adventist Church. Journal of Adventist Mission Studies, 9(2): 21-38.

Colbert, F.(2012). Marketing Culture and The Arts. Canada: Cram Publishers.

Coombes, M. G, & Wong, C.(1993). Local Environment Index : Infrastructures Resources Dimension an unpublished report to A UK Government Department, CURDS University of newcastle-upon tyne.

Crouch, G. I., & Ritchie, J. B.(1999). Tourism, Competitiveness, and Societal Prosperity. Journal of Business Research, 44(3): 137-152.

Delamont, S.(1994). Appetites and Identities : Introduction to the Social Anthropology of Western Europe.

Denning, S.(2005). The leader's guide to storytelling : Mastering the art and discipline of business narrative(Vol. 269). John Wiley & Sons.

Edwards, D., Griffin, T., & Hayllar, B.(2008). Urban Tourism Research : Developing An Agenda. Annals of Tourism Research, 35(4): 1,032-1,052.

Eiki, H.(1987). Pilgrimage in East Asia. In The Encyclopedia of Religions, M. Eliade, ed., 11: 349-351. New York: Macmillan.

Elmont, S.(1995). Tourism and food service : Two sides of the same coin. Cornell Hotel and Restaurant Administration Quarterly, 36(1): 57-63.

Evans M.(1997). Plugging into TV Tourism. Insight, 11(3): 35-38.

Frochot, I., & Hughes, H.(2000). HISTOQUAL : The Development of a Historic Houses Assessment Scale. Tourism management, 21(2): 157-167.

GE(2016). GE Annual Report.

Golding, P., & Murdock, G.(1991). Culture, communications and political economy. Mass media and society, 2: 15-32.

Gratton, C., & Taylor, P.(1992). Economics of leisure services management(No. Ed. 2). Longman Group UK Ltd.

Gretzel, U.(2006). Consumer generated content : trends and implications for branding. e-Review of Tourism Research, 4(3): 9-11.

Gunn, C. A.(1988). Vacationscape : Designing tourist regions. Van Nostrand Reinhold.

Hall, C. M.(1992). Hallmark tourist events : impacts, management and planning. Belhaven Press.

Hall, C. M., & Mitchell, R.(2001). Wine and Food Tourism. In N. Douglas, N. Douglas and R. Derrett(Eds). Special Interest Tourism(307-329). Wiley.

Hall, C. M., Sharples, L., & Smith, A.(2003). The experience of consumption or the consumption of experiences? Challenges and issues in food tourism. In Food tourism around the world(pp.314-335).

Hamelink, C. J.(1983). Cultural autonomy in global communications : planning national information policy. New York: Longman.

Handszuh, H. F.(2003). Local Food in Tourism Policies. In WTO-CTO Local Food & Tourism International Conference, Larnaka, Cyprus, 9-11 November 2000(pp.173-179).

Hemphill, L., Berry, J., & McGreal, S.(2004). An indicator-based approach to measuring sustainable urban regeneration performance : part 1, conceptual foundations and methodological framework. Urban studies, 41(4): 725-755.

Henderson, J. C.(2004). Food As a Tourism Resource : A View From Singapore, Tourism Recreation Research, 29(3): 69-74.

Herzberg, F.(1962). Work and the nature of man, New York: Thomas Y. Crowell Co.

Hjalager, A. M., & Antonioli Corigliano, M.(2000). Food for Tourists-determinants of an Image, International Journal of Tourism Research, 2(4): 281-93.

Hofstede, G.(1991). Cultures and organizations. Inter cultural cooperation and its importance for survival. Software of the mind. London: Mc Iraw-Hill.

Holloway, R. E., & Alston, A. M.(1992). The Effects of Salt and Boron on Growth of Wheat. Australian Journal of Agricultural Research, 43(5): 987-1001.

Höök, K., & Karlgren, J.(1991). Some principles for route descriptions derived from human advisers. Swedish Institute of Computer Science.

Horng, J. S., & Tsai, C. T.(2010). Government Websites for Promoting East Asianculinary Tourism : A Cross National Cross National Analysis. Tourism Management, 31(1): 74-85.

Hoskins, C., & Mirus, R.(1988). Reasons for the US dominance of the international trade in television programmes. Media, Culture & Society, 10(4): 499-515.

Hughes, H.(2001). Arts, Entertainment and Tourism. Taylor & Francis.

Hughes, L.(2000). The Negro Artist and The. African American Literary Theory : A Reader, 27. Winston Napier.

Ignatov, E., & Smith, S.(2006). Segmenting Canadian culinary tourists. Current Issues in Tourism, 9(3): 235.

Institute for Management Excellence(2001). The nine basic human needs. Online Newsletter. Retrieved February 2004, from http://www.itstime.com/print/jun97p.htm

Jansen-Verbeke, M.(1986). Inner-city tourism : Resources, tourists and promoters. Annals of Tourism Research, 13(1): 79-100.

Katerji, N., Van Hoorn, J. W., Hamdy, A., & Mastrorilli, M.(2000). Salt Tolerance Classification of Crops According to Soil Salinity and to Water Stress Day Index. Agricultural Water Management, 43(1): 99-109.

Kim, B. H.(1999). A study of book culture in the enlightenment period of Korea. Ewha Womans University Press.

Kivela, J., & Crotts, J. C.(2006). Tourism and Gastronomy : Gastronomy'S Influence on How Tourists Experience a Destination. Journal of Hospitality and Tourism Research,

30(3): 354-377.

Kotler, P., & Scheff, J.(1997). Standing room only : Strategies for marketing the performing arts. Harvard Business School Press.

Law, C. M.(1993). Urban tourism : attracting visitors to large cities. Mansell Publishing Limited.

Lefeuvre, A.(1980). Religious tourism and pilgrimage : On the move. 10(30): 80-81. Vatican City : Pontifical Commission on Migration and Tourism.

Liebers, T., & Katz, E.(1986). Pattern of Involvement in television fiction : A Comparative Analysis. European Journal of Communication, 1: 151-171.

Long, L. M.(2004). Culinary Tourism, 1st ed. Lexington. The University Press of Kentucky.

Macintosh, R. W., & Goeldner, C. R.(1990). Tourism Principles, Practices, Philosophy.

Mary Lee Nolan, & Sidney Nolan(1992). Religious Site as Tourism Attraction in Europe. Annals of Tourism Research 19(1): 68-78.

Maslow, A. H.(1954, 1970, 1987). Motivation and Personality(1st edition: 1954, 2nd edition: 1970, 3rd edition 1987), Harper & Row.

Mattelart, A., Delcourt, X., & Mattelart, M.(1984). International Image Markets. Comedia Publ. Group.

McClelland, D. C., Atkinson, J. W., Clark, R. A., & Lowell, E. L.(1953). The achievement motive.

McIntosh, R. W., Goeldner, C. R., & Ritchie, J. R. B.(1995). Tourism : Principles. Practices, Philosophies.

Melick, & Middleton(1973). The Product in Tourism, AIEST Publication, 13: 73

Middleton, D., & Institute of Electrical and Electronics Engineers.(1996). An Introduction to Statistical Communication Theory(pp.1,076-1,077). Piscataway, NJ: IEEE Press.

Mitchell, R. D., & Hall, C. M.(2003). Seasonality in New Zealand winery visitation : An issue of demand and supply. Journal of Travel & Tourism Marketing, 14(3-4): 155-173.

Mohanty, P. P.(2014). Rural Tourism in Odisha-A Panacea for Alternative Tourism : A Case Study of Odisha with Special Referrence to Pipli Village in Puri. American International Journal of Research in Humanities, Art and Social Sciences, 8(7): 99-105.

Moscardo, G.(1996). Mindful visitors : Heritage and tourism. Annals of tourism research, 23(2): 376-397.

Murphy, P. E.(1985). Tourism : A community approach. London: Methuen.

Murray, H.(1938). Explorations in personality. New York: Oxford University Press.

Myerscough, J.(1988). The economic importance of the arts in Britain. Policy Studies Institute.

Nohria, N., Lawrence, P., & Wilson, E.(2001). Driven : How human nature shapes our choices. San Francisco: Jossey-Bass.

Nolan, M. L., & Nolan, S.(1992). Religious sites as tourism attractions in Europe. Annals of tourism research, 19(1): 68-78.

O'sullivan, D., & Dunkerton, T. J.(1995). Generation of inertia-gravity waves in a simulated life cycle of baroclinic instability. Journal of the Atmospheric Sciences, 52(21): 3695-3716.

Park, J. J., Hittel, D. S., & Hoffman, E. P.(2008). Gene Expression Profiling on Skeletal Muscle after Exercise Training. Korean Society Of Life Science symposium: 22.

Pearce, P. L., & Stringer, P. F.(1991). Psychology and tourism. Annals of tourism Research, 18(1): 136-154.

Pink, D. H.(2006). A whole new mind : Why right-brainers will rule the future. Penguin.

Prentice, R., & Cunnell, D.(1997). Response to interpretative media as a basis of multi-variate market segmentation for museums and heritage centres : The case example of the people's story, Edinburgh. Museum Management and Curatorship, 16(3): 233-256.

Reynolds, G.(2004). The Winning of the West : Washington Irving's 'A Tour on the Prairies'. The Yearbook of English Studies, 88-99.

Reynolds, P.(1994). Culinary Heritage in the Face of Tourism. Progress in Tourism, Recreation and Hospitality Management, 6: 189-94.

Richards, G.(2002). Gastronomy : An Essential Ingredient in Tourism Production and Consumption? In Hjalager, A-M. and Richards, G.(eds.). Tourism and Gastronomy(pp.3-20). London: Routledge.

Richards, G.(2002). Tourism attraction systems : Exploring cultural behavior. Annals of tourism research, 29(4): 1,048-1,064.

Richards, G.(Ed.)(1996). Cultural Tourism in Europe. Cab International.

Riley, R. W., & Van Doren, C. S.(1992). Movies as tourism promotion : A 'pull'factor in a 'push'location. Tourism management, 13(3): 267-274.

Rinschede, G.(1992). Forms of Religious Tourism. Annals of Tourism Research, 19(1): 51-67.

Rubin, R. B., & McHugh, M.(1987). Development of Parasocialinteraction Relationships. Journal of Broadcasting and Electronic Media, 31: 279-292.

Rubin, Rebecca B., & Michael P. McHugh(1987). Development of Parasocial Interaction Relationships: 279-292.

Ryan, C., Yanning, Z., Huimin, G., & Song, L.(2009). Tourism, A Classic Novel, and Television : The Case of Cáo Xuěqin's Dream of the Red Mansions and Grand View Gardens, Beijing. Journal of Travel Research, 48(1): 14-28.

Ryan, R. M., & Deci, E. L.(2001). On happiness and human potentials : A review of research on hedonic and eudaimonic well-being. Annual review of psychology, 52(1): 141-166.

Saarinen, J.(2004). Destinations in change : The transformation process of tourist destinations. Tourist Studies. 4(2): 161-179.

Sasnser, W. E., Olsen, R. P., & Wyckoff, D. D.(1978). Management of Service Operations : Texts, Cases, readings.

Skinner, R. W.(1969). Hidden consumer motives in supermarket selection. American Journal of Agricultural Economics, 51(5): 1,154-1,158.

Smith, V. L.(1992). Introduction : The Quest in Guest, Annals of Tourism Research, 19: 1-17.

Tikkanen, I.(2007). Maslow's hierarchy and food tourism in Finland : five cases. British food journal, 109(9): 721-734.

Tilden, F.(1977). Interpreting our heritage(revised ed). Chapter Hill, NC: University of North Carolina Press.

Tractica(2015). RESEARCH REPORT.

UNESCO(2001). First Proclamation of Masterpieces of the Oral and Intangible Heritage of Humanity UNESCO.

________(2001). Tourism 2020 Vision. Madrid: UNWTO.

Urry, J.(1995). The Tourist gaze. London: Sage.

Vroom, V. H.(1964). Work and motivation. New York: Wiley.

Wahab, S.(1997). Sustainable Tourism in the Developing World. Tourism Development and Growth : The Challenge of Sustainability, 129-146.

Wang, N.(2004). Tourism and Modernity.(이진형 · 최석호 역), 일신사.

WEF(2015). Global Competitiveness Report.

____(2016). The future of jobs, report by the World Economic Forum, Davos. January 2016. Available at: https://www. weforum.org/reports/the-future-of-jobs/

Weiler, B., & Hall, C. M.(1992). Special Interest Tourism. Belhaven Press.

Williams, R.(1983). Culture and society, 1780-1950. Columbia University Press.

Wolf, E.(2004). Culinary Tourism : A Tasty Economic Proposition. Portland, OR: International Culinary Tourism Association.

Woodside, A. G., Sood, S., & Miller, K. E.(2008). When Consumers and Brands Talk :

Storytelling Theory and Research in Psychology and Marketing. Psychology & Marketing, 25(2): 97-145.

World Tourism Organization(2001). Cultural Heritage and Tourism Development. World Tourism Organization(WTO).

橋本俊哉(1998). 觀光回遊論.

池上惇・植木浩・福原義春(1998). 文化経済学. 有斐閣.

平野健一郎(2007). Translation by Kim DM, Jang IS. 2004. International culture argument. Pulbit publishing Co. Seoul.

조선일보. 2007년 4월 6일자 기사.

한겨레신문 2018년 5월 26일자 기사.

한겨레신문. 2017년 7월 24일자 기사.

헤럴드저널. 2017년 9월 1일자 기사.

http://elearning.kocw.net

http://encykorea.aks.ac.kr

http://folkency.nfm.go.kr

https://jjeolmi.wordpress.com

http://www.gusukgusuk.co.kr

http://www.huffingtonpost.kr

http://www.insight.co.kr

http://www.kocw.net

http://www.sjbnews.com

https://eiec.kdi.re.kr

https://ko.wikipedia.org

https://www.bcg.com

https://www.icjgss.or.kr

https://www.mckinsey.com

https://www.samcheok.go.kr

https://www.tractica.com

Profile

이정은

동아대학교대학원 관광경영학과 졸업(경영학 석사)
동의대학교대학원 호텔관광외식경영학과 졸업(경영학 박사)
현) 예원예술대학교 문화예술콘텐츠학과 객원교수
현) 이코노앤리서치컨설팅 대표
현) (주)해맑은네트웍스 여행사업부 이사
전) 농촌진흥청 국립농업과학원 연구원
전) 경주대학교, 동명대학교, 광주대학교 외래교수
(사)한국관광학회 평생회원, (사)대한관광경영학회 평생회원, (사)한국관광산업학회 이사

저서 및 논문

『농촌마을축제 운영』, 『관광자원론』, 『환대산업인적자원관리』, 『여행경영실무』 등
관광 목적지의 러브마크, 브랜드 동일시, 브랜드자산 및 행동의도와의 관계 외 연구논문 59편 등 연구논문 및 컨설팅보고서가 있음

최병창

경기대학교 관광전문대학원 졸업(관광학 석사)
경기대학교 대학원 졸업(관광학 박사)
예원예술대학교 문화예술관광콘텐츠학과 교수
(사)대한관광경영학회 이사, (사)관광경영학회 이사, 예원예술대학교 기획조정처장 학생생활관 관장, 한국관광산업포럼 이사

저서 및 논문

『여행사경영론』, 기문사(2009)
관광종사자의 감정노동이 조직유효성에 미치는 영향 연구(2013) 외 다수

나상필

경기대학교 관광학 박사
아세아항공전문학교 교수
한국관광학회 관광자원개발분과학회 선임이사
문화관광연구학회, 한국관광서비스학회 이사
전) Convention & Culture Marketing Service 근무
전) ㈜코스모네트 근무
전) ㈜투어리즘 코리아 근무
전) 문화산업개발연구소 근무

구자인

가천대학교 대학원(서비스마케팅) 경영학 석사
가천대학교 대학원(호텔외식경영) 박사수료
현) 여주대학교 겸임교수(호텔조리베이커리과)
현) 더자인식문화연구소(식문화컨설팅 · 푸드스타일리스트) 대표이사
(사)한국식문화디자인협회 부회장
(사)한국푸드코디네이터협회, (사)한국티소믈리에협회 이사
(사)세계음식문화연구원, (사)한국식음료외식조리교육협의회 이사
서울국제푸드 & 테이블웨어박람회 운영 및 심사위원
카페바리스타 자격시험 출제 및 심사위원
서울커피 & 티페어 운영 및 심사위원
국제탑쉐프그랑프리 심사위원

Understanding of

Culture Tourism